MOZART

**HOCHSCHWAB**

VILLACH

ATTERSEE

NEUSIEDLER SEE

**ROSENBAUM**

SALZBURG TRAUNSEE

**ARLBERG**

**WÖRTHERSEE**

ÖTSCHER HAHNENKAMM

JANDL

DACHSTEIN

**ÖTZTAL**

HUBER VRANITZKY

**ASPERN**

BAUER MAIER

**PICHLER** **SCHMIED**

NOVAK HORVATH FELLNER

KUHN GUSENBAUER SCHÜSSEL **HABSBURG**

STEININGER KREISKY STRAUSS

**OBERWARTH** PRÖLL

NAGY SIMONLEHNER

**NUSSBAUMER**

**ÖSTERREICH** BURGENLAND KÄRNTEN NIEDERÖSTERREICH

DORNBIRN OBERÖSTERREICH SALZBURG STEIERMARK TIROL **SALZBURG**

**VORARLBERG** SALZKAMMERGUT

WACHAU **EISENSTADT** INNSBRUCK KLAGENFURT LIENZ LINZ

VILLACH WIEN DONAU DRAU ENNS

**MUR** **TRAISEN**

**BODENSEE** MONDSEE

Heinz-Dieter Pohl
Birgit Schwaner

# Das Buch der österreichischen NAMEN

Ursprung · Eigenart · Bedeutung

Pichler Verlag

ISBN 978-3-85431-442-4

*www.pichlerverlag.at*

*Lektorat:* Christina Brede

*Umschlag- und Buchgestaltung:*
Bruno Wegscheider

*Reproduktion:* Pixelstorm, Wien
*Druck und Bindung:*
MKT Print, Ljubljana, Slowenien

# Inhalt

*Namenkunde hat eine lange Tradition: das »Namenbuch der Kirche« des Theologen Georg Witzel, erschienen 1541 in Mainz.*

# Was sind Namen?

## Jenseits von Schall und Rauch: ein erster Überblick

ONOMASTI
CON ECCLE-
SIAE.
Die Tauffnamen der
Christen/deudsch vñ
Christlich aus-
gelegt/
Durch GEORGIVM
VVICELIVM.

Lucæ Cap.1.
Innuebant autem patri eius, quid
uellet uocari eum &c.

Cum gratia & Priuilegio Cæsareo.
M. D. XLI.

## Nomen est omen – stimmt das?

Namen, bemerkte Elias Canetti einmal, sind die rätselhaftesten Wörter. Das ist eine Ansicht, und mehr noch: eine Erfahrung, der jeder Namenkundler sofort zustimmen wird. Und – sind wir nicht zunehmend Namenkundler?

Vielleicht hängt es mit den Veränderungen unserer Epoche der so genannten »Globalisierung« zusammen, mit der Empfindung, in einer extrem wandelbaren Zeit zu leben, dass immer mehr Menschen, landauf, landab, nach der Herkunft ihrer Familien fragen. Historiker wissen, dass die Erforschung der Vergangenheit stets mit dem Blick auf die Gegenwart geschieht. Wie war es damals? Wie ist es heute? Was bleibt? Die Suche nach der eigenen Herkunft ist die nach der eigenen Identität.

Wer waren meine Vorfahren? Was bedeutet mein Name? Auch diese zwei Fragen hängen zusammen, obwohl sie, wie wir noch sehen werden, nur bedingt eine gemeinsame Antwort haben. Hinter ihnen steckt eine dritte: Wer bin ich? (Sie liegt natürlich im Hoheitsgebiet der Philosophie und nicht der Namenkunde; aber als Motor, quasi graue Eminenz der – nicht nur wissenschaftlichen – Neugier ist sie altbewährt).

Getreu dem Sprichwort »Nomen est omen« überlegen wir gerne, wie weit ein Name, über seine sprach- und kulturgeschichtliche Bedeutung hinaus, auch Wesentliches über seinen Träger aussagt. Wir reden dann von einem »sprechenden Namen«. Und da schon unsere Vorfahren die Angewohnheit besaßen, Dinge, Orte oder Personen gemäß ihren charakteristischen Eigenschaften zu benennen, besitzen die meisten Namen auch einen »sprechenden« Anteil, der sich allerdings nur auf seinen ersten Träger bezieht. So hat zum Beispiel nicht der Maler *Egon Schiele* geschielt, sondern der erste in seiner Familie, der – vermutlich im Spätmittelalter – diesen Namen erhielt. Gleiches gilt übrigens für *Schiller*, *Schilcher* und *Scheel*: Wer so heißt, besitzt ebenfalls einen Ahnen, der sich

seinen Mitmenschen durch einen markanten Silberblick einprägte.
Wie schnell sich die Zeiten auch wandeln – Namen konservieren die Spuren der Vergangenheit. Begibt man sich auf ihre Fährte, bleibt man oft lang von ihrer Vielfalt und, ja, Rätselhaftigkeit, fasziniert. Schließlich ist »rätselhaft« eine Eigenschaft, die besagt, dass etwas desto mehr Fragen aufgibt, je mehr man zu lösen meinte.

## Von Adam zum Schweigekanzler: Eigennamen und Appellative

Darum: Fangen wir einmal am Anfang an, wo die Dinge noch besser geordnet sind (und nicht so zahlreich, dass sie den Blick verstellen). Unsere Frage »Was sind Namen?« liegt nämlich gewissermaßen gleich hinter der Erschaffung der Welt, wenn nicht sogar davor, wenigstens, wie es die Bibel erzählt, in der Genesis, dem jüdisch-christlichen Schöpfungsmythos. Hier existiert die Sprache von Beginn an, noch vor der Welt, und als Ausdruck des göttlichen Geistes. Erst auf den Befehl hin »Es werde Licht!« wird es hell. Anschließend wird das Licht von Gott »Tag« genannt und die Dunkelheit »Nacht«, und ein Teil des Geistes, der Fähigkeit zu sprechen und Namen zu geben, wird auch dem ersten Menschen zu eigen. Nach seiner Erschaffung wird Adam angewiesen, alle bereits vorhandenen Tiere »bei ihren Namen« zu nennen. Was heißt, er gibt ihnen Namen, welche, was die Bibel offen lässt, vielleicht bereits für sie vorgesehen waren, über eine Anrede hinaus ihr Wesen bezeichneten, das Adam nur erkennen musste. Zeichen seiner Erkenntnis wäre dann der gegebene Name, der vielleicht mit dem Wesen des Benannten übereinstimmte ... Sie sehen: Die Vorliebe für oder

*Nächste Doppelseite: Taufnamen aus dem Hebräischen (links) und Griechischen: Bereits Georg Witzel gliedert sein »Onomasticon ecclesiae« nach der sprachlichen Herkunft der Namen.*

# ONOMASTICON

## Z.

ZAcharias oder Zacharia wirt dolmetschet / einer der an den Herrn Gott gedencket. Wenn die Christen aber nach diesem namen thun / so werden sie jmmer mehr Gotsfürchtig / ziehen sich abe von der welt / meiden die sünde / hassen die groben laster / vnd nähen sich zu Gott / begeren vnd süchen Christi ehre vnd lere / Vber das gedencken sie an die Armen / die vnsere gelieder sind. Memores erunt nominis tui Domine Psal. 44. Dis gehört aber auch darzu: Memores sunt mandatorum Dei ad faciendum ea. Psal. 102. Dieses namens war vor zeiten ein Martyr Christi vnsers Herrn. Item / als Eraclides schreibt / auch ein Mönch / Zacharia genant / des Abbats Syluani discipel.

Zaccheus heist ein Vnschuldiger Gerechter mensch / wie alle Christen sein solten / nach des Geistes vnd der Bibel lere. Es kan auch einer Zaccheus wol werden / durch Gottes wirckung / weñ er schon im pusfertigen leben ist / wie des ein exempel / Luce 19. Dieses namens war zu Jerusalem der vierd Epischoff / nach S. Jacob. Item es war auch zu Antiochia ein Epischoff Zaccheus genant / nach S. Petro / Hieruon schreibt S. Clemens.

Nach-

# Nachfolgende Tauff-namen sind Griechisch allwege sehr ganghafftig in der heiligen Christenheit gewesen.

ACHATIVS / wiewol man Acacius sagen solt / heist Vnschüldig / oder einer der nichts böses thut / Dem Christen ein wirdiger name. Jn der Griechischen Ecclesi hats vor zeiten viel Acacios geben.

Alexander / ein hülffman / der einen vom vbel rettet / Solche solten wir vntereinander sein / das ist / einer des andern Alexander. Sollen böses leiden / vnd gutes thun.

Alexis oder Alexius / ist fast des nechstgesagten gleichen / Vnd Christen stehts wol an / das sie das böse von der Christenheit abtreiben / leiden nicht / das sie not habe vnter den vngleubigē zc. S. Alexius des Römers Euphemiani son / hat seine Alexeteria das ist / was zur rettung gehöret / wol gewisset. Jst des Satans freund freilich nicht gewesen.

Anthonius / dis hat seinen vrsprung von den zweien Griechischen syllaben Anthon, id est, pro quibus, oder propterea / darumb sol er mit dem θ oder th geschri-

der Wunsch nach bedeutenden Namen besitzt eine lange Tradition. Im Falle Adams und der Tiere bezieht er sich jedoch zunächst auf Gattungsnamen: Wörter wie Löwe, Ziege, Elefant, die noch kein Einzelwesen benennen. Sie sind ein fester Bestandteil unseres Wortschatzes und uns allen aus der Grammatik bekannt: als Substantive oder – sic! – Nomina (von lateinisch *nomen*: »Name«). Auf Deutsch heißen sie auch Haupt- oder Namenwörter.

In der Sprachwissenschaft nennt man die Gattungsnamen auch *Appellativa* und unterscheidet sie von den *Eigennamen*. Denn anders als ein Eigenname (wie: Adam Müller) ist ein Appellativ (wie: Mensch) universell verwendbar. Wir können mit dem Wort »Mensch« jeden Menschen bezeichnen, den es auf der Welt gibt. »Adam Müller« dagegen heißen nur einige wenige Individuen.

Der Eigenname ist also an eine bestimmte Person gebunden. Ja, man kann sogar sagen, dass aus unserer Sicht erst durch den Eigennamen eine Person genau bestimmbar und so zum unverwechselbaren, deutlich benennbaren Individuum wird. Drei Frauen etwa, die beim Friseur sitzen, unterscheiden wir dadurch, dass sie Anna Bauer, Petra Berger und Hilde Redlich heißen.

Eine allgemeingültige Definition für diesen Sachverhalt finden Sie im berühmten »Deutschen Wörterbuch« der Brüder Grimm: »Der Name ist die unterscheidende Bezeichnung für ein Einzelwesen im Gegensatz zu anderen derselben Gattung.«

Der abstrakte Begriff *Einzelwesen* steht hier natürlich nicht nur für Personen, sondern auch für Tiere und Örtlichkeiten, manchmal für Gegenstände, kurzum: für alles, was Menschen mit Eigennamen belegen.

Dass Eigennamen letztlich von Gattungsnamen abstammen – also *appellativischer* Herkunft sind und etwas bedeuten – spielt für ihre Funktion keine Rolle. Ja, ein Wort ist genau genommen sogar erst dann endgültig zum Eigennamen geworden, wenn seine Bedeutung in den Hintergrund tritt. Was wir besonders gut bei den Familiennamen sehen: Wer heute *Bauer* oder *Berger* heißt, muss kein

Landwirt sein oder auf bzw. bei einem Berg wohnen. Allerdings – erinnern Sie sich an Egon Schiele – wird diese Bedeutung wahrscheinlich auf einen frühen Vorfahren zutreffen. Am Anfang ihrer Entstehung waren die meisten Eigennamen also zugleich als Appellativa lesbar; sie verrieten uns etwas über den Beruf, die Herkunft oder eine Eigenschaft des Benannten. Doch im Laufe der Geschichte, im Wechsel der Generationen verlor sich diese Bedeutung.

Und wie das geschieht, wie das eine ins andere übergeht und aus einem Appellativ ein Eigenname wird, können wir noch heute beobachten. Etwa bei Spitznamen, die wir Politikern geben und die nach einer Weile den Familiennamen ersetzen können. Denken Sie nur an den prunkliebenden französischen Monarchen Ludwig XIV., bekannt als *Sonnenkönig* – eine Bezeichnung, die die einheimische Presse seinerzeit auf Bundeskanzler Bruno Kreisky übertrug. Oder an ein Beispiel aus der jüngsten Geschichte Österreichs: den Spitznamen *Schweigekanzler* für Wolfgang Schüssel, als er es gegen Ende seiner Kanzlerschaft vorzog, sich zu einigen viel diskutierten Regierungsthemen nicht zu äußern. Konsequenterweise schwieg der Schweigekanzler auch zu seinem Spitznamen, der sich wie ein Lauffeuer in den Medien verbreitete und, wie gesagt, den Eigennamen ersetzen konnte.

Umgekehrt ist ebenso möglich, dass ein Eigenname ein Appellativ ersetzt. Es handelt sich auch hierbei um einen Vorgang, der uns vertraut ist: Denken Sie an das Arbeitsmarktkonzept *Hartz I–IV* in Deutschland, das inzwischen nur noch nach seinem »Begründer«, dem deutschen Manager *Peter Hartz*, genannt wird, oder an die *Röntgen*-Strahlen. Als Konsumenten pflegen wir ohnehin des Öfteren ein Appellativ gegen einen Namen einzutauschen, etwa, wenn wir in Österreich statt ein Glas beliebigen Apfelsaft nur »Einmal Obi« bestellen oder in Deutschland ein Papiertaschentuch als »Tempo« bezeichnen. In beiden Fällen ist ein Markennamen so populär geworden, dass er ein Appellativ ersetzen kann.

Nun aber wieder zurück zu *Sonnenkönig* und *Schweigekanzler*. Spitznamen wie diese kennt wohl jeder aus seiner Schulzeit, wo man Lehrer und Mitschüler mit ihnen belegte. Das Spektrum reicht hierbei von freundschaftlichen Abwandlungen eines Vornamens bis zu Schadenfreude erregenden Benennungen, die einen »Lehr(er)körper« karikieren. Die fischähnlichen Gesichtszüge eines nicht gerade beliebten Religionsprofessors können sich da im Beinamen »Hering« niederschlagen und die Resolutheit einer Dircktorin im zumindest unter pädagogischer Optik zwiespältigen Titel »General«.

Die typischen Spitznamen sind »sprechende Namen« und Appellative – und nichts anderes waren ursprünglich auch die meisten Eigennamen: Bezeichnungen, deren wörtliche Bedeutung unmittelbar verständlich war. Manche von ihnen verwiesen auch, wie ein Teil der Spitznamen, auf körperliche Schwächen oder Eigenarten, andere wieder auf die Herkunft oder den Beruf.

Manche von ihnen verstehen wir noch heute völlig problemlos, wie die Familiennamen *Schneider* und *Müller*, die sich auf noch bekannte Berufe beziehen. Auch, dass die Vorfahren des »Grünen«-Politikers Peter Pilz einen Schwammerlsucher in ihren Reihen bergen könnten, erraten wir leicht. Ähnlich verhält es sich mit den Eigennamen geografischer Art: Die Frage, auf welchen Eigenschaften Gewässernamen wie *Weißensee* oder *Schwarzenbach* beruhen, sorgt wohl kaum für Kopfzerbrechen.

Rätselhaft wird es dagegen, wenn ein Name aus einer älteren Sprachschicht stammt und nicht unmittelbar verständlich ist. Oder wussten Sie, dass der Name *Wörthersee* auf *Wörth*, ein altes Wort für »Insel« zurückgeht? – Natürlich ziehen besonders solche Namen unsere Aufmerksamkeit auf sich. Ihre Deutung erfordert mitunter detektivisches Geschick, und wenn sie gelingt, hat der Namenforscher stets ein Stückchen Kulturgeschichte mit aufgedeckt. In diesem Sinn verbirgt sich in unseren Namen ein beträchtlicher Teil der Geschichte Österreichs. Ja, im Grunde sind sie sogar unser ältestes Kulturgut. Aus sprachwissenschaftlicher Sicht ist es übrigens oft unbegreiflich, warum sie nicht genauso geschützt werden wie Kunstwerke oder Denkmäler. Doch davon später. Beginnen wir unsere Reise durch Österreich auf der Spur seiner Namen zunächst mit einer Sichtung unseres Terrains, einem allgemeinen Überblick – man kann auch sagen, einer kurzen Überprüfung unserer Ausrüstung. Denn nichts anderes sind Definitionen und Begriffe für einen Wissenschaftler, der sich aufmacht, Ihnen als Reiseführer einige der interessanten Plätze seines Forschungsgebiets vorzustellen.

## Personen, Flüsse, Orte: Zur allgemeinen Ordnung der Namen

Gruber, Gruber, Gruber, Gruber ... Wollte ich jeden der Österreicher und Österreicherinnen, die den Namen *Gruber* tragen, hier einmal anführen, bräuchte ich nicht nur viele Zeilen. Ich würde zudem riskieren, dass Sie sich wunderten oder bald langweilten, umblätterten oder die Lektüre vorerst beiseite legten. Wenigstens, wenn Sie ausschließlich mit der Wiederholung des Nachnamens Gruber konfrontiert wären – den man hierzulande immerhin über 13.000 Mal antrifft. (Er kommt übrigens wie der Ortsname *Grub* von dem mittelhochdeutschen Wort *gruobe*, für »Bodensenkung, Grube oder Steinbruch«. Wer Gruber heißt, dessen Vorfahren wohnten also entweder bei einem Steinbruch, in einer Bodensenkung oder Schlucht oder in einem Ort namens Grub. Stammen sie aus einem Weinbaugebiet, arbeiteten sie vielleicht auch von Berufs wegen als *gruober* und hoben im Weingarten die Gruben für die Rebschösslinge aus.)

Falls man einen Herrn oder eine Frau Gruber kennt oder vielleicht selbst so heißt, findet man eine solche Aufzählung vermutlich gleich interessanter, wenn sie wenigstens drei weitere Informationen enthält: den Vornamen, das Geburtsdatum sowie, besonders,

den Geburts- oder Wohnort der jeweiligen Grubers. Mithilfe dieser Angaben sind sie nämlich identifizierbar geworden, und man kann jeden und jede Einzelne zweifelsfrei wiedererkennen.
Mit anderen Worten: Wir haben keine Probleme, wenn zahlreiche Personen denselben Namen tragen. Entscheidend ist allein, dass dieser Name – mehr oder weniger willkürlich – festgelegt wurde, zum Beispiel beim Eintrag ins Geburtenbuch (wodurch er an ein bestimmtes Individuum gebunden wird).
Ebenso verhält es sich natürlich mit den Namen von Örtlichkeiten – den geographischen Namen. Hören wir zum Beispiel »Paris«, assoziieren wir die Hauptstadt Frankreichs. Darüber hinaus gibt es aber ein »Paris, Texas« (woran der gleichlautende Filmtitel des deutschen Regisseurs Wim Wenders erinnert). Weiters können Sie innerhalb Kanadas nach Paris fahren oder während einer Tour durch die nordamerikanischen Bundesstaaten Idaho, Kentucky und Tennessee. Durch den zusätzlichen geographischen Hinweis auf das Land (oder Bundesland), wo sie zu finden sind, können wir diese Orte aber gar nicht miteinander verwechseln – genauso wenig, wie wir erwarten, dass sie der ersten dieses Namens, der französischen Hauptstadt, ähneln.
Und was geschieht, falls Frau Ramona Gruber heute Nacht in Paris eintrifft? Dann haben Sie jedenfalls eine Frage gelesen, in der sowohl Personennamen als auch ein geographischer Name vorkommen. Was uns wiederum zu den zwei Hauptgruppen führt, in die man die Namen jeder Sprache einteilt. (Zusätzlich existieren noch einige kleinere Gruppen, die wir hier außer Acht lassen können.)
Keine Frage, dass sich diese beiden Bereiche – die Personennamen und die geografischen Namen – wiederum differenzierter betrachten und untergliedern lassen. Schließlich besteht ein großer Teil unseres Wortschatzes aus Namen, und die sind entsprechend abwechslungsreich.

## Personennamen

Die *Personennamen* werden in der Sprachwissenschaft auch *Anthroponyme* genannt (von griechisch *anthropos*: »Mensch, Mann«). Sie lassen sich zunächst in zwei große Gruppen teilen: in die *Vornamen* und in die *Familiennamen*. Historisch betrachtet, sind die Vornamen wesentlich älter als die Familiennamen, die in Europa erst ab dem Mittelalter aufkommen. Am frühesten findet man sie in Venedig, im 9. Jahrhundert. Von der Lagunenstadt aus verbreitet sich die Sitte, einen Familiennamen anzunehmen, nach Norden, Westen und Osten. Etwa fünfhundert Jahre später, in der frühen Neuzeit, ist es dann – auch in Österreich – allgemein üblich, einen Familiennamen zu tragen.

Denn diese haben aus juristischer Sicht gegenüber den Vornamen einen entscheidenden Vorteil – sie sind erblich. Was hauptsächlich zu schätzen wusste, wer etwas vererben konnte: die Angehörigen von Adel und Bürgertum. Sie waren die ersten, die die Verbreitung von Familiennamen unterstützten, weil diese auch einen besseren Überblick über die eigene, mitunter weit verzweigte Verwandtschaft gewährleisteten. Außerdem ließen sich so neben privatem Besitz und – im Mittelalter – Lehensverhältnissen auch die wachsenden Städte besser verwalten; womit wir schon zwei Gründe hätten, weshalb die Erfindung des Familiennamens noch immer erfolgreich besteht.

Heute wäre ein Leben ohne Familiennamen undenkbar. Unsere Gesellschaft ist seit dem letzten Drittel des 20. Jahrhunderts zwar weniger patriarchalisch ausgerichtet als vorher, und Kinder müssen nicht mehr den Nachnamen ihres Vaters, Ehefrauen nicht mehr den ihres Gatten tragen – aber irgendeinen Familiennamen braucht noch jeder. Sei es, um einen Pass zu erhalten, einen Vertrag zu unterschreiben oder in Amtsstuben und Schalterräumen der Banken als vollwertiger Mensch zu gelten. Kurzum: Im gesellschaftlich-offiziellen Rahmen werden Sie nur mit Familiennamen akzeptiert, stellen sich nur damit vor. Und in der Regel sprechen Sie Ihr Gegenüber dann mit der höflich distanzierten Anrede »Sie« an – und vice versa.

Lernt man einander besser kennen, wird ein »Sie, Herr Schmidt« bald zum vertraulichen »Du, Peter«. Als Zeichen einer nahen Beziehung, einer Freund- oder Verwandtschaft, »duzen« wir einander, das heißt, wir sprechen einander in der zweiten Person Singular an und beim Vornamen, den wir bald nach der Geburt erhalten und in früher Kindheit als »Ich« begreifen; fortan ist er eng mit unserer Identität verbunden. Falls Sie, lieber Leser, nun Andreas Karl Lothar heißen sollten, oder Sie, liebe Leserin, Ute Vanessa Chiara, wäre auch das kein Widerspruch: Gemeint ist natürlich derjenige Ihrer Vornamen, der zum Rufnamen wird (und manchmal abgekürzt zum Kosenamen). Welcher ständig dienstbereit ist, bei dem man aufschreckt und sich gemeint fühlt, wenn ein anderer Mensch ihn ausspricht ...

Gewöhnung ist a priori noch keine Zuneigung (obwohl sie sich manchmal dazu entwickelt), und nicht jeder mag seinen Vornamen. Schließlich kann man sich diesen so wenig aussuchen wie seine Eltern oder die Epoche, in die man geboren wird. Letztere beeinflusst nämlich durchaus die Entscheidung, wie ein Baby heißen soll. Zu jeder Zeit und in jedem Land gab und gibt es Traditionen, Religionen und Moden der Namenwahl, nach denen Eltern sich richten. (Was natürlich wieder mit Adam und den sprechenden Namen zusammenhängt). Denn wer sein Baby nach einer Heiligen oder, wie heute verbreitet, nach einem Filmstar benennt, hofft insgeheim oft, dass etwas vom Glanz des Namens auf die Zukunft des Sprösslings abfärben möge – in einer Art archaischen Hoffnung auf die magische Wirkung der Sprache. Wer sich einmal die Vornamen anschaut, die von den Germanen herrühren, kann leicht auf die Idee kommen, hier habe sich in dreitausend Jahren nicht viel geändert.

Nehmen wir etwa den Vornamen *Wolfgang*. Er stammt von den

althochdeutschen Wörtern für »Wolf« und »Gang« ab. Ein »Wolfsgänger« war ein als Wolf verkleideter Krieger. Wie dieser sind die meisten der frühen germanischen Vornamen, selbst die weiblichen, mit Kampf und mannhafter Selbstbehauptung verbunden – und wahrscheinlich wurden sie, zumindest in der Zeit ihres Aufkommens, von Eltern bewusst gewählt, also ausgesucht nach ihrer Bedeutung, die allerdings im Lauf der Generationen zunehmend verblasste. Als der Name *Wolfgang* im Mittelalter in Österreich populär wurde, dachte man kaum noch an seine martialische Herkunft, sondern eher wohl an den heiligen Wolfgang: Der angeblich wundertätige Regensburger Bischof und Hauslehrer beim bayrischen Herzog Heinrich der Zänker musste, als dieser eine Revolte gegen Otto II. anzettelte, für zwei Jahre nach Oberösterreich flüchten, ins Kloster Mondsee (es gehörte damals zur Diözese Regensburg). Heute erinnern der Wolfgangsee und St. Wolfgang, das im Hochmittelalter ein weithin berühmter Wallfahrtsort war, noch immer an ihn.

## Geographische Namen

Womit wir bei den geographischen Namen wären, das heißt den Namen etwa von Gewässern, Landschaften, Örtlichkeiten. In ihnen finden sich noch vielfältigere historische Spuren als in den Personennamen. An erster Stelle sind hier die *Gewässernamen* zu nennen: Sie gehören zum ältesten Namengut überhaupt. In der Sprachwissenschaft werden sie auch *Hydronyme* genannt – von griechisch *hydor*: »Wasser, Regenwasser, Trinkwasser, Quellwasser«. Vielleicht haben Sie schon davon gehört, dass es bei den Eskimos, anders als bei uns, nicht ein einziges Wort für »Schnee« gibt, sondern viele, die das winterliche Weiß minutiös in Aussehen und Konsistenz beschreiben. Die feineren Unterscheidungsmöglichkeiten waren für die Existenz in der arktischen Wildnis wichtig, weshalb sich ein entsprechendes Vokabular herausbildete, mit dem die Erscheinungsformen des Schnees festgestellt und dieses Wissen weitergegeben werden konnte.

Die Bewohner wärmerer Gegenden waren einst wohl ähnlich versiert, wenn sie Wasser beschrieben. Ohne Wasser kein Überleben. Der Fischreichtum eines Sees oder die Eignung eines Flusses als Handelsweg konnten ein wichtiges Argument sein, um sich an einem bestimmten Ort anzusiedeln. Hinzu kam die sakrale Bedeutung, die Wasser, wie etwa Quellen, für manche unserer Vorfahren, etwa die Kelten, besaß. Kurzum: Der frühe Mensch orientierte sich am Wasser. Und so wundert es nicht, dass – nicht nur in unseren Breiten – Flüsse und Seen, Bäche und Quellen als erste Namen erhielten. Lang vor dem kompakten Rest der Welt. Wobei die meisten Gewässernamen Eigenschaften reflektieren: ob ein Fluss reißend war, ob es oft Überschwemmungen gab, ob das Wasser eines Sees weiß aussah oder dunkel ... Wer den Namen hörte, war informiert.

Dass man heute diese Information nicht immer so leicht erkennt wie beim »Weißensee«, liegt am bemerkenswerten Alter der Hydronyme. Manche von ihnen bewahren Wörter aus sehr frühen Schichten unserer Sprache, Wörter, die wir noch nicht einmal einer bestimmten, einzelnen Sprache zuordnen können – weshalb sie in der Wissenschaft als »voreinzelsprachlich« bezeichnet werden. Im Laufe der Jahrhunderte wurden sie in den Namen konserviert und weiter überliefert; natürlich veränderten sie sich dabei, wie wir noch sehen werden.

Erst nach den Gewässern bekamen die Dörfer und Städte, die Weiler und Siedlungen ihre Namen. Diese werden zusammengefasst in der nächsten großen Gruppe der *Siedlungsnamen*. Sie sind *Ortsnamen* – oder: *Toponyme*, von griechisch *topos* »Ort« – im engeren Sinn. Sie beschreiben die Lage eines Ortes, indem sie zum Beispiel an einen nahen bzw. dazugehörigen Fluss oder See erinnern oder an eine landschaftliche Besonderheit. So heißt *Salzburg* nach der *Salzach*, *Hallstatt* und *Hallein* nach der Salzlagerstätte, während *Bruck* und *Innsbruck* auf Brücken hinweisen, *Berg* oder *Perg* auf einen Berg. Manchmal erinnert uns ein Siedlungsname aber auch an Kirchen oder Patrozinien, wie bei *St. Veit* oder *Maria Schutz*, oder an Personen, die von lokaler Wichtigkeit waren und Orte begründet haben, wie im Fall des niederösterreichischen *Perchtoldsdorf*, was »Dorf des Përhtolt« heißt. (Ortsnamen wie dieser geben umgekehrt wiederum Aufschluss über frühere, inzwischen verschwundene Personennamen). Andere Siedlungsnamen verweisen auf charakteristische, lokale Erkennungsmerkmale und Eigenheiten: Der Name *Graz* stammt vom slowenischen Wort *gradec*, was »kleine Burg« bedeutet; Slawen, die sich ab dem 6. Jahrhundert in der Steiermark ansiedelten, hatten hier eine Burg errichtet. Und ein Ortsname wie *Neusiedl* oder *Neudorf* verweist auf eine neu gegründete Siedlung oder Dorf.

Unseren Eltern und Großeltern, vor allem wenn sie »auf dem Land« aufwuchsen, war noch selbstverständlich, dass nicht nur Orte, sondern auch einzelne Häuser, Höfe und Schlösser eigene Namen besaßen (was, zumindest bei Häusern und Höfen, in Vergessenheit gerät). Diese *Wohnstättennamen*, zu denen auch die Straßennamen gehören, bilden ebenfalls eine größere Gruppe innerhalb der geographischen Namen. Genau wie die *Flurnamen*: die Namen der Äcker, Felder, Wälder, Almen und Berge. Wobei die relativ jungen *Bergnamen* – sie entstanden oft erst im 19. Jahrhundert – gesondert betrachtet werden (mehr darüber in Kapitel VII).

Schließlich unterscheidet man noch die *Raumnamen*. Sie sind weniger zahlreich, was daran liegt, dass sie sich auf umfassende Areale beziehen: Landschaften, Gegenden, Länder, Staaten, Bezirke. Nach ihnen und den Siedlungsnamen bilden wir *Einwohnernamen*: Wiener und Wienerin nach der Stadt Wien, die Chinesen nach dem Land China; manchmal, wie etwa im Fall der früher in Österreich sehr präsenten Baiern, dienen die Einwohnernamen auch zur Bezeichnung eines Stammes oder eines Volkes.

Apropos Baiern (Bayern, Bajuwaren, Baiwaren usw.): Wussten Sie, dass es sich bei ihnen um einen germanischen Stamm handelt, der im frühen Mittelalter entstand? Was ihr Name bedeutet, wird in der Sprachwissenschaft noch immer diskutiert (mehr dazu bald). Doch ihre Sprache, das zum Althochdeutschen gehörende Bairische, verbreitete sich im größten Teil des heutigen Österreich. Auf seiner Basis entstanden viele österreichische Dialekte – ein Grund, weshalb ein Deutschlandreisender aus Linz, Wien oder Villach sich, mundartlich gesehen, in Passau oder Regensburg eher daheim fühlen wird als in Dresden, Frankfurt oder Bochum. Sie werden also auf den folgenden Seiten noch manches Mal dem Bairischen begegnen. Ebenso wie anderen Dialekten und Sprachen, deren Spuren, wie gesagt, in Namen erhalten blieben, welche uns alltäglich begegnen. Genau betrachtet, zeigen sie uns den Weg in die Vergangenheit.

## Zur Namenkunde und zu diesem Buch

Ich vergleiche die Arbeit eines Namenkundlers oder -forschers gern mit der eines Archäologen und stelle mir vor, dass dieser – salopp zusammengefasst – sich zuerst eine ihm vielversprechend erscheinende, grasbewachsene Oberfläche eines Hügels besieht, sie anschließend genauer untersucht und zu graben beginnt. Findet er etwas, heißt es natürlich: ordnen, zusammensetzen, katalogisieren, vergleichen und eine Erklärung suchen. Geschichte und Gegenwart in Einklang bringen ...

Genau genommen ist ja die Berufsbezeichnung »Archäologe« nur ein Oberbegriff, hinter dem viele Expertinnen und Experten warten: Spezialisten für die Hallstattkultur oder für römische Stadtanlagen ebenso wie Koryphäen im Aufspüren skythischer Fürstengräber, Meister im Bestimmen frühsteinzeitlicher Funde und vieles mehr. In diesem Sinne sind auch Namenforscher Spezialisten. Die Namenkunde oder *Onomastik* (so lautet der Fachbegriff, der aus dem Altgriechischen stammt) ist ein Teilgebiet der Sprachwissenschaft. Unsere Aufgabe ist, die Stellung der Namen in der Sprache bzw. dem Sprachsystem zu untersuchen und – nach Möglichkeit – ihre Herkunft zu klären.

Hierbei müssen wir interdisziplinär arbeiten, also die Perspektiven mehrerer Wissenschaften oder Forschungsdisziplinen mit einbeziehen. Denn die oft vielschichtigen Fragen nach Entstehung, Verbreitung und Überlieferung eines Namens lassen sich nicht im Rahmen allein der Sprachwissenschaft beantworten. Namen sind eben ganz unmittelbar und umfassend mit dem Dasein unserer Vorfahren verknüpft, wovon auch ihre »sprechende« bzw. appellativische Komponente erzählt. Historische und kulturhistorische Faktoren spielen darum in unserem Fach eine ebenso große Rolle; bei der Deutung geographischer Namen kommen naturwissenschaftliche Aspekte hinzu. Kurz, als Onomastiker läuft man jedenfalls kaum Gefahr, sich zu langweilen – dafür umso mehr, nicht aufhören zu wollen mit dem Fragen und Deuten, sobald man einmal begonnen hat.

Dass es mir eine Freude wäre, Sie diesbezüglich ein wenig »anzustecken« und Ihre Aufmerksamkeit für die weite, vielgestaltige Welt der Namen zu wecken, haben Sie sicher längst bemerkt. Diesem Zweck soll das vorliegende Büchlein zuerst dienen; es will weder wissenschaftliches Werk noch Lehrbuch sein, sondern im besten Fall eine angenehme Lektüre, die Ihnen Wissenswertes verrät, Sie neugierig macht und vielleicht manchen Irrtum beseitigt. Denn im komplexen Reich der Namen gilt oft, wie im Leben: Der Schein trügt. Und das ist bekanntlich der Punkt, an dem es für Detektive interessant wird. Genau, wie für Namenforscher. Darum weiter, zum nächsten Kapitel.

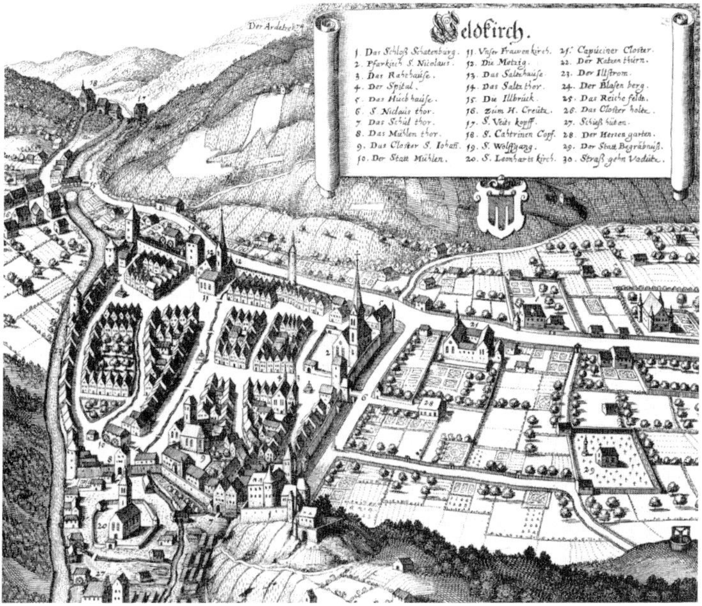


# Wonach heißen Orte und Landschaften?

## Konservierte Vergangenheit: Namensschichten in Österreich

## Von verschwundenen Sprachen

Das Wort »Schicht« meint in der Bergmannssprache sowohl eine Gesteinslage als auch die Arbeitszeit, die nötig ist, um diese abzubauen. Bergleute arbeiteten anfangs also eine Schicht lang, um eine Schicht abzubauen. Nun ist die Namenkunde zwar kaum mit dem Bergbau zu vergleichen – aber von »Schichten« (im ersten Sinn) ist auch hier oft die Rede. Wie Geologen und Archäologen finden wir Namenforscher übereinanderlagernde, aus früheren Zeiten überlieferte Schichten vor. In unserem Fall sind es *Namensschichten*, die allerdings, in verschiedenen Epochen der Besiedlung Europas entstanden, nicht nur einander überlagern (oder überlappen) können, sondern auch nebeneinander existieren.
Kompliziert? Dann stellen Sie sich einmal einen Museumssaal vor, worin man Ihnen ein Sammelsurium diverser Objekte darböte: u.a. eine Axt aus dem Neolithikum, eine Haarspange aus der Bronzezeit, römische Münzen, zwei langobardische Schwertgriffe, ein mittelalterlichcs Heiligenbild, ein Stück einer Grabplatte aus der Renaissance, einen Damenhut aus dem 19. Jahrhundert ...
Wollte man diese Dinge senkrecht ordnen, zum Beispiel in großen Schubladen, nähme man wahrscheinlich das älteste, legte es in die unterste Schublade, darüber das zweitälteste usw., entsprechend unserem Modell von Kulturgeschichte als in der Zeit aufeinander folgender Phasen der Menschheitsentwicklung bzw. Zivilisation. Ähnlich verhält es sich mit den Namensschichten: In einer vom ersten Tag ihres Bestehens an sich wandelnden Welt sind Namen Überbleibsel derer, die vor uns waren. Manchmal sind sie sogar das einzige, was uns von einer untergegangenen Sprache überliefert ist, das einzige, woraus wir überhaupt auf die Existenz einer ansonsten spurlos verschwundenen Sprache – und ihrer Sprecher – schließen können.
Wie bereits erwähnt, ist die älteste Namensschicht in Österreich *voreinzelsprachlich*: Zu ihr zählen Namen aus sehr frühen Sprachen,

die wir keinem bestimmten »Stamm« oder »Volk« zuordnen können. Einige dieser Namen gehören noch nicht einmal zur indogermanischen (oder, wie man international sagt: indoeuropäischen) Sprachfamilie. Und diese lässt sich in unseren Breiten immerhin über dreitausend Jahre zurückverfolgen, in eine vorgeschichtliche Zeit, über die wir, was das Geschehen in Mitteleuropa angeht, vielfach nur Hypothesen formulieren können. Sicher scheint, dass im 2. Jahrtausend vor Christus indogermanisch sprechende Stämme und Völker ihre Heimat im nördlichen und östlichen Mitteleuropa bzw. im heutigen Russland verließen und gen Süden zogen. Die Anlässe für diese gewaltige Migrationsbewegung waren wohl, summa summarum, die gleichen wie zu allen Zeiten: Die Menschen hatten in ihrer Heimat kein Auskommen, sei es aufgrund von Krieg, Überbevölkerung oder Klimaveränderungen, und sie packten, so vorhanden, Hab und Gut zusammen, um anderswo bessere Lebensbedingungen zu suchen. Nach und nach gelangten sie – in südwestlicher Richtung – zu den Alpen und auf die Balkanhalbinsel, schließlich ins gesamte Mittelmeergebiet. Auf dem Weg nach Süden und Südosten erreichten sie auch Kleinasien, den Iran und dann Nordindien. Überall, wo sie meist als Eroberer einwanderten, mischten sie sich im Laufe der Zeit mit der Vorbevölkerung, welche bald die Sprache der Neuankömmlinge übernahm, ihr aber eine lokale Ausprägung verlieh. Später entstanden aus dem Indogermanischen unter anderem die italischen, keltischen, germanischen, slawischen, baltischen und indoiranischen Sprachen sowie das Griechische und Albanische. Die meisten der europäischen Sprachen gehören also zur indogermanischen – oder eben indoeuropäischen – Sprachfamilie.

Was aber ist jetzt das Indogermanische? Zunächst einmal dürfen Sie nicht vergessen, dass wir es mit einem – allerdings wissenschaftlich fundierten – Modell zu tun haben. Und einer im Großen und Ganzen »funktionierenden« Theorie, die ihren Anfang in einer Frage nahm: Warum ähneln auf unserem Kontinent sowie im Iran und sogar in Indien einander viele Sprachen in Wortschatz, Satzbau und Grammatik? Warum fällt es uns leichter, Englisch, Russisch oder Sanskrit (Altindisch) zu lernen als etwa Arabisch oder Chinesisch? Die nächstliegende Antwort lautet: weil die zuerst genannten drei Sprachen mit dem Deutschen näher verwandt sind als die letzten beiden. Eine solche Verwandtschaft, wie gesagt, mehrerer moderner und historischer Sprachen ließ sich bis ins 2. Jahrtausend v. Chr. zurückverfolgen und führte schließlich zur oben kurz angesprochenen – bei genauerer Betrachtung wesentlich differenzierteren – Theorie. Und zur teilweisen Rekonstruktion des Indogermanischen, einer hypothetischen, gemeinsamen Sprache, auf der aufbauend sich einzelne Sprachen herauskristallisierten. Begegnet Ihnen im Folgenden ein indogermanisches Wort, handelt es sich daher um eine Rekonstruktion, worauf das vorangestellte kleine Sternchen * hinweist. Dieses * kennzeichnet ebenfalls Rekonstruktionen aus einzelnen Zweigen der indogermanischen Sprachgruppe. In diesem Zusammenhang werden Ihnen mitunter – vor allem beim Indogermanischen, aber auch u.a. beim Slawischen oder Alt- bzw. Mittelhochdeutschen – unbekannte Zeichen begegnen; es handelt sich hierbei entweder um Buchstaben aus anderen Schriftsprachen oder Zeichen, die Laute, Lautvarianten, manchmal Betonungen, widergeben, für welche das lateinische Alphabet, in seiner »deutschen« Lesart, keinen passenden Buchstaben besitzt. Gerade im Indogermanischen, bei dem alle Wörter rekonstruiert sind, muten diese Zeichen mitunter mathematisch an, da man manchmal nur allgemeine Angaben machen kann, wie z.B. zur Silbeneinteilung eines Wortes, von dem man nur eine Wurzel kennt. Um nicht zu sehr von unserem Thema abzulenken, habe ich mich entschieden, diese Sonderzeichen zwar anzuführen, aber im Text nicht genauer zu erläutern.

Zu denen, die ihre Sprache den Indogermanen zum Trotz noch länger bewahrten, gehören unter anderem die Etrusker, die Räter und – in den westlichen Pyrenäen – die Basken. Das antike Volk der Etrusker lebte in Mittel- und Norditalien, damals Etrurien. Seine Vorfahren (oder zumindest Teile der damaligen Oberschicht) waren wahrscheinlich im 12. bis 11. Jahrhundert v. Chr. aus der östlichen Ägäis und von der kleinasiatischen Küste eingewandert. Das Etruskische ist mit keiner uns bekannten Sprache näher verwandt und wird zu den verschwundenen, altmediterranen Sprachen gezählt. Allerdings besteht, wie schon einige römische Autoren bemerkten, eine entfernte Verwandtschaft der etruskischen Sprache und Kultur mit derjenigen der Räter. Diese wurden pseudo-antikisierend auch *Rhäter* geschrieben. Sie verwendeten ein nordetruskisches Alphabet; man vermutet, dass die Abspaltung der Räter bereits um 1200 bzw. 1100 v. Chr. erfolgte.

Wahrscheinlich um 800 v. Chr kommen die Räter in den östlichen Alpenraum; der Name *Rätische Alpen* erinnert daran. Sie siedeln im Gebiet des heutigen Südtirol bzw. der italienischen Regionen Trento und Bolzano/Bozen. Im Jahr 15 v. Chr. erobern die Römer nach heftigen Kämpfen ihr Land und verwalten es fortan als Provinz Rätien (Raetia), zusammen mit dem ebenfalls eroberten Vindelicien, der oberbayrisch-schwäbischen Hochebene. Etrurien, das politisch in lose verbundenen Stadtstaaten organisiert war, ist um diese Zeit längst Teil des Römischen Reichs. Ein Schicksal, das bald auch unsere – damals meist keltischen – Vorfahren ereilt.

Vorher allerdings sollten wir unsere Aufmerksamkeit auf ein paar Spuren aus jenen Tagen lenken, als die Gründung Roms (um 750 v.Chr.) noch nicht einmal in den Sternen stand.

## Die ältesten Namen: voreinzelsprachlich und indogermanisch

Aus den Alpen kennen wir eine ganze Reihe von Wörtern und Namen aus vorindogermanischer Zeit. Solche Relikte nennt man in der Sprachwissenschaft *Substrat*, also altes Sprachgut, das erhalten blieb. Es wurde einfach in die nächste Sprachschicht übernommen und dann immer weiter tradiert, bis zur Gegenwart. Hierzu gehört etwa die *Alpe* (mittelhochdeutsch *albe*) – die Bergweide. Sie heißt auf Alemannisch *Alp* bzw. *Alb* und wird bairisch-österreichisch *Alm* (aus *alben*) genannt, in der Mundart *Ålm*, in Tirol und Osttirol *Ålbe* oder *Ålwe* (*å* ist ein Laut zwischen *a* und *o*, wie er für alle bairisch-österreichischen Mundarten typisch ist). Dahinter steckt ein uralter Ausdruck, also ein Substratwort – wahrscheinlich lautete es **alp-* (im Lateinischen *alpis*) und bedeutete ursprünglich »hoher Berg«. Der Anklang an das indogermanische Wort **albh-* »weiß« zog übrigens eine erste Verwechslung und teilweise Umdeutung nach sich: Schließlich sehen die Berge und Gletscher aus der Ferne weiß aus, und so leiten schon antike Autoren fälschlicherweise den Namen der Alpen vom ihnen bekannten, lateinischen Wort für »weiß« ab – *albus*.

Der – oder manchmal: die – *Balfen*, *Palfen* (auch: *Balm*, *Palm*) stammt ebenfalls noch von den vorrömischen Alpenbewohnern, die wahrscheinlich wussten, wann das Wort einen Felsen bezeichnete oder nur einen Teil davon, wie einen Felszacken, eine -stufe, einen -vorsprung oder sogar eine -höhle. Manchmal ist der *Balfen*, von dem man eher im westlichen Österreich hört, auch ein überhängender Fels. In jedem Fall aber ist es ein vielseitiges Wort, dessen erste Form als **péllawo-* zu rekonstruieren ist.

Auch das vor allem in Tirol anzutreffende *Klapf* ist ein Substratwort. Es heißt ebenfalls Felsen, kann aber auch eine Felsstufe im Gelände benennen oder einen felsigen Absatz am Weg. Überliefert wurde es uns über das vorrömische Wort **klappo-* und das romanische *klapp-*: Beides bedeutet auch »Fels, flacher Stein«.

In den Bergen gibt es aber nicht nur Felsgestein, Eis und Schnee. Die *Gämse* ist ebenfalls, onomastisch besehen, ein Tier mit Substrat – uns überliefert durch ihre lateinische Bezeichnung *camox*. Ein, was die alte Herkunft angeht, gleichwertiger Vertreter aus dem Pflanzenreich ist die *Lärche*. Der genügsame Nadelbaum, der auf den Bergen noch in 2500 m wächst, nennt sich lateinisch *larix* – ebendieses Wort konservierte für uns das alte Appellativ.

Gehen wir einen Schritt voran in der Zeit (im Museum zögen wir die nächsthöhere Schublade auf), ist die dann folgende Namensschicht indogermanisch und, wie erwähnt, voreinzelsprachlich. Hier finden wir zum Beispiel die alteuropäischen Gewässernamen. (Von ihnen erfahren Sie im VI. Kapitel mehr.)

In einer weiteren Schicht finden wir die Namen aus frühen indogermanischen Einzelsprachen. Im Westen Österreichs stammen sie – wie mein Innsbrucker Kollege Peter Anreiter erforschte – unter anderem von den antiken Völkerschaften der Fokunaten, Breonen und Genaunen.

Kennen Sie *Imst* in Tirol – und haben Sie sich schon einmal gefragt, was der sonderbare Name bedeutet? Wer wortspielerisch veranlagt ist, könnte nun meinen, sobald man die ersten beiden Buchstaben vertausche, erhalte man »Mist«. Das wäre zwar eine falsche und für das hübsche Städtchen despektierliche Erklärung, aber es brächte uns dem ursprünglichen Namen von Imst wenigstens (und ausschließlich) optisch ein wenig näher. Dieser stammt vom Alpenvolk der *Fokunaten* und lautet *Humiste*, was so viel bedeutet wie »feuchtes Gebiet«.

Das nordwestlich von Innsbruck gelegene *Scharnitz* dagegen verdankt seinen Namen den *Genaunen*. Sie nannten den Ort *Scarantia* – vom indogermanischen **(s)kar-* mit der Bedeutung »hart; Stein«. (Auch der Name der *Karawanken* hat hier seinen Ursprung.)

Und natürlich prägten die *Kelten*, die seit etwa 450 v. Chr. im österreichischen Raum siedelten, ebenfalls unsere Namen. (Die Bezeichnung »Kelten« steht übrigens nicht für ein Volk oder einen Stamm, sondern für eine ganze Gruppe nahe verwandter ethnischer und kultureller Gemeinschaften.) Von ihnen haben, um noch in Tirol zu bleiben, zum Beispiel *Axams* und *Brixen im Thale* ihre Namen. Und beide erinnern an die Vorliebe der frühen (keltischen wie vorkeltischen) Bewohner Österreichs für Höhensiedlungen, die

vor Überschwemmungen und Überraschungsangriffen schützten. Axams stammt etwa vom keltischen **Ouxama* und heißt »der höchst liegende Ort«, was man allerdings relativ zur Inntalsohle verstehen muss, und *Brixen* vom keltischen **brig-* (mit angehängtem »s«), das »Anhöhe« bedeutet.
Mit dieser letzten haben wir bereits die drei frühesten Namensschichten in Österreich zusammen: die vorindogermanische (Stichwort: Substrat), die indogermanische und voreinzelsprachliche sowie die indogermanische einzelsprachliche. Aber welcher dieser Schichten, welcher der frühen Einzelsprachen wir auch immer einen Namen zuordnen mögen – eins ist gewiss: Stammt der Name aus vorrömischer Zeit, gelangte er über romanische Vermittlung ins Deutsche; er wurde uns also über das Lateinische oder eine seiner »romanisch« genannten Tochtersprachen überliefert. Darum jetzt: Willkommen im Imperium Romanum! Und in der nächsten, hieraus resultierenden – romanischen – Namensschicht.

## Namen romanischer Herkunft

Im Jahr 15 v. Chr. beauftragte der römische Kaiser Augustus seine Stiefsöhne Drusus und Tiberius, über den Alpenhauptkamm zu ziehen, Norikum (lateinisch: Noricum) zu erobern und die Grenzen seines Reiches weiter vorzuverlegen, in Richtung Norden, bis zur germanischen Grenze. Norikum, im 2. Jahrhundert v. Chr. von den hier ansässigen Kelten begründet, war der erste nachweisbare Staat auf österreichischem Boden. Seine Eroberung war für die Römer sowohl wegen seiner Lage als Nachbarland Germaniens erstrebenswert als auch wegen seiner reichen Vorkommen an Metallen und Edelsteinen. Vor allem das »norische Eisen« war weithin berühmt; das hauptsächlich in den Niederen Tauern abgebaute, qualitativ hochwertige *ferrum noricum* wurde schon Jahrzehnte vor der römischen Besetzung u.a. nach Rom exportiert und war bestens geeignet für Waffen (mit deren Hilfe dann die, die es abgebaut hatten, unterworfen wurden, wobei zumindest die Noriker sich ohne großen Widerstand ergeben zu haben scheinen). Auf den römischen Sieg über die Räter und die Vindeliker folgte also die Unterwerfung und Romanisierung des restlichen keltischen Territoriums, das sich nach Osten fast bis zum heutigen Wien ausdehnte. Die Provinz Norikum wurde gegen Mitte des 1. Jahrhunderts errichtet; sie grenzte ans zuvor eroberte Pannonien mit seinem Legionslager Carnuntum. Die Grenze zwischen den beiden Provinzen verlief durch den Wienerwald. (Vindobona, alias Wien, gehörte also schon zu Pannonien.) Latein, die Sprache der Herrschenden, wurde zur offiziellen Umgangs- und Verkehrssprache und blieb es bis zum Rückzug der Römer und zum Ende des Weströmischen Reiches.

Allerdings: Wenn in diesem Zusammenhang die Rede von Latein ist, dürfen Sie nicht an das Unterrichtsfach denken. Weder an Ovid noch an Seneca, Sallust oder Caesar oder einen anderen der hinlänglich bekannten, stilistisch und rhetorisch gut ausgebildeten Autoren, sondern an eine mündliche Sprache, mit deren Hilfe sich die vielfach nicht gerade freiwilligen Bewohner des grenzenverschlingenden Imperiums, woher sie auch stammten, halbwegs verständigten, sowohl mit den Römern und deren Verwaltung als auch mit einander – sofern ihnen nicht die gleiche Muttersprache zu eigen war. (Man kann sich, um eine nur leicht karikierende Skizze der Lage zu erhalten, durchaus an deren Schilderung in den »Asterix»-Heftchen erinnern!)

Natürlich wirkte sich das allerorten gesprochene Vulgärlatein auf die anderen, hierzulande gesprochenen Sprachen aus. (So wie sich aktuell das Englisch-Amerikanische in unserer Umgangssprache ausbreitet, werden damals einzelne lateinische Wörter oder Redewendungen in die anderen Sprachen »eingesickert« sein, in denen wiederum die lateinischen Fremdwörter verändert, angepasst wurden, bis sie kaum mehr als Fremdwörter auffielen und geworden waren, was wir »Lehnwörter« nennen.)

Darüber hinaus entwickelten sich aus dem Latein, wie es gegen Ende des Weströmischen Reiches gesprochen wurde, neue Sprachen: die so genannten »romanischen Sprachen«. In unserem Raum sind das zunächst das Alpenromanische und später das Bündner-Romanische im Westen (in der heutigen Schweiz), dann das Ladinische, das heute noch in Südtirol gesprochen wird, sowie das Furlanische (oder Friaulische) in Julisch-Venetien und Friaul. In der Sprachwissenschaft werden diese Sprachen insgesamt als »Rätoromanisch» bezeichnet, sie sind aber untereinander recht verschieden. Ortsnamen romanischer Herkunft finden sich in größerer Anzahl vor allem in den Bundesländern Vorarlberg, Tirol und Salzburg; sonst sind sie relativ selten. Meistens liegen ihnen Personennamen oder »toponymische Appellativa« zugrunde, das heißt Appellativa, die einen Ort genauer beschreiben. Zum Beispiel stammt der Name von *Erl* in Tirol, das in den Jahren 925 und 927 urkundlich als *Orilan* erwähnt wird, vom romanischen *Aurelianum* – abgeleitet vom Personennamen *Aurelius*. Und der Name von *Montigl* (Salzburg) beruht auf dem romanischen *Monticulus* »kleiner Berg«. Auf eine Ortsbeschreibung geht auch der Name des Vorarlberger Ortes *Gaschúrn* zurück, der im Jahr 1560 in einer Urkunde noch als *Cassura* bzw. *Gaschurren* aufscheint – was wiederum vom romanischen *casa supra* stammt und »Oberhaus« bedeutet, also in etwa »höher gelegenes Haus«. (In Deutschland findet man »Oberhaus« oder »Oberhausen« übrigens oft als Ortsnamen, wobei man jedoch beachten sollte, dass *Haus* manchmal »Burg« bedeutet.)
Ein Merkmal vieler Tiroler Ortsnamen romanischer Herkunft ist, dass sie mit einem *-s* enden, welches abgestoßen wird, wenn man aus ihnen ein weiteres Wort bildet bzw. ableitet. Ein Beispiel: Der Ortsname *Wattens*, im Jahr 930 erstmals schriftlich erwähnt als *Vuattanes*, stammt vom romanischen Personennamen *Vattus*. Die Einwohner werden von uns aber nicht, wie man annehmen könnte, »Wattenser« genannt, sondern *Wattener* – das »s« ist also verschwunden. Das Gleiche gilt übrigens für vorrömische Namen:

So nennen wir die Einwohner *Axams* auch *Axamer*. Wenn man um diesen Vorgang weiß, kann man umgekehrt auch anhand einer Ableitung, bei der das »s« fehlt, auf einen Ortsnamen schließen. So zeigt uns die zum – vorrömischen, jedoch seiner Herkunft nach unklaren – Namen der Stadt *Schwaz* gehörende *Schwader Alm*, dass *Schwaz* eigentlich historisch **Schwads* zu schreiben wäre, und das *Roller Tal* in Osttirol, dass es vom Ortsnamen *Rals* abstammt (gesprochen [råls], d.h. mit einem *a*, das eher wie *o* klingt), welcher wiederum von **orāles* kommt – dem romanischen Wort für »am Rande gelegen«.

Hier noch ein paar weitere Beispiele. In Kärnten ist etwa der Bergname *Kuster* romanischer Herkunft; er stammt vom Wort *costa*, was eigentlich »Rippe«, bei einem Ortsnamen aber »Abhang« bedeutet. Und der am Kärntner Weißensee anzutreffende Siedlungsname *Praditz* kommt vom romanischen *pratu*: »Wiese«.

Ein Name, bei dem der deutsche Anschein trügt, ist der poetisch klingende Osttiroler Flurname *Goldried*. Was könnte man sich jetzt nicht Schönes ausmalen: goldschimmerndes Riedgras, ein Weinberg bei Sonnenuntergang ... Aber mit derlei so romantischer wie unmittelbarer Namensdeutung spazierte man nur auf dem Holzweg. Seinen Ursprung hat Goldried nämlich im romanischen Wort **colyretu:* »Haselstaudengegend«. Dagegen erweckt der Name *Lizúm*, den man in Tirol häufiger antrifft, wahrscheinlich überhaupt nur eine bildliche Vorstellung, wenn man um seine Herkunft weiß. Zugrunde liegt der *Lizúm* das romanische Wort *lozza*: »Kot«, dem die »Vergrößerungsform« (oder: das Augmentativ) *-one* angehängt wurde, wodurch es »Kotalm, Kotanger« bedeutet, genauer: einen »Lagerplatz des Viehs, wo viel Kot liegt«. Es handelt sich also um einen Begriff, der mit der Almwirtschaft aufs Engste verbunden ist.

Und jetzt möchte ich Sie noch auf eine andere Art Spuren hinweisen, die die romanische Epoche in unseren Namen hinterließ. Kennen Sie das oberösterreichische Seewalchen oder den Wallersberg in Kärnten? Diese beiden Namen stammen zwar nicht von einer romanischen Sprache ab, dafür erinnern sie aber an die althochdeutsche Bezeichnung für »Romane« (d.h. einen Angehörigen des Menschenschlags, der aus der Vermischung von Einheimischen und Römern hervorging): *wal(a)h*. – Althochdeutsch? War davon schon die Rede? Nein, aber gleich. Denn wir kommen allmählich zum deutschen, das heißt eigentlich bairischen Einfluss auf unsere Namen.

## Die »deutsche« Namensschicht: eher bairisch

Ab Mitte des 2. Jahrhunderts wird es den Römern zunehmend schwer gemacht, ihre Grenzen im Norden und Osten zu halten. Feindliche germanische Stämme greifen an, fallen ins Land ein. Im Jahr 260 muss die oberrheinisch-rätische Limesgrenze aufgegeben werden, woraufhin Alemannen an der Rheingrenze nach Süden und Südwesten vorstoßen. Zehn Jahre darauf verlassen die Römer die Provinz Dacien (Dacia, das Land der Daker, schließt im Osten an Pannonien an). Die Donau markiert jetzt die Grenze des Imperium Romanum – und hier häufen sich die Angriffe der ostgermanischen Goten. Was tun, um die Grenze zu sichern? Am besten, man verstärkt die Anzahl wehrhafter Männer – und so siedeln die Römer ab dem Jahr 380 Germanen in den unsicheren Gebieten an. Die neu geworbenen »Siedler« erhalten Land und übernehmen gegen ein jährliches Honorar den Grenzschutz. Dieses Jahresgeld heißt *annonae foederatae*, seine Bezieher bezeichnen wir als »Föderaten« (*foederati*). Schon bald aber lösen sie sich aus ihrem Föderatenverhältnis, und auf römischem Boden bilden sich germanische Königreiche – die jedoch in letzter Instanz den Römern unterstehen.

Im Jahr 375 hat weiter im Osten mit dem Vorstoß der Hunnen, eines türkisch-mongolischen Reitervolks aus Zentralasien, die Völkerwanderung eingesetzt. Die kriegerischen Hunnen zerstören nacheinander die Reiche der Ostgoten, Alanen, Vandalen und Westgoten. Die Folge: Eine Fluchtbewegung ungeheuren Ausmaßes setzt ein und drängt gegen das Römische Reich. Schließlich müssen die Römer die Donauprovinzen den wandernden Völkern öffnen – denen, gegen Mitte des 5. Jahrhunderts, auch die Hunnen folgen. Im Jahr 488 befiehlt Odoaker schließlich den Abzug der Romanen aus Norikum; allein südlich der Alpen bleibt die Verbindung zu Italien noch eine Weile erhalten, genauer: bis um das Jahr 600; dann lassen sich hier Slawen und Awaren nieder.

Nun könnte man annehmen, dass es nur wahrscheinlich ist, wenn, angesichts der starken germanischen Präsenz im österreichischen Raum gegen Ende der Völkerwanderungszeit, jetzt eine »germanische« Namensschicht folgte. Aber eine solche ist hierzulande kaum greifbar. Fast alles, was wir in sprachlicher Hinsicht einer germanischen Herkunft zuschreiben könnten, erweist sich letztlich als deutsch bzw. bairisch – entstand also frühestens im 10. Jahrhundert. Damals wurde Österreich ein bairisches Fürstentum: Nach dem Magyarenansturm im 9. Jahrhundert hatten die Karolinger zur Befestigung ihres Reiches eine eigene Mark im Osten gegründet, die sie 976 als Lehen den Babenbergern überließen.

Im Zuge der fränkischen Machtergreifung im alpinen Raum ging vermutlich aus der Verschmelzung von Germanen, romanisierten Kelten sowie Angehörigen anderer hier ansässiger Völkergruppen der germanische Stamm der Baiern hervor, aus deren Sprache – zunächst ein althochdeutscher Dialekt – das heutige »Bairisch-Österreichische« bzw. das österreichische Deutsch entstanden. (Was Sie hier lesen, ist eine Kurzfassung der Theorien über die Herkunft der Baiern, Bayern, Bajuwaren usw. sowie ihres Namens; in der Linguistik gibt es verschiedene Hypothesen dazu. Es wurde – natürlich stets anhand sprachwissenschaftlich fundierter Analysen – versucht, sie u.a. zu »Männern aus Böhmen« zu machen, zu »Bewohnern des Salzach-Gaus« oder zu »Lodenträgern« ... Doch, wer weiß, vielleicht lässt sich ihr Name gar nicht deuten.)

Nur im Westen, in Vorarlberg und Teilen Tirols, treffen wir auf Spuren des Alemannischen – die sogar älter sind als die des Bairischen (wie übrigens auch ein Teil der slawischen Namen; davon ein wenig später).

Einige wenige österreichische Namen reichen aber noch in germanische »vordeutsche« Zeiten zurück – wie mein folgendes Beispiel, das Sie vielleicht überrascht, falls Sie bisher annahmen, das oberösterreichische *Mühlviertel* heiße so aufgrund früher dort klappernder Mühlen. Nein, Namengeber war vielmehr das Flüsschen *Mühl*, das im Jahr 1109 urkundlich als *Mohile* bezeichnet wird. Und dieser Name stammt wiederum vom Wort **Muhila*, in dem das germanische **muh-* »Haufen« steckt – das Ganze bedeutet etwa »Bach mit Steinklumpen«. Allerdings handelt es sich hier wirklich um eine Ausnahme; trägt sonst ein Fluss oder Bach den Zusatz »Mühl-« im Namen, können Sie fast immer davon ausgehen, dass seine Wasserkraft einst eine Mühle antrieb.

Manchmal, wie bei der *Wippa* im Kärntner Gurktal, ist uns ein germanischer Name auch durch das Slawische vermittelt worden. Das langobardische **Wiffaha* für »Grenzfluss« gelangte in diesem Fall übers alpenslawische **Vipava* ins Deutsche, wo es im Hochmittelalter zu *Wippov* wurde – und nun wissen Sie, welche Funktion die *Wippa* einst hatte.

Eine eigentlich »deutsche« Namensschicht beginnt natürlich erst mit der deutschen Sprache. Das heißt: mit Wörtern und Wortbildungen, die sich dem Althochdeutschen zuordnen lassen. Der in Österreich öfter vorkommende Ortsname *Hart* ist so ein Wort – und leicht zu deuten, wenn man weiß, dass das althochdeutsche *hart* einen Wald oder »Sumpfwald« (d.h. einen sumpfigen Wald) bezeichnet. Hierher kommt auch der Name des *Harz* in Deutschland, den einst Heinrich Heine bereiste und der im 8. Jahrhundert noch *Hart* hieß. Letzteres kann man im Wörterbuch der

Brüder Grimm nachlesen, die auch die Schreibweise *Hartz* erwähnen – vielleicht ein Hinweis darauf, woher die Vorfahren des anfangs erwähnten Erfinders von *Hartz I–IV* möglicherweise stammen.

## Typisch »deutsch«: Namen auf -ing, -heim,- hausen, -hofen und -stätten

Auch Siedlungsnamen, die auf *-ing*, *-heim* und *-hausen* enden, gehören zur »deutschen« Namensschicht.
Die Wortbildungen mit *-ing* sind altes germanisches Erbe (also nicht nur bairisch und alemannisch, sondern gemeindeutsch) und mit der ersten Welle des Siedlungsausbaues unter den Babenbergern verbunden. In Österreich kommen sie überall dort vor, wo die Baiern früh Fuß fassen konnten; am meisten begegnen sie uns in Oberösterreich und entlang der Donau nach Osten, bis Wien. Man muss allerdings bei ihnen drei Schichten unterscheiden: erstens die älteren »echten« *-ing*-Namen, zweitens jüngere »wahrscheinlich echte« *-ing*-Namen (entstanden bis um 1300) und drittens »unechte« *-ing*-Namen.
Wie bei allem, was unecht ist, erweist sich auch bei der letzten Kategorie *-ing*-Namen die Herkunft als ein wenig komplexer: Sie sind umgeformte, meist slawische Siedlungsnamen. Wie *Meiselding* in Kärnten, das um 1200 noch *Mizeltich* heißt und vom slawischen **Myslotik'e* stammt: »Dorf des Myslota«. Oder *Reifling* in der Steiermark: Es wird im Jahr 1273 noch *Reivenich* genannt und kommt vom slawischen Wort für »Fischbach« **Rybьnika*. Mitunter begegnet uns sogar der eine oder andere »unechte« *-ing*-Name aus dem Romanischen. *Planitzing* in Südtirol wäre so ein Fall – der Name beruht auf dem romanischen *planities*: »ebene Fläche«. *Planitzing* sei noch *Wimpassing* zur Seite gestellt – ein Ortsname, dem wir in Österreich mehrmals begegnen und der sich vom mittelhochdeutschen **wintpôz* »Windbruch« ableitet.

Wie diese beiden weisen *-ing*-Namen manchmal auf lokale Gegebenheiten hin (sie sind also aus »toponymischen Appellativa« gebildet).

Der größte Teil der *-ing*-Namen verrät uns jedoch nichts über Aussehen oder Lage einer Lokalität, sondern vielmehr darüber, wer ihre Besitzer oder Bewohner waren. Sie sind *Besitz*- oder *Insassennamen* und lassen sich vorwiegend von Personennamen ableiten – wie *Schärding* in Oberösterreich, das erstmals 804 urkundlich erwähnt ist, als *Scardinga*: »Ort des Skardo«. Mitunter liegen ihnen auch Standesnamen zugrunde, wie z.B. bei den Ortsnamen *Pfaffing* und *Grafing* (von »Pfaffe« und »Graf«).

In älteren Quellen werden *-ing*-Namen übrigens oft im Dativ Plural angeführt. Um beim Beispiel Schärding zu bleiben: Statt *Scardinga* taucht es in einer Schrift aus dem Jahr 1150 auf als *ze Scardingin* und zehn Jahre später als *ze Scardingen*: »zu Schärdingen«. In Vorarlberg wie überall, wo das Alemannische größeren Einfluss hatte, setzte sich dieses *-ingen* als Normalform durch.

Am zweithäufigsten trifft man auf Siedlungsnamen mit der Endung *-heim*. Die Deutung dieses (ebenfalls gemeindeutschen) Wortzusatzes fällt leicht. Denn schon im Hochmittelalter bedeutete *Heim* »Wohnsitz, Heimat«. Bis dahin – also bis ins 11./12. Jahrhundert – entstanden auch die meisten Siedlungsnamen dieser Art, vor allem in Oberösterreich und im Salzburger Flachgau. Mundartlich ist das *-heim* öfters zu *-ham* umgeformt worden. Darum bedeutet das Ende von *Siezenheim* im Salzburgischen dasselbe wie der Schluss von *Lindham* in Oberösterreich. Beide Male erfahren wir, dass dort eine Heimat oder Wohnstätte war: In *Siezenheim*, das 927 noch *Suozinheim* hieß, wohnte ein Mann namens *Suotzo*. In *Lindham*, das im Jahr 1150 noch *Lintheimen* genannt wird, rauschte das Laub im Wind: Hier gab es wenigstens eine *Linde*.

Apropos: Etwas seltener sind die Namen auf *-hausen*, das ja fast das Gleiche bedeutet wie *-heim*. Zugrunde liegt ihnen das althochdeutsche *hûs*: »Haus, Wohnsitz«. Es gibt übrigens einen Ort

im steiermärkischen Ennstal, der nur so heißt: *Haus*; anno 927 sagte und schrieb man natürlich *Hûs*.
Auch Namen auf *-hofen* sind meist Besitznamen und wurden nur manchmal aus Appellativen oder Gewässernamen gebildet. Beim Anhängsel *-hofen* handelt es sich um die Pluralform des alt- und mittelhochdeutschen Wortes *hof* – es bedeutet schon damals »eingehegter Raum, Gehöft, Herrenhof«, später auch »Bauernhof«. Namen dieses Typus entstanden bis ins 12. Jahrhundert.
Zu ihnen gehören der Ortsname *Althofen* in Kärnten, ebenso das oberösterreichische *Alkoven*. Im Jahr 791 noch *Allinchova* geschrieben, handelt es sich hier allerdings um eine Zusammensetzung aus dem Personennamen *Allo* + *-ing* + *-hofen*. Seltener wurde der Simplex *Hofen* zum Namen – wie im Fall von *Großhofen* bei Deutsch-Wagram, in Niederösterreich; 1250 hieß es noch *Hoven*. Später entstanden manchmal auch Ortsnamen nach dem Singular *Hof* oder – wenn alles etwas kleiner war – *Höflein*.
Vor allem in Ober- und Niederösterreich sowie im Salzburger Flachgau finden wir die Namen auf *-stett und -stetten* bzw. *-stätt und -stätten*. Bis ins 11. Jahrhundert entstanden, bezeichnen sie neues Siedlungsland. Sie sind ebenfalls meist Besitz-, aber manchmal auch Lagenamen; ersteres trifft z.B. zu bei den beiden oberösterreichischen Orten *Pfaffstädt* (von »Pfaffe«, althochdeutsch »phafo« bzw. »phaffo«) und *Raffelstetten*, das nach einem Personennamen heißt und zu Beginn des 10. Jahrhunderts noch *Raffoltesstetun* genannt wird. Ein Beispiel aus Niederösterreich ist der Name von *Amstetten*, 1162–73 *Amstetin* geschrieben; er bedeutet: »bei den Stätten, die einem Amtmann übergeben sind«.

## Feldkirch, St. Gilgen und Aurach: Kirchen und Flüsse als Namengeber

Häufig begegnen uns auch Siedlungs- und Ortsnamen, die auf *-kirch(en)* enden oder denen ein *Sankt* vorangestellt ist. Sie haben sich im Umfeld einer Kirche entwickelt und nehmen hierauf Bezug. Mit *-kirch(en)* gebildete Namen kommen im gesamten Bundesgebiet vor; besonders oft finden wir sie im Donauraum und im Osten Österreichs. Sie hängen vielfach mit dem Bau einer Kirche zusammen. Manchmal widerspiegeln sie aber auch das grundherrschaftliche Eigenkirchenwesen, also ein Besitzverhältnis. Wobei die Endung *-kirch* vom Nominativ (»die Kirche«) abstammt – auf Althochdeutsch *chiricha*; wir finden sie zum Beispiel bei *Feldkirch* in Vorarlberg, das im Jahr 850 noch *Feldkiricha* heißt: »auf einem Feld gebaute Kirche«.

Die häufiger vorkommende Endung *-kirchen* beruht auf dem Dativ (»bei bzw. zu der Kirche«) – auf Althochdeutsch *chirichûn*; hiernach heißen das oberösterreichische *Feldkirchen* an der Donau, ebenso *Mooskirchen* und *Hartkirchen*. Sie sehen, jetzt begegnet uns erneut das althochdeutsche *hart*, dessen Bedeutung »Wald« oder »Sumpfwald« wir bereits kennen. Feld, Moos und Wald: Überall wurden Kirchen gebaut.

Manchmal verraten uns diese Namen auch nichts über den Standort einer Kirche; zum Beispiel dann, wenn sie von Personen- oder Standesnamen abgeleitet wurden. *Enzenkirchen* in Oberösterreich erinnert daher an einen Mann namens *Anzo*. Und dass das steiermärkische *Dechantskirchen* einen *Dechant* (oder »Dekan«) enthält, muss niemand erklären. Auch typische Eigenschaften können im Namen stecken: *Neunkirchen* in Niederösterreich etwa, das zu Beginn des 12. Jahrhunderts *Niuwenchirgun* genannt wird, bedeutet »bei der neuen Kirche«. Und in *Sinabelkirchen* in der Steiermark war die Kirche »rund«, denn das heißt mittelhochdeutsch *sinewel*.

Im ganzen »bairischen Österreich« treffen wir auch auf Orte, die nach Heiligen heißen, also mit *Sankt* beginnen. Der auf das *Sankt*, das man *St.* abkürzt und vom lateinischen *sanctus* ableitet, folgende Heiligen-Vorname ist nicht selten mundartlich umgeformt: *St. Marein* (Maria), *St. Kathrein* (Katharina), *St. Gilgen*

(Aegidius). Natürlich wachen Maria, Katharina und Aegidius nicht nur als Schutzpatrone über die nach ihnen benannten Orte, sondern auch über dortige, ihnen geweihte Kirchen gleichen Namens.

Aber: Wären Sie bei *St. Gilgen* sofort auf den Nothelfer und Pestpatron Aegidius gekommen? Nun, immerhin hätte uns das *St.* schnell auf die Fährte des Heiligen gebracht – bei manchen Namen desselben Typs ist es nämlich kaum mehr zu erkennen. Wie bei *Sommerein*, in Niederösterreich. Auch dieser Ort wurde unter das Patrozinium der Muttergottes gestellt; 1263 hieß er noch *Sand Marein*, aber 1455 war daraus schon *Samarein* geworden. Oder ahnen Sie, dass hinter dem mundartlichen *Fostión* ein kärntnerischer *St. Sebastian* verborgen ist?

Einen Sonderfall stellt hingegen *Gallizien* in Kärnten dar, das ursprünglich *Sand Galizien*, also »St. Galizien«, hieß und nach *Santiago de Compostela* in Galicien, Spanien, benannt ist. Also nach einem Ort und nur indirekt nach dem dort zuständigen Kirchenpatron, dem *Heiligen Jakob* (spanisch *Santiago*). Mit ihm wollen wir die Kirchen verlassen und uns wieder etwas mehr in die Landschaft begeben. Genauer gesagt, ans Wasser.

Viele Siedlungen entstanden am Wasser, an Bächen und Flüssen oder in deren Nähe. So ist nur logisch, dass sich Namen auch hierauf beziehen. Das althochdeutsche Wort für fließende Gewässer war *aha*. Es ist verwandt mit dem uns noch bekannten *Au* und dem lateinischen *aqua* »Wasser«. Als eigenständiges Wort, in Verbindung mit anderen Namen, kennen wir es heute als *Ache*: *Bregenzer Ache*, *Gasteiner Ache*. (In jüngerer Zeit wurde *Ache* oft durch *Bach* ersetzt, dessen Herkunft unklar ist).

Darüber hinaus enthält eine große Anzahl von Ortsnamen den althochdeutschen Hinweis auf ein Gewässer. Allerdings in verkürzter Form, als angehängtes *-ach* oder *-a*. Auch dies ist wieder keine bairische bzw. österreichische Spezialität; denken Sie etwa an die deutschen Städte *Gera* und *Fulda*. In Österreich wurden Namen dieses Typs bis ins 10. Jahrhundert gebildet, in Vorarlberg sogar bis ins 11. Sie sind recht vielfältig und können zum Beispiel Personennamen enthalten wie bei *Enknach* in Oberösterreich, das 788 *Ankinaha* hieß, nach einem Mann namens *Anko*. Oder Standes- bzw. Berufsbezeichnungen wie bei *Schmida* in Niederösterreich, das auf einen *Schmied* hinweist. Auch mit anderen Appellativen lassen sie sich bilden: Im oberösterreichischen Namen *Aurach* steckt zum Beispiel die Bedeutung »Bach, an dem sich Auerochsen aufhalten«. Liebhaber von Kreuzworträtseln kennen für die behäbigen Tiere das Wörtchen »Ur«, das sich mittelhochdeutsch *ûr* schrieb; *Urah* war um 1140 der Name von *Aurach*.

Der Schmidt.

Ich Huffschmidt kā die pferd beschlagn/
Darzu die Räder / Karn vnd Wagn/
Schwäntzen vnd Lassen ich wol kan/
Den Pferden / die auch Schäden han/
Ich kan heyln / Retzen vnd Reiden/
Den Feyfel vnd die Angstel schneidn/
Zu den Ciclopen trag ich Gunst/
Die erfunden deß Schmidwercks Kunst.
Der

Am häufigsten aber bezeichnen die mit *-ach* und *-a* verbundenen Namen Eigenschaften des Wassers: *Schwarza(ch)* heißt ein »schwarzer, dunkler Bach«, *Fischa(ch)* ein »fischreicher Bach«. In der deutsch-slawischen Kontaktzone kam es sogar zu Mischbildungen aus zwei Sprachen. Die *Vellach* und damit *Bad Vellach* in Kärnten stammen, was ihren Namen angeht, vom slawischen *Bela* »weißer (hell glänzender) Fluss«.

## Wengen, Lanzendorf, Greifenstein – Namen von Dörfern und Herrensitzen

Oft nahm man auch einen Flurnamen zu Hilfe, wenn es darum ging, eine Siedlung zu benennen. Zu dieser Gruppe gehören alle Ortsnamen auf *-wang* bzw. *-weng*. Das alte germanische Wort *Wang* – es ist übrigens mit unserem *Wange* verwandt – bedeutet »natürlich grünendes Gelände, auch mit verstreutem Baumbestand; Wiesenabgang«. Man trifft es meist in Zusammensetzungen; manchmal kommt es aber auch als Simplex vor. In Niederösterreich und Salzburg gibt es je einen Ort namens *Wang*, und *Weng* finden Sie sogar dreizehn Mal in Österreich, plus noch einmal *Wengen* in Vorarlberg. Zusammensetzungen wären etwa die oberösterreichischen Ortsnamen *Ober-* und *Mitterweng* sowie *Pichlwang*, das eigentlich ein »Birkenwang« ist und in einer Urkunde von 772 als *Pirihinuuanc* bzw. *Pirihinvvanc* aufscheint. Auf den ersten Blick nicht gleich zu erkennen, gehört auch *Tweng* in Kärnten dazu. Mundartlich *das Gweng* genannt, kommt der Name eigentlich von **Gewenge* – denken Sie an ein Wort wie *Gebüsch*, das eine Häufung von Büschen bezeichnet; genauso wurde eine Menge *-weng* zum *Gewenge*.

Vor allem nach der 2. Hälfte des 10. und bis hinein ins 12. Jahrhundert entstanden die zahlreichen *-dorf*-Namen. Sie hängen mit dem Ausbau der Grundherrschaft im hohen Mittelalter zusammen und sind auch meistens Besitznamen; sie werden also von Personennamen abgeleitet. Verbreitet sind sie besonders in Ober- und Niederösterreich, in Kärnten und in der Steiermark. »Und was ist mit *Lanzendorf*?«, könnten jetzt die Einwohner der acht österreichischen Orte fragen, die diesen Namen tragen, und sämtliche Lanzenberger und Lanzenkirchner möchten ihre Frage bekräftigen: »Wohnen wir nicht in Orten, die einst von wehrhaften Lanzenträgern, ja Rittern, begründet wurden?« Aber die Antwort heißt: »Nein.« Lanzendorf ist keine Ausnahme: Der Name kommt vom alten deutschen Personennamen *Lanzo*.

Eine Spezialität des nordöstlichen Niederösterreich sind die auf *-s* endenden, so genannten *genitivischen Siedlungsnamen*. Sie werden ebenfalls von Personennamen abgeleitet. Das bei Zwettl im Waldviertel gelegene *Rieggers* gehört etwa in diese Reihe; 1150 noch *Rvdegers* genannt, stammt sein Name vom Namen *Rüdiger*, alt-

hochdeutsch *Rüedegêr*. Ebenso – und ebenso wenig offensichtlich – verhält es sich mit Groß-*Kadolz* im westlichen Weinviertel, das im Mittelalter *Chadoltis* hieß: Zugrunde liegt hier der Personenname *Chadolt*. (Die gleiche Herkunft hat auch der *Kadolzberg* in Mauer bei Wien). Ein – selteneres – Vorarlberger Beispiel ist *Hörbranz*. Betrachten wir einmal die im 13. Jahrhundert vorkommenden Formen dieses Ortsnamens. Bei *Herbrandes-wilar* und *Herbrandes-hofen* ist die Verwandschaft zum althochdeutschen Namen *Heribrand* noch klar erkennbar. Beachten Sie, dass auf dem Weg in die Gegenwart die Anhängsel *-wilar* bzw. *-hofen* verlorengingen: Das dürfte auch bei den anderen Ortsnamen auf *-s* passiert sein. Es handelt sich also bei ihnen um unvollständige bzw. elliptische Formen. Und nun noch ein kleiner Nachtrag: Falls Sie im niederösterreichischen *Otten* wohnen und sich fragen, woher dieser Name stammt, dürfen Sie ihn jetzt getrost zur Kategorie genitivischer Siedlungsnamen zählen; allerdings haben wir es hier mit einem »schwachen Genitiv« auf *-en* zu tun. Mancher wird die Nachwehen dieses grammatischen Phänomens noch aus der Literatur vergangener Jahrhunderte kennen, wo man Wendungen wie »Ottiliens Gedanken« (statt »Ottilies Gedanken«) lesen kann. Und die Zeiten, in der man *Otten* statt »Ottos« sagte, sind noch viel, viel länger im Dunkel der Geschichte versunken.
Ebenso ist es lang her, dass der Großteil der Bewohner des österreichischen Raums genau wusste, wie viel körperliche Arbeit es brauchte, um ein Stück Land urbar zu machen. Keine Frage, dass Namen auch hiervon erzählen. Besonders in ehemaligen Rodungsgebieten weisen die Siedlungsnamen auf diese anstrengende Tätigkeit hin. So stammt etwa die Endung *-reit* bzw. *-reut* von *reuten* »ausreißen, jäten«; *-schlag* kommt vom *Schlagen* der Bäume und *-schwand(t)* bzw. *-schwend(t)* von *schwenden*: »die Bäume zum *Schwinden*, also Absterben bringen«. Zwei Ortsnamen, die wir in Nieder- und Oberösterreich antreffen, lauten etwa *Ottenschlag* und *Kirchschlag*, und ihre Deutung ist nun kein Geheimnis mehr: Beim

ersten gehörte das Grundstück, auf dem Bäume geschlagen wurden, einem Herrn namens Otto, beim zweiten der Kirche (falls es nicht bei einer Kirche lag). Und dass auf dem Grundstück eines gewissen *Konradt* die Bäume zum Verschwinden gebracht wurden, wissen wir bei *Konradtschwandt* sofort. Nur der in Kärnten gleich mehrmals vorkommende Ortsname *Kreuth* oder *Greuth* verrät seine Herkunft nicht ganz so leicht. Anderseits: Vom hier enthaltenen *-reut* ist's nur ein kleiner Schritt zum *Gereute*, also zum Gejäteten, Herausgerissenen, das sich, zugegebener Weise, in einer anderen Variante des Namens noch ein wenig besser verbirgt. Sie lautet *Rauth*.
Dass man manchmal dem Feuer einen Teil der Arbeit überließ und Brandrodung betrieb, teilen uns die Namenszusätze *Brand* und *Seng* (von *sengen*) mit. Das mittelhochdeutsche *âsanc* »das Anbrennen, die Versengung« lebt in *Asang* und *Osang* weiter; aus *Gesenge* entstand der Ortsnamen *Gseng*.
Typisch bairisch-österreichisch sind auch Siedlungsnamen auf *-ern*. Sie beziehen sich auf die Bewohner eines Ortes. So bedeutet *Mautern* »bei den Mauteinhebern« (zu finden in Niederösterreich und der Steiermark) und *Aspern* »bei denen, die bei den Espen wohnen« (in Niederösterreich). Und wer nach *Pichlern* in Kärnten reiste, besuchte die, die am »Bichl« – also am »Bühel« bzw. Hügel – zu Hause sind.
Moment, da fehlt ja noch jemand: Die Leute, denen sich in ihrer Zeit – zumindest optisch – oft der beste Überblick übers Land bot, weil sie aus den höchstgelegenen Fenstern hinabsehen konnten: die hiesigen »hohen«, adligen Herren und Damen. Ihre Wohnsitze, die Burgen und Schlösser, fallen zum Teil aus dem Rahmen der bislang geschilderten Namensgruppen und bilden eine eigene. Nicht alle betreffenden Namen, nein, da gibt es durchaus banale, nach uns bekanntem Muster entstandene Benennungen wie *Hohenegg* oder *Breitenstein*, die eine Eigenschaft der Örtlichkeit beschreiben. Oder die, in denen Besitzer bzw. Gründer genannt sind, wie *Arnoldstein* oder *Sachsenburg*. Neu in unserer kleinen Sammlung verschiedener

Namenstypen sind dagegen solche, die ein Wappentier nennen: *Greifenstein*, *Falkenstein* oder *Habsburg* (von *Habichtsburg*), oder auch solche, in denen der Name ein Zeichen setzen soll. Mein Kollege Kranzmayer hat sie als »höfische Wunschnamen« bezeichnet – und das werden sie wohl gewesen sein, vielleicht auch eine kleine Ermahnung für ihre Bewohner. *Hallegg* heißt immerhin »Eck des Heiles« und *Waisenberg* »Burg, die auch für Waisen sorgt«. Dass die Ansprüche – wie die Fenster – in dieser Gesellschaftsschicht mitunter höher lagen, zeigt sich übrigens auch am häufig einem Namen beigegebenen Wörtchen *-fels* (z.B. *Reichenfels*) – es entstammt nicht der Mundart, sondern der gehobenen Sprache.

Nun aber sollten wir die noble Höhenluft wieder verlassen, vorerst zumindest, denn längst sind, von der Ebene des Ostens her, die Slawen angekommen. Damit wir sie und mit ihnen die letzte unserer Namensschichten »aufgeräumt« betrachten können, habe ich Ihnen noch einige typisch bairische bzw. deutsche Appellativa aufgelistet, die oft Teil unserer Ortsnamen sind.

## Glossar: Von Au bis Zell – lokale Hinweise »deutscher Art«

**Au** beruht auf althochdeutsch *ouwia*, *ouwa*, ist urverwandt mit lateinisch *aqua* und bezeichnet den »bewachsenen Rand eines fließenden Gewässers« (wie bei *Wachau*) oder eine »nasse Wiese« (wie bei *Reichenau* in Kärnten – übrigens: ein fruchtbares Gebiet). In Burgennamen kann es auch auf ein »Wasserschloss« hinweisen (wie bei *Reichenau* in Niederösterreich: eine »reiche Burg in der Au«).

**Bad** weist auf warme (Heil-)Quellen hin. Als Zusatz zum eigentlichen Namen findet es sich in Österreich über vierzig Mal, ist aber meistens erst in jüngerer Zeit vergeben worden, wie bei *Bad Radkersburg* in der Steiermark, das seit 1978 so heißt. Das Grundwort liegt allein in **Baden** bei Wien vor, das urkundlich schon 869 als *Padun* erwähnt ist, was eigentlich eine Pluralform ist und »bei den Bädern« bedeutet – es handelt sich hier schließlich um schon den alten Römern bekannte, warme und heilkräftige Schwefelquellen.

**Berg** wird manchmal auch **Perg** geschrieben. Das Wort bezeichnet natürlich eine »Erhebung im Gelände« und wurde für Siedlungen, die auf einer Anhöhe liegen, namengebend. Wir finden es auch in Zusammensetzungen wie *Bergheim* oder *Berghausen*.

**Birk** bzw. **Pirk** weist auf einen Birkenbestand in der (ursprünglichen) Umgebung der Siedlung hin.

**Bruck** ist die mundartliche Form zu *Brücke* und weist darauf hin, dass die so benannte Siedlung bei einem wichtigen Flussübergang entstanden ist. Da es eine Menge derartiger Namen gibt, haben viele Ortsnamen zur besseren Unterscheidung noch einen Zusatz wie z.B. *Bruck an der Mur* oder *Bruck im Holz*. In Zusammensetzungen finden wir es etwa bei *Innsbruck* oder *Vöcklabruck*. Die Verkleinerungsform lautet *Brückl*.

**Brunn** ist die mundartliche Form zu *Brunnen* und verweist auf Quellen, Quellgebiete und auch sumpfiges Gelände.

**Burg** bedeutete zunächst eine »Fluchtburg«, um die sich eine offene Siedlung entwickeln konnte. Seit karolingischer Zeit wurden mit *-burg* auch Herren- und Gutshöfe bezeichnet, später auch Städte. Schließlich erhielt das Wort die Bedeutung »festes, aus Stein gebautes, größeres Gebäude« – also die einer Ritterburg, wie wir sie kennen. Besonders eindrucksvoll ist dies etwa der Fall bei *Salzburg*.

**Deutsch** wie z.B. in *Deutschlandsberg* (Steiermark) weist historisch auf eine deutschsprachige Bevölkerung hin – hier im Gegensatz zu *Windisch Landsberg*, heute *Podčetrtek* (Slowenien). Das in Kärnten gelegene *St. Michael am Zollfeld* hieß zur Zeit der Monarchie *Deutsch St. Michael* – im Gegensatz zu *Windisch St. Michael* (heute *St. Michael ob der Gurk*), das, damals wie heute, auf Slowenisch *Slovenji Šmihel* heißt. Im Burgenland steht beispielsweise einem *Kroatisch Minihof* ein *Deutsch Minihof* gegenüber. Das der Ortschaft Bad *Deutsch-Altenburg* entsprechende *Ungarisch Altenburg* liegt heute in Ungarn und heißt somit *Magyaróvár*, das ehemalige *Ungarisch Prodersdorf* (Burgenland) heißt heute *Leithaprodersorf* und hat als Pendant in Niederösterreich *Deutsch Brodersdorf*. Aus Südtirol sind Paare wie *Deutsch*- und *Welsch*- bekannt, z.B. *Deutsch*- und *Welschnofen* (vom romanischen *nova* »Neubruch«; es handelt sich um ursprünglich sprachlich verschiedene Siedlungsgebiete in einer »neu« erschlossenen Gegend). Bei allgemein bekannten Namen entfallen die »Nationalitäten«-Zusätze oft, wie bei *Griffen* (gegenüber *Deutsch Griffen*) und *Garsten* (gegenüber *Windischgarsten*).

**Egg** entspricht etymologisch dem Wort *Ecke* und hat die Bedeutung »Spitze; vorspringende Höhe; Berg- oder Hügelkante«. Manchmal bezeichnet es aber auch einen »Landwinkel zwischen zwei Flüssen«. *Egg* finden wir nicht nur sehr häufig bei Bergnamen wie *Hocheck* bzw. *-egg* (allein über zwölf Mal in Österreich); auch bei Siedlungsnamen ist es verbreitet, vor allem bei schwer zugänglichen Siedlungen und Burgen. Hier tritt es als Simplex *Egg* auf (sehr häufig) und auch in Zusammensetzungen wie bei *Hohenegg*, einem Burgenname in Niederösterreich, oder beim – ebenfalls niederösterreichischen – *Braunegg*, das im Jahr 1140 *Branecha*, »Brandeck« hieß, also auf eine Brandrodung hinweist.

**Felbe** heißt mittelhochdeutsch *felwe* und ist ein altes Wort für den Weidenbaum. Es weist also darauf hin, dass es in der Umgebung der Siedlung Weidenbäume gab. In Ortsnamen erscheint es mehrmals als *Velm* (von *Felben*). *Velden* am Wörthersee ist übrigens ein verschriebenes **Velben* (1297 wurde es noch *Velwen* geschrieben).

**Feicht** ist mundartlich für *Fichte*. Das Wort verweist auf Fichtenbestand in der ursprünglichen Umgebung der Siedlung. Man findet es auch in zusammengesetzten Namen wie *Maria Feicht*.

Dieser häufig vorkommende Name *Feichten* bedeutet eigentlich »bei den Fichten«.

**Filz** bezeichnet ein kleines Moor mit filzartig verwachsener Moosdecke; daher ist *Filzmoos* eigentlich eine Tautologie, denn *Moos* ist mundartlich auch ein Wort für »Moor«.

**Forche** steht mundartlich für *Föhre* und verweist auf Föhrenbestand in der ursprünglichen Umgebung einer Siedlung. Namensbeispiele wären *Vorchdorf* in Oberösterreich und *Forchach* in Tirol.

**Furt** weist auf Siedlungen hin, die an einer Furt liegen bzw. lagen, also an einer Stelle, an der man ein Gewässer relativ leicht ohne Brücke oder Boot überqueren konnte. In Österreich gibt es das einfache Wort *Furt(h)* als Namen ebenso wie Zusammensetzungen, etwa bei *Breitenfurt*. – Nichts mit einer Furt hat dagegen der Kärntner Gewässername *Glanfurt* zu tun, er ist wahrscheinlich keltischen Ursprungs.

**Hall** weist darauf hin, dass an einem Ort Salz gewonnen bzw. erzeugt wird. Das althochdeutsche *hal* bedeutete »Verdampfen der Sole; Salzpfanne« – wir kennen es heute nur noch als Namensbestandteil, wie in *Hallein* (s. S. 170).

**Hart** verweist wie *Holz* auf alten Waldbestand in der ursprünglichen Umgebung der Siedlung, und zwar auf Weide- und Sumpfwald. Oft findet man gerade diesen Namensbestandteil auch in jenen Gegenden, in denen schon lange kein Wald mehr steht.

**Haus** s. *-hausen*, S. 42 f.

**Holz** deutet wie *Hart* darauf hin, dass sich bei einer Siedlung Wald befand, mit dem kleinen Unterschied, dass wir hier eher Laub- und Föhrenwälder in tieferen Lagen vermuten können (wie bei *Hart* aber auch dort, wo wir heute keinen Wald mehr erkennen). Das Wort *Holz* ist ein altes Synonym zu *Wald*; man verwendete es früher also auch zur Bezeichnung eines Waldes. So bedeutet beispielsweise *Holzhausen* »Siedlung am Walde« und *Buchholz* »Buchenwald«. Das Wort *Wald* verwendete man dagegen eher bei ausgedehnten Waldgebieten bzw. dem Hochwald.

**Kirch** s. *-kirchen*, S. 43f.

**Lind** verweist auf Linden, die ursprünglich bei einer Siedlung wuchsen. *Lind* und *Lindach* sind recht verbreitet; die Namen *Limberg* und *Limbach* gehen meistens auf *Lind-berg* bzw. *Lind-bach* zurück.

**Mühl** ist fast immer der Hinweis auf eine alte Mühle oder ein Gewässer, dessen Wasserkraft zum Betrieb einer Mühle genutzt wurde. Dementsprechend häufig in Siedlungsnamen zu finden bzw. als *Mühlbach* (nicht aber im Namen des Mühlviertels, s. S. 40).

**Öd** hängt mit dem alten Wort *Öde* »unbewohntes Gebiet« zusammen; oft *Edt* geschrieben, finden wir es auch in Zusammensetzungen, wie zum Beispiel bei *Schwabenedt* im Salzburgischen. Auch die Schreibungen *Ödt*, *Oed*, *Oedt* sind verbreitet. Dieses Appellativ verbindet man heute, obwohl damit nicht verwandt, mit *Einöde*. Übrigens: Auch die *Einöde* gibt es bei uns als Namen, z.B. in Osttirol, geschrieben *Ainet*.

**Ried** hat zwei Bedeutungen; entweder heißt es »mit Schilf und Sumpfgras bewachsene Gegend; Riedgras«, oder aber es bezeichnet einen »ausgereuteten Grund mit einer Siedlung darauf«. Nicht zu verwechseln mit *Ried(e)* »Weinbauflur«.

**Stein** in einem Orts- oder Flurnamen bedeutet »felsiger, steiniger Boden« oder überhaupt »Felsen«, z.B. in *Steinbach* oder in Burgennamen wie *Aggstein* (gelegen in Niederösterreich, »Burg am Aggsbach bzw. Eschenbach«). Mehrmals findet man in Österreich auch das Simplex *Stein* als Ortsnamen.

**Tal** bezeichnet ganz allgemein jede Vertiefung im Gelände, besonders freilich einen Talboden als Siedlungsraum. Wie schon *Stein* kommt auch das simple *Tal* bei uns mehrmals als Ortsname vor. Aber meistens finden wir es in Zusammensetzungen; als zwei Beispiele aus Kärnten seien hier *Bodental* und *Bärental* notiert. Auch mit Gewässernamen – wie beim *Yspertal* – oder Personennamen – wie beim niederösterreichischen *Bernhartstal* – wurde

*Tal* gern verbunden. Zusammensetzungen mit Gewässernamen konnten dann zu den Namen ganzer Gegenden werden (z.B. *Gurktal*, *Kamptal*) und manchmal durch Gemeindezusammenlegung sogar zum Gemeindenamen aufsteigen – das *Lesachtal* in Kärnten ist so ein Fall. Bemerkenswert ist der Umstand, dass der Tal-als Gegendname nicht immer mit dem ganzen Flusslauf übereinstimmt (z.B. gelten die Bezeichnungen *Glan*- und *Gurktal* in Kärnten nur für den Oberlauf der beiden Flüsse *Glan* und *Gurk*). Außerdem kann er sich mit dem Flusslauf ändern; so heißen die Tallandschaften der Drau in Österreich, von Westen nach Osten: *Pustertal*, *Oberes* bzw. *Unteres Drautal*, *Rosental* und *Jauntal*).

**Tann** bedeutet, dass ursprünglich in Nähe der Siedlung Tannen standen.

**Windisch** ist die alte Bezeichnung für »Slowenisch« und weist auf Orte mit zumindest ehemals slowenischsprachiger Bevölkerung hin (s. **Deutsch**). Fälschlicherweise wurde der Begriff später für die slowenischen Mundarten im Gegensatz zur slowenischen Schriftsprache verwendet.

**Wörth** bzw. -**werd** oder -**werdt** heißt auf Mittelhochdeutsch *wert* und ist ein altes Wort für »(Halb-)Insel« im Sinne von »wasserfreies, leicht erhöhtes Gebiet zwischen Sümpfen« oder »umflossenes Gebiet«. Wir finden es zum Beispiel in Kärnten bei *Maria Wörth* oder dem *Wörthersee*, in Niederösterreich bei *Lichtenwörth*. Letzteres wurde um 1250 noch *Liechtenwerde* genannt: »bei der lichten, also gerodeten Halbinsel«.

**Zell** kann zweierlei heißen. Stammt das Wort vom slawischen *selo* ab, bedeutet es »Siedlung, Dorf«; in Kärnten und der Steiermark ist dies nahezu ausnahmslos der Fall. Für die anderen österreichischen Bundesländer gilt in der Regel, dass es sich um ein Lehnwort aus dem Lateinischen handelt und »Mönchszelle, Klause, Einsiedelei« bedeutet (lateinisch *cella* heißt »Kammer, Zelle«). In diesem Sinn sind etwa die Namen von *Zell am See* oder *Mariazell* zu erklären.

## Spuren der Slawen und Alpenslawen

Die letzte der hier besprochenen Namensschichten ist die slawische. Was allerdings, chronologisch betrachtet, nicht heißt, dass die österreichischen Namen slawischer Herkunft »zuletzt« entstanden; einige von ihnen bildeten sich zur gleichen Zeit wie die bairischen. Aber fangen wir lieber von vorne an. Und behalten wir vorerst den Teil Österreichs im Blick, dessen Namen mehr als anderswo slawischen Einfluss widerspiegeln: den Süden und Südosten. Hier zunächst eine kurze Skizze der Entwicklung.

Nach dem Untergang des Weströmischen Reiches gegen Ende des 5. Jahrhunderts strömen germanische und slawische Stämme in das keineswegs menschenleere Land, was dazu führt, dass im frühen Mittelalter eine sehr heterogene und polyglotte Bevölkerung entsteht.

Bereits um das Jahr 600 wird auf österreichischem Boden das slawische Fürstentum Karantanien gegründet. Es umfasst – aus Perspektive der Gegenwart – neben Kärnten große Teile der Steiermark und Osttirols, den Salzburger Lungau sowie wahrscheinlich Gebiete des südlichen Nieder- und Oberösterreichs.

Bewohnt wird es u.a. von den Vorfahren der heutigen Slowenen, den so genannten Alpenslawen, die zusammen mit einer awarischen Oberschicht ins Land gekommen sind. Awaren und Alpenslawen bilden auch die herrschende Schicht gegenüber der restlichen, vor allem keltoromanischen Bevölkerung.

Nach wenigen Generationen setzt sich das Alpenslawische als Landessprache durch. Als Karantanien im 8. Jahrhundert zunehmend unter fränkisch-bairischen Einfluss gerät, kommt das Bairische hinzu. Das Bairische wird bald ebenfalls Landessprache; schließlich aber – politisch begünstigt – breitet es sich immer mehr auf Kosten des Slawischen aus. Nur im Süden geht das Alpenslawische dann teilweise im Slowenischen auf, das weiterhin in einigen Regionen gesprochen werden wird (vornehmlich im Unteren Gail- sowie im Rosen- und Jauntal).

Alpenslawisch? Slowenisch? – Lassen Sie mich ein wenig genauer differenzieren: Die Sprache der frühen slawischen Bewohner des südöstlichen Österreich benötigt, genau genommen, noch einen treffenden Namen. Der Begriff »Alpenslawisch« ist im Grunde sehr, ja, *zu* allgemein; aber er hat sich eingebürgert. Man könnte vielleicht »Altslowenisch« sagen; doch diese Bezeichnung legte wiederum nahe, dass es sich um einen direkten Vorläufer des modernen Slowenisch handelte – was nicht richtig ist. Die untergegangene slawische Sprache, die *Slavia submersa* Karantaniens war sowohl mit dem Vorläufer des Slowenischen verwandt als auch mit dem des Tschechischen. Meiner Ansicht nach wäre der beste Name für sie: Karantanisch. Also ein Name, der sie schlicht geographisch-historisch definiert.

Aber nun zurück zu den Vorfahren der Slowenen, die zugleich frühe Einwohner Österreichs waren und somit keineswegs »Fremde«, sondern Teil unserer Geschichte und Kultur. Wie diejenigen, die mit ihnen (oder mit denen sie) kamen: die Awaren, deren Sprache innerhalb unserer slawischen Namensschicht ein paar Spuren hinterließ.

Die Awaren sind Mitte des 6. Jahrhunderts n. Chr. aus ihrem Siedlungsgebiet in Zentralasien nach Westen, nach Europa gezogen, wo man sie als Steppenvolk kennen lernte – ob sie ihrer ethnischen Herkunft nach mongolisch oder türkisch waren, ist bis heute unklar. Schon 15 Jahre später eroberten sie zusammen mit den Langobarden die ungarische Tiefebene; das von ihnen begründete Awarische Reich im heutigen Ungarn hatte bis zum Anfang des 9. Jahrhunderts Bestand; es wurde von Karl dem Großen vernichtet. Auch von ihrer – vermutlich türkischen – Sprache, dem Awarischen, sind uns nur wenige Reste überliefert.

Ein solches Relikt ist zum Beispiel der awarische Fürstentitel *ban*. Er lebte nicht nur im mittellateinischen *banus* weiter, sondern auch im slowenischen *Baniče* – was so viel bedeutet wie »Ort eines Ban«. Womit wir schon beim heutigen Österreich sind, denn von *Baniče* leitet sich in Kärnten zum Beispiel der Ortsnamen *Faning* ab. Und nicht allein: Die Namen von *Pfannsdorf* in Kärnten und *Fohnsdorf* in der Steiermark lassen sich ebenso bis zum awarischen *ban* zurückverfolgen.

Das slowenische *kazaz* hat ebenfalls awarische Wurzeln, wahrscheinlich hieß es karantanisch **kosez* und bezeichnete auch einen »Standestitel« – den »Edling«, der ein bevorrechteter Bauer bzw. Freisasse war. Kärntner Ortschaften namens *Edling* heißen im Slowenischen entsprechend *Kazaze*, *Kajzeze* oder ähnlich.

## Siedlungsnamen der Alpenslawen

Diese Ortsnamen sind übrigens die ältesten Zeugen für die »Siedlungsnamengebung« unserer alpenslawischen Vorfahren. Wo sie vorkommen, befanden sich einst so genannte »Kroatengaue« (in denen allerdings Alpenslawen wohnten): halbkreisförmig um einen zentralen Punkt, z.B. eine Fluchtburg, angeordnete Wehrsiedlungen. Die beiden größten auf österreichischem Boden lagen nördlich und südlich des Glantales in Kärnten (heute: Bezirk St. Veit an der Glan) sowie um Kraubath an der Mur in der Steiermark (heute: Bezirk Knittelfeld). Die Glantaler Siedlung wird auch als erste in einer Schrift erwähnt, im Jahr 954 – als *pagus Chrouuati*.

Dort, wo sich solche alpenslawischen Wehrsiedlungen befanden, treffen wir besonders häufig auf die Namensendung *-iče*, die Sie ja schon oben, bei *Baniče/Faning* kennen lernten. Sie ist typisch alpenslawisch und wurde meistens verwendet, um – wie es mit dem Fürstentitel *ban* geschah – aus einem Personennamen einen Siedlungsnamen zu bilden. In Kärnten gehört immerhin jeder 20. Siedlungsname zu diesem Typus!

Interessant ist, dass das slowenische *-iče* sehr oft in österreichischen Ortsnamen vorkommt, aber kaum auf slowenischem

Staatsgebiet. Es gehört eben zur alpenslawischen Besiedlung in Österreich. Und jetzt können wir sogar eine zeitliche Eingrenzung vornehmen: Siedlungen, die nach Personen heißen, wurden noch vor dem Jahr 1200 begründet. Woraus folgt, dass in den Gegenden mit Ortsnamen, die aus einem Personennamen und *-iče* gebildet wurden, sich bis zum Ende des 12. Jahrhunderts auch Slowenen niedergelassen haben.

Beispiele hierfür sind etwa *Def(e)reggen* in Osttirol: Abgeleitet von **Dobrik'e*, beruht es auf einem mit *dobrъ*, also »gut« beginnenden Personennamen; Mitte des 12. Jahrhunderts war daraus *Toberegge* geworden, und im Jahr 1213 *Douerich*. Auch das steirische *Maßweg* beruht auf alpenslawisch **Měšovik'e*, das Ende des 13. Jahrhunderts zu *Messbich* eingedeutscht worden war. Der Ortsname *Radweg* stammt von *Radoviče*, das – wie eine Urkunde von 1136 beweist – zunächst zu *Radewik* bzw. *Radwich* eingedeutscht wurde. Der zugrunde liegende Personenname wurde mit slawisch **radъ* »gern, froh« gebildet. Und *Liebetig* in Kärnten, Gemeinde Feldkirchen, hieß zunächst alpenslawisch **L'ubotik'e* – das ist eine Ableitung vom Personen- bzw. Vaternamen *L'ubota* und bedeutet »Ort des L'ubota« bzw. »Ort der Nachkommen des L'ubota«.

Wahrscheinlich sind Ihnen bereits die vielen Nennungen Kärntens in diesem Abschnitt aufgefallen – kein Wunder, das Bundesland lag einst im Zentrum Karantaniens, befindet sich also genau dort, wo der österreichische Raum in seinen Namen am nachhaltigsten slowenisch bzw. slawisch geprägt wurde: südöstlich des Alpenhauptkamms. Man nehme zur Probe einmal das slowenische Wort *gora* »Berg«. Als Appellativ erscheint es in österreichischen Ortsnamen sehr oft, nämlich rund 50 Mal – und davon allein 18 Mal im gemischtsprachigen Gebiet Kärntens! (Slawischer Herkunft ist übrigens auch der deutsch klingende Name *Glanz*, nach dem insgesamt zwölf österreichische Orte heißen; er stammt vom slowenischen *klanec*, was »steiler Weg, Steile, Steigung« bedeutet.)

Doch blieben im Früh- und Hochmittelalter die Alpenslawen nicht die einzigen, deren Sprache auf unsere Namengebung einwirkte. In der Völkerwanderungszeit war etwa das Gebiet südwestlich der Ostalpen wiederholt unter *germanische* Herrschaft gefallen; die *Langobarden* hatten weite Teile Italiens besetzt, woran noch immer viele Namen erinnern – zum Beispiel die Landschaftsbezeichnung *Lombardei*. Wir können nicht ausschließen, dass Ostgoten und Langobarden damals auch in Kärnten siedelten, wobei es sich aber eher um militärische Vorposten gehandelt haben wird als um eine planmäßige Besiedlung.

Diese erste *planmäßige* Besiedlung Kärntens erfolgte seit dem 9. Jahrhundert durch – wir wissen es bereits – die Baiern. Sie kamen unter fränkischer Oberhoheit in eine Gegend, wo seit dem ausgehenden 6. Jahrhundert bereits Slawen ansässig waren. Die bairischen Neuankömmlinge ließen sich vornehmlich in unbesiedelten Landstrichen nieder. Die bereits anwesenden Alpenslawen wurden also nicht von ihnen verdrängt, sondern sind nach und nach in der bairischen Bevölkerung aufgegangen. Nur im Süden Kärntens konnten sich die Alpenslawen und in ihrer Nachfolge die Slowenen behaupten.

## Mallnitz, Kogelnig, Friesach: Ortsnamen slawischer Herkunft

Allerdings finden wir selbst in früh »eingedeutschten« Gebieten noch alpenslawische bzw. slowenische Namengebung; zum Beispiel weist der Bergname *Stagór* in Oberkärnten wegen des benachbarten *Neuberg* auf eine Herkunft vom alpenslawischen **stara gora* »alter Berg« hin.

Und die *Mallnitz* erweist sich als »kleine Möll«; denn nichts anderes bedeutet das hier zugrunde liegende alpenslawische **Mălьnica*, das von **Mălьna* »Möll« stammt (auf Slowenisch *Molna*). Wir haben es mit einem beliebten slawischen Muster bei der Namenbildung von Flüssen zu tun: Der Hauptfluss liefert das Grundwort, der

Nebenfluss ist eine Verkleinerung dazu. Auch die *Mürz*, deren Name vom slawischen **Murica* stammt, ist für Namenkundler »die kleine Mur« – das slowenische Wort für *Mur* lautet *Mura*. Oder die *Görtschitz*: die »kleine Gurk«, abgeleitet vom slowenischen *Krčica*, welches wiederum die Verkleinerung von *Krka* bedeutet, dem slowenischen Wort für *Gurk*.

Übrigens spielen die *heutigen* Verhältnisse für die Namenkunde keine besondere Rolle. Es kommt sogar vor, dass wir bei der Suche nach Namen slawischer Herkunft in einer deutschsprachigen Gemeinde erfolgreicher sind als in einer gemischtsprachigen.

Außerdem haben sich auch die Bewohner der Gebiete, die früh deutschsprachig wurden, noch manch anderes von ihren slawischen Nachbarn und Vorgängern abgeschaut. Zum Beispiel die beiden Wortbildungselemente *-ica* und *-nik*.

Wortbildungselemente? Sie erinnern sich sicher an das slowenische *-iče*, das, mit einem Personennamen verbunden, diesen zum Orts- bzw. Siedlungsnamen machte (und so ein neues Wort bildete). Auf gleiche Weise diente das slowenische *-(n)ica* dazu, aus einem Appellativ einen Flur- oder Gewässernamen zu machen, und das *-nik* schuf Hof- und Familiennamen. Namen dieser beiden Typen finden wir vor allem in Kärnten und Osttirol, aber auch im Salzburger Lungau und in der Steiermark. Interessant ist zudem, dass *-(n)ica* und *-nik* auch immer wieder mit deutschen Wortstämmen zusammengesetzt wurden, wodurch Namen entstanden, die als – mitunter amüsante – Zwitterwesen zwischen dem Deutschen und dem Slawischen auftreten (und so von kulturellem Austausch und selbstverständlicher Koexistenz zweier Sprachgemeinschaften erzählen). Wobei das *-ica* im Deutschen sich oft in die Endung *-(n)itz*, mundartlich vielfach *-itzen* verwandelte und das *-nik* zu *-nig* oder *-nigg* wurde. *Bodenitze* und *Mauritze* sind Osttiroler Flurnamen, bei denen man unschwer noch »Boden« und »Mauer« erkennt. *Waldnigg*, *Kogelnig* oder *Felfernig* lauten Familiennamen in Kärnten und Osttirol; hier haben sich zum *-nik*, das im Deutschen zu *-nig* oder

*-nigg* wurde, »Wald« und »Kogel« gesellt sowie ein »Weidenbaum«, der auf Mittelhochdeutsch *félwer* bzw. *félber* hieß.

Freilich ist die Kombination mit slawischen Wortstämmen stärker verbreitet, zum Beispiel wie beim Namen *Pototschnig* oder *Petutschnig*, auf slowenisch *Potočnik* »Bacher«, also eine Familie, die an einem Bach wohnt oder ein Hof, der an einem Bach liegt, gebildet durch *-nik* und das slowenische Wort für »Bach« *potok*. Bei *Goritschnig*, slowenisch *Goričnik* »Bichler«, geschah das gleiche mit dem Wort *gorica*, das »kleiner Berg, Bühel, Bichl« heißt. Die Vorfahren von Frau Goritschnig haben also wie die der Herren Bichler und Pichler einst auf einem Hügel gewohnt.

Und hier auch noch ein paar Beispiele auf *-(n)itz*, das heißt Namen aus dem Slawischen, wobei zunächst das Wortbildungselement *-(n)ica* aus einem Appellativ einen Flur- oder Gewässernamen machte, der dann eingedeutscht wurde. Das war z.B. beim niederösterreichischen *Gablitz* der Fall; dieser ursprüngliche Gewässername stammt eigentlich von *Jablica* »Bach, an dessen Ufer Apfelbäume wachsen« und wird vom slawischen **jablo* »Apfelbaum« abgeleitet. Auch der Kärntner (ursprüngliche) Flurname *Mallenitzen* passt hierher: Er stammt vom slowenischen *malina* »Himbeere«. Aber: Beachten Sie, dass nicht jeder auf *-itz* endende Namen slawischer Herkunft sein muss – so sind *Scharnitz* in Tirol und *Kolbnitz* in Kärnten vorrömische Namen.

Slawischer Herkunft sind oft auch die Ortsnamen auf *-ach* im Osten und Südosten Österreichs. Es handelt sich hier, grammatisch betrachtet, vielfach um Lokative slawischer Einwohnernamen – das heißt, die Endung *-ach* dient dazu, Personen mittels ihres Aufenthaltsorts zu definieren. So stammt etwa *Friesach* vom slawischen **pri brežachъ* und bedeutet: »die am Abhang wohnen« (vergleichbar den deutschen Ortsnamen auf *-ern*, s. S. 49).

Aber auch hier gilt: Nicht alle Namen auf *-ach* sind slawischer Herkunft. Wir lernten ja bereits das Gewässernamen bildende deutsche »Ache« kennen.

Dieses liegt etwa den Namen *Schwarzach* und *Salzach* zugrunde oder auch den Mischnamen *Vellach* oder *Pielach*, bei denen das slawische *bělъ* »weiß« mit einem deutschen *-ach* für »Fluss« verbunden wurde. Und dann gibt es auch noch ein bairisch-österreichisches, mundartliches *-ach*, mit dem Flurnamen gebildet werden wie *Haslach* »Haselstaudengegend« oder *Erlach* »Erlengegend« sowie die Möglichkeit eines zugrunde liegenden romanischen *-acum* wie in *Villach*, das zunächst slowenisch *Beljak* hieß.

## Namenlandschaften in Kals und in Kärnten: romanisch, bairisch, slawisch

Verwirrend? Nicht mehr als üblich, wenn man sich's überlegt. Schon immer lebten Menschen mit verschiedenen Muttersprachen nebeneinander, sie lernten auch voneinander und tauschten sich aus – und hiervon, vom Umgang miteinander, von Nachbarschaft, Freundschaft und Gespräch künden eben auch die Namen. Manche sind sprachlich gesehen »Zwitterwesen«, wieder andere existieren in zwei oder sogar drei verschiedenen Sprachen – an einem Ort.
So gibt es im romanisch geprägten Osttirol, in *Kals am Großglockner*, einen Namen, der in drei Versionen vorkommt, die alle vom gleichen Grundwort stammen. Abgeleitet vom romanischen **runca* bzw. **runcu* »Rodung«, finden Sie den »echten« romanischen Hofnamen *Ranggetín(er)*, zusätzlich aber den »deutschen« Hofnamen *Rantschner* und den »slawischen« *Rantschnigg*.
Diesem Phänomen entspricht ein weiteres, worüber sich der Namenkundige zunächst wundern könnte: In *Kals am Großglockner* finden wir zwar romanisch geprägte alte *Flurnamen*, daneben aber anderseits einen hohen Anteil slawischer *Siedlungsnamen*.
Letztlich ist die Erklärung denkbar einfach: Namen sind immer auch ein Reflex des Zusammenlebens – und in diesem Fall eben des Zusammenlebens oder, wie ich meistens sage, der Kohabitation dreier Sprachvölker bzw. Kommunikationsgemeinschaften. Sie

sind der lebendige Ausdruck dessen, dass im Kalser Tal einst Romanen, Slawen und Baiern friedlich nebeneinander gerodet, gewirtschaftet und gelebt haben (wie meine Kollegin Maria Hornung schon vor 40 Jahren feststellte). Entsprechendes bezeugen auch die dreizehn Siedlungsnamen des Tals: drei von ihnen sind deutscher, drei romanischer und sechs slawischer Herkunft. Hinzukommt der Gemeindename *Kals*; er leitet sich vom slawischen *kalec* »Lache, Pfütze« ab, nach dem *Kalser Bach*, der in seinem Mittelabschnitt früher bei der Schneeschmelze und nach heftigen Niederschlägen von zahlreichen Lachen und Pfützen gesäumt wurde.

Doch Kals ist nicht das einzige Beispiel – im Grunde erzählt die Namenlandschaft des gesamten Bundeslandes Kärnten vom alltäglichen Miteinander verschiedener Sprachgemeinschaften. Diese Situation lässt sich ab dem frühen Mittelalter etwa wie folgt zusammenfassen.

Baiern und Slawen übernahmen zunächst einen Teil der Namen von der keltisch-romanischen Vorbevölkerung. Hierzu gehören vor allem Gewässernamen (wie wir wissen, zählen sie zu den ältesten Namen überhaupt), einige Siedlungsnamen (wie *Villach*) sowie der Name des Landes *Kärnten* selbst. Keltisch-romanischer Herkunft sind daher besonders die Namen aller großen Flüsse Kärntens: *Drau, Gail, Gurk, Lavant* usw., ebenso die *Tauern*, das *Katsch-*, *Jaun-* und *Gitschtal*.

Die übrigen – also: die meisten – Namen sind bairischer bzw. deutscher und alpenslawischer bzw. slowenischer Herkunft, wobei der prozentuale Anteil von Namen deutscher Herkunft in Richtung Nordwesten, der Anteil von Namen slowenischer Herkunft in Richtung Südosten zunimmt.

Wenn wir sie etwas präziser betrachten, müssen wir noch genauer unterscheiden. Da gibt es erstens die Namen, die von ihrer Etymologie her tatsächlich deutsch sind wie etwa *Feldkirchen, Bleiburg, Aich*. Zweitens diejenigen slawischer Herkunft: *Ferlach* und *Friesach* gehören zum Beispiel in diese Gruppe, oder auch *Globasnitz*, slowenisch *Globasnica*. Hier liegt ein Wort zugrunde, das Würstelstandbesucher auf Deutsch als Wurstsorte »Klobasse« kennen. Allerdings bedeutet das slowenische *klobasa* ganz allgemein »Wurst«. In Verbindung mit *-nica* benennt es dann einen »Bach, der sich wie eine Wurst hin und her windet«.

Hinzu kommen drittens Namen, die von der einen in die andere Sprache übersetzt und daher sowohl deutsch als auch slawisch sind. Ein solcher Fall ist das soeben erwähnte *Aich:* Dieser Ort heißt auf Slowenisch seiner deutschen Bedeutung entsprechend *Dob* »Eiche«.

Viertens gibt es noch die Namen, die weder deutscher noch slawischer Herkunft sind, aber von einer der beiden Sprachen tradiert wurden. Hierzu zählen zum Beispiel Namen romanischer Herkunft wie *Villach*.

Noch komplexer, ja, komplizierter wird das Ganze, wenn man berücksichtigt, wer welche Namen verwendet. Auf keinen Fall lassen sich klare, eindeutige Bezüge herstellen, wie zum Beispiel: Personen mit slawischer Muttersprache verwenden vornehmlich Namen slawischer Herkunft.

Menschen sind kommunikative Wesen, man geht aufeinander ein, verständigt sich, lernt dazu, übernimmt ein Wort, verändert vielleicht die Betonung, vergisst einen Begriff, gibt einen anderen weiter ... Es sind immer die Sprechenden, die eine Sprache – mitsamt ihren Namen – formen.

Natürlich gibt es in den *gemischtsprachigen* Gebieten Kärntens grundsätzlich im Deutschen und Slowenischen jeweils verschiedene Namen für ein- und denselben Ort. Die deutsche Aufzählung *Feldkirchen, Bleiburg, Aich, Ferlach, Friesach, Villach, Globasnitz* wird im Slowenischen zu: *Trg, Pliberk, Dob, Borovlje, Breže, Beljak, Globasnica.* Es gibt also für jeden Namen zwei Formen – eine deutsche und eine slowenische, die sich manchmal nur unerheblich voneinander unterscheiden wie z.B. *Globasnitz* und *Globasnica*. Manchmal aber handelt es sich um zwei grundverschiedene Wörter, die völlig Verschiedenes bedeuten wie z.B. *Feldkirchen* und *Trg*, wo der slowenische Name nicht auf die im Feld gebaute Kirche hinweist, sondern auf einen »Markt«.

Lassen Sie sich nicht täuschen: Oft genug ist auch der Fall, dass zwischen einem deutschen Namen und seinem slowenischen Pendant, selbst wenn sie sich ähneln, keine oder nur eine sehr oberflächliche Beziehung besteht. Es hat also oft genug eine Sprachgemeinschaft ihre eigene Benennung, ihren eigenen Blickwinkel auf einen Ort (der sich uns dadurch in verschiedenen Facetten darstellt).

Vergleicht man den deutschen Namen des *Tauern* mit seinem slowenischen, *Tur(j)e*, fällt zunächst die Ähnlichkeit auf. Der Name *Tauern* stammt aber von einem Wort aus vorrömischer Zeit, von **taur-* »Berg«, und bedeutet »Bergpass, Übergang«; er ist teils direkt, teils durch slawische Vermittlung ins Deutsche gelangt. Auch der *Ossiacher Tauern* heißt auf Slowenisch *Osojske Ture*, volkstümlich einfach *Turje*, und genau so heißt auf Slowenisch auch der *Turia-Wald* südlich vom Keutschacher See. Fragt man nun nach der Herkunft von *Turje*, gelangt man zum slawischen *tur-*, was wiederum »ableitiger Hügel, Leiten« heißt und nicht gerade dasselbe ist wie ein Bergpass. Es lassen sich also beide Namensformen nur bedingt gleichsetzen.

Und noch ein Beispiel: Auf den ersten Blick scheint auch zwischen *Völkermarkt* und *Velikovec* (aufgrund des Schriftbildes) ein engerer Zusammenhang zu bestehen – der bei näherer Betrachtung zum eher sehr entfernten wird. Zunächst: Einem deutschen »f« bzw. »v« in Namen slawischer Herkunft entspricht im Slowenischen meist ein »b«; so werden die slowenischen Namen *Bistrica, Bela* im Deutschen zu *Feistritz, Vellach*. Und tatsächlich lautet für *Völkermarkt* die slowenische mundartliche Form *Belkovec*, die uns noch aus dem 18. Jahrhundert überliefert ist – und nicht, wie in der Hochsprache, *Velikôvec*. Dieser Name beruht auf dem deutschen Vornamen *Volko*.

## Grenzen des alpenslawischen Einflusses

Im Süden Österreichs finden wir also einen höheren Anteil von Namen slawischer Herkunft als im Norden. Die uns hier begegnenden, slawischen Sprachformen erinnern in vielem an die Sprache der altslowenischen »Freisinger Denkmäler«, die um 1000 entstanden, sind im bayerischen Freising aufgefunden wurden und das älteste uns bekannte Schriftstück sind, das aus der Zeit der Christianisierung der Slawen in lateinischer Schrift überliefert ist.

Es fragt sich jetzt nur, wo der alpenslawische Einfluss endete, wo die Grenze zum Norden verlief. Wahrscheinlich war sie ungefähr mit der Ausdehnung Karantaniens deckungsgleich. Als Grenzpunkte für das alte Fürstentum werden 1186 *Karintscheide* genannt (zwischen Hollenstein a.d. Ybbs und Gaflenz) sowie südlich davon *Prietal* (südöstlich von Bad Aussee) und östlich an der Kleinen Erlauf *Brettl(bach)* (s. S. 71).

Der größte Teil von Niederösterreich gehörte jedenfalls nicht mehr zu Karantanien. Hier finden wir auch typisch westslawische, dem Tschechischen nahestehende Wortformen und Lautungen (und nur selten alpenslawisch-slowenische).

Das heutige Burgenland kennt zwar, wie Kärnten, bodenständige (also: hier entstandene) Namen einer sprachlichen Minderheit; diese sind aber kroatischer Herkunft. Zu ihnen gehört etwa *Stinatz*, vom kroatischen *Stinjaki*, das sich vom mundartlichen *stina* für »Wand, Mauer« ableitet, oder *(Ober-)Podgoria*, das vom kroatischen *Podgorje* »Unterbergen« kommt. Auch ist mancher deutschsprachige Ortsname einfach die Übersetzung eines früheren kroatischen: So entstand *Neuberg* nach dem kroatischen *Nova Gora* und *Neudorf* nach dem kroatischen *Novo Selo*.

Zusätzlich findet man einige kroatische Namen, die auf ältere slawische Formen zurückgehen, und solche, die aus dem Deutschen übernommen wurden – es sind sogar relativ viele: Zum Beispiel stammt kroatisch *Voríštan* von *Hornstein.*

Und nun blicken wir kurz in Richtung Bundeshauptstadt, denn einige Namen von Wiener Bezirken und Bezirksteilen sind ebenfalls slawischer Herkunft. *Währing*, der 18. Bezirk, heißt ursprünglich nach dem Gewässernamen **varika* »Wasserschwall«, und das angrenzende *Döbling* war zumindest in den Augen früherer slawischer Einwohner eine **topl'ika*, eine »sumpfige Stelle«. Dagegen achteten sie in *Liesing* auf einen »Waldbach«, slawisch **lěsьnika* (von *lěsъ* »Wald«). Und *Lainz* hieß *na lo(n)cě* »auf der Wiese«. Der Anfang von *Stammersdorf* lässt sich dagegen auf den slawischen Personennamen *Stojmir* zurückführen.

*Wien* selbst wurde als weithin bekannter Stadt in vielen Sprachen ein Name zuteil. In den slawischen Sprachen heißt es recht verschieden: im Slowenischen *Dunaj* (nach der Donau), im Tschechischen *Vídeň*, im Slowakischen *Viedeň* und im Polnischen *Wiedeń*. Die drei letzten Namenformen reflektierten ein altes **Veid(i)nia* »Waldbach«, worauf auch das althochdeutsche *Wienna* zurückgeht. Unklar ist dagegen die Bedeutung des serbischen und kroatischen Namens für Wien: *Beč*, das vom ungarischen *Bécs* stammt. Das Russische hat die französische Form *Vienne* übernommen: Вена bzw. *Vena*, während das Ukrainische ähnlich wie das Polnische Відень bzw. *Videň* verwendet.

## Glossar: Von bel bis vas. Slawische Wörter in unseren Namen

Am Schluss unserer kurzen Betrachtung der slawischen Namensschicht hier, wie schon bei der deutschen, noch eine Liste mit Wörtern. Sie erhebt natürlich keinen Anspruch auf Vollständigkeit, sondern möchte Ihnen nur, in einer Art Querschnitt, einige Appellativa slawischer Herkunft präsentieren, die der Bildung eines Teils unserer Orts-, Berg- und Gewässernamen zugrunde liegen. Die Namen werden entweder in slowenischer Orthographie oder in ihrer gemeinslawischen Form angeführt.

**bel** »weiß«. Findet sich zunächst in Gewässernamen wie der slowenischen *Bela*, die auch unter ihrem deutschen Namen *Vellach* namengebend für mehrere Kärntner Ortschaften wurde. Darauf beruht auch der Bergname *Bielschitza*, dessen slowenische Form *Belščica* eigentlich »Alm der Ortschaft Koroška Bela bzw. Karner Vellach« (heute in Slowenien gelegen) bedeutet.

**bister** »schnell, reißend; hell, klar«. Das sind natürlich Eigenschaften, bei denen man an Wasser denkt, und so findet sich *bister* zunächst auch in Gewässernamen. Das slowenische *Bistrica* wurde auf Deutsch zu *Feistritz* – in Österreich ein sehr häufiger Name. Er kommt allein über zwanzig Mal als Siedlungsname vor, insgesamt sogar über vierzig Mal, da ja viele Ortschaften nach fließenden Gewässern heißen, an denen sie liegen.

**blato** »Sumpf, Morast; Mooswiese; sumpfiger Laubwald«. Hiervon leitet sich etwa der zweimal in Kärnten vorkommende Ortsname *Flattnitz* ab. Oder auch der Ortsname *Flatschach* – Sie finden ihn österreichweit sechs Mal – und die Hofnamen *Blatnik* »Moser«, *Sablatnig* bzw. *Zablatnik* »Hintermoser«. Im frühen Slawischen lautete das Wort **bălt-*, worauf die Namen *Palten* (in der Steiermark) oder *Palt* (in Niederösterreich) beruhen.

**bor** »Kiefer, Föhre«. Der Kärntner Ortsname *Ferlach* »die bei den Föhren wohnen« ist etwa eine Eindeutschung des slowenischen *Borovlje* (das ursprünglich ein Einwohnername war) im Lokativ. Und *Worunz* (bei Krumpendorf) stammt vom slowenischen *Borovnec* »Föhrenwald«, ähnlich *Vorau* in der Steiermark (slowenisch etwa *borov*); der *Freibach* in Kärnten heißt slowenisch *Borovnica* »Föhrenbach«. In Urkunden aus dem 11. und 12. Jahrhundert findet sich das romanische *Foruniz fluvius* teilübersetzt als **V(o)röu-bach*. Da hier der Fischfang »frei«, also allgemein erlaubt war, wurde der **V(o)röu-bach* volksetymologisch als *Freibach* gedeutet, und genau das ist jetzt auch der Name der dortigen Ortschaft, die dann wiederum slowenisch *Frajbah* (und auch *Borovnica*) genannt wurde.

**brdo** »Berg, Anhöhe«, mundartlich auch »Egg bzw. Eck; Bachsteg«. *Brdo* ist etwa der slowenische Name für *Egg* im Gailtal. Davon auch *Werda* in Kärnten. Ein *brdnica* liegt dem slowenischen Namen der *Fürnitz*, nämlich *Brnca* zugrunde, was etwa »Stegbach« heißt. Ebenso finden wir bei der Suche nach der Herkunft des Bergnamens *Pyhrn(pass)* bzw. *Pass Pyhrn* (zwischen Oberösterreich und der Steiermark) eine alpenslawische Vorform von *brdo*. Im 12. Jahrhundert als *Pirdine* und im 13. Jahrhundert als *mons Pyrdo* und *mons Pirn* bezeichnet, stammt der Name des Pyhrn vom slawischen **bьrdina*.

**breg** »Ufer, Böschung, Abhang, Rain«. Beispiel: *Frög* in Kärnten – dieser Ortsname klingt ähnlich (das slawische »b« wurde wie üblich zu »f«) und bedeutet auch dasselbe. Die meisten Namen aber, die sonst von *breg* kommen, sind so genannte Anwohnernamen und stammen vom abgeleiteten, slowenischen *breže* »die am Ufer, Rain usw. wohnen«. Hierzu gehören unmittelbar der slowenische Name von *Friesach* in Kärnten *Breže* oder der Hofname *Brežnik* »Rainer«. Allerdings ist in eingedeutschten Namen die Ableitung *brežn-* von *brezn-* »Birken-« (siehe den nächsten Punkt) nur schwer zu unterscheiden.

**breza** »Birke«. Wir finden das Wort zum Beispiel im Anwohnernamen *brezje* »die bei der/den Birke/n wohnen«, im Hofnamen *Breznik* »Birker« oder im Gewässernamen *breznica* »Birkbach«. Ortsnamen wie *Fresach*, *Fresnach*, *Fresen* oder *Freßnitz* gehen auf *breza* zurück. Der Name des Berges *Presen* in der Steiermark beruht, wie der des österreichischen Kinderbuchautors Thomas Brezina, auf der Ableitung **brězina* (oder **brězьna*). Und selbst wenn die Namen von *Pressen* (in Kärnten und der Steiermark) oder gar *Fressenberg* (in der Steiermark, im Jahr 1147 als *alpis Frezen* bezeichnet) zunächst in Richtung des Deutschen zu weisen scheinen, stammen sie doch vom slowenischen Wort für Birke, genau wie der *Freßnitzkogel*, *Freßnitz* oder die *Preßnitzalm*; wie *Friesingwand*, *Frießkogel* und *Friesling* in der Steiermark; wie

*Fresen* und *Friesling* in Niederösterreich – letzteres stammt vom slawischen **brězьnikъ* und bedeutet etwa »Birkkogel«.

**dělъ** »Berg(rücken), Gebirgszug« sowie **prědělъ** »Pass, Wasserscheide«. Zu finden z.B. in den Ortsnamen *Predl*, Kärnten, und *Predlitz*, Steiermark. Das Wort *prědělъ* konnte oft auch »Grenze« bedeuten und markierte fünf oder sechs Mal die Grenze des alten Karantanien: bei *Brettl(bach)* in Niederösterreich, *Predil* an der Grenze zwischen Slowenien und Italien, *Prietal* in der Steiermark usw. Weitere, hierauf beruhende Namen sind etwa *Brettl* in Niederösterreich (urkundlich 1220-40 als *Predel* erwähnt), *Pretal* sowie der *Pretalsattel* bzw. *-berg* in der Steiermark.

**dol** »Tal«, **dolina** »breites Tal«. Davon abgeleitete Einwohnernamen sind etwa slowenisch *Dolje* oder *Dole* und in der Folge die Kärntner Ortsnamen *Dollich*, *Dullach*, *Dellach* sowie *Döllach* (auch in der Steiermark) und *Dölla* (in Niederösterreich). Auf dem Einwohnernamen zu *dolina* beruht das slowenische *Dolinčiče*, aus dem die deutschen Namen *Dolintschach* und *Dolintschitschach* entstanden, die Sie in Kärnten finden. Das Grundwort liegt im Ortsnamen *Dolina* vor. Slowenisch *Vodołnica* bzw. *Vodenica* »Wandelitzen« geht auf keinen Einwohnernamen, sondern auf das gemeinslawische Wort **vo(n)-dol-* für »Tal, Niederung, Grube« zurück. Und dem Ortsnamen *Pessendellach* liegt das slowenische *Pesje dole* »Hundstal« zugrunde oder aber, auch das ist möglich, eine Mischform aus dem deutschen *böse* und dem slowenischen *dol*, also ein »böses Tal«. Und mit einem Sprung kommen wir von Böse zu Gut. Das slowenische *Skočidol*, das »Spring hinunter!« heißt, wurde im Deutschen volksetymologisch umgedeutet zum »Gottestal« (bei Föderlach in Kärnten).

**gol** »kahl, nackt«. Findet sich vor allem bei Bergnamen wie dem *Hochgolling* (Salzburg und Steiermark), der seinen Namen vom slawischen **golьnikъ* »Kahlenberg« ableitet. In der Steiermark gibt es die *Gollingspitze*, in Kärnten den *Goliberg* bzw. die *Golihöhe*, auf Slowenisch *Goli vrh*. Auch *Gölk* und *Hoher Gölk* stammen vom slawischen **golikъ*; Sie finden sie in der Steiermark. In Niederösterreich gibt es dagegen den *Göller*. Hier allerdings, im Einflussbereich des Westslawischen, könnte auch die Form **golakъ/*gol'akъ* zugrunde liegen – um einen »Kahlenberg« handelt es sich beim *Göller* trotzdem. Ebenso wie beim Kärntner *Golz*, der auf Slowenisch *Golec* heißt und sich von einer leicht variierten Form des Alpenslawischen ableitet: **golьcь*. Ja, und dann gibt es etwa noch die *Golz-Alm* in der Steiermark oder den *Kahlkogel*, wiederum in Kärnten, der früher aber *Golitza* (slowenisch *Golica*) hieß – nichts als »kahle Berge«; aber so sind sie, die Felsen.

**gora** »Berg, Bergwald, Wald«. Davon gibt es zahlreiche Ableitungen, wie **gorica** »kleiner Berg, Bühel bzw. Bichl«, das dem in Kärnten, der Steiermark und Oberösterreich vorkommenden Ortsnamen *Göritz* zugrunde liegt. Oder **goričica** »Hügel, kleiner Bühel bzw. Bichl«: Auf dieser Verkleinerungsform beruht etwa der Name von *Goritschitzen* in Kärnten. Das slowenische *medgorje* »Zwischenbergen« wurde zum deutschen Ortsnamen *Mieger* in Kärnten. Und *zagorje* »Hinterbergen« führte zu den deutschen Namen *Sager(berg)* und *Saager* (beide in Kärnten). Vom slowenischen *podgorje* »Unterbergen« stammen die Ortsnamen *Pogöriach* in Kärnten und *Begöriach* im Salzburger Lungau. Und so weiter und so weiter ... *Göriach* bzw. slowenisch *Gorje* »(bei den) Bergler(n), Bergbewohner(n)« finden Sie in Österreich insgesamt zehn Mal; es ist ein Einwohnername zum slowenischen *gora*. Und sechs Mal gibt es hierzulande *Goritschach* bzw. *Goriče* »(bei den) Bichler(n)«, den Einwohnernamen zu *gorica*. Dasselbe bedeutet *Görtschach* bzw. *Goriče*; Vorkommen österreichweit: sieben Mal. Selbstverständlich hat man im Land der Berge, Bühel und kleineren Hügel auch Orte, die nach dem Einwohnernamen von *goričica* heißen, wie *Gorintschach* bzw. slowenisch *Gorinčiče*; *Gorentschach* bzw. slowenisch *Gorenče*; *Gurtschitschach* bzw. slowenisch *Gorčiče* ...

**grad** »Burg«. Hierauf beruhen in Kärnten die Namen *Gradnitz* und *Granitztal* (eigentlich »Burgental«). Von **gradec** »kleine Burg« wird als bekanntester Name *Graz* abgeleitet, außerdem noch *Gradenbach* (in der Steiermark) und *Gradnitz* (in Niederösterreich).

**holm** »Hügel, Bergkuppe«. Die Verkleinerungsform *holmič* bzw. *holmec* liegt z.B. dem slowenischen *Zahołmec* bzw. *Zahomec* zugrunde und dieses dem Namen von *Achomitz*, das in Kärnten liegt und »hinter dem Hügel« bedeutet. In mehreren Bundesländern finden wir das auf *holm* beruhende *Kolm* und *Kulm* als Berg- und Siedlungsnamen, ebenso in den Bergnamen *Kolmnock* (Kärnten), *Kulmkogel* (Steiermark), *Kulmspitze* (Oberösterreich).

**javor** »Ahorn«. Es stammt ab vom älteren **avorъ*. Vor allem die Ableitung *javornik* (älter **avorьnikъ*) »Ahorngegend« spielt bei unseren Namen eine Rolle. In Osttirol etwa beruht hierauf der Name von *Arnig*, in Kärnten der von *Auernig*. Wobei das »A« am Anfang dieser Namen auf die ältere Form von *javor* verweist und somit darauf, dass sie früher aus dem Slawischen entlehnt wurden als etwa der Hofname *Jauernigg* (Steiermark) oder die Ortsnamen *Jauring*, *Jaudling* oder der Bergname *Jauerling*.

**ledina** »brach liegendes Land, Brache«, mundartlich *ladina*. Liegt dem Familien- und Hofname *Ladinig* zugrunde, ebenso Siedlungsnamen wie *Ledenitzen*, *Ledinach*, *Ladinach*, *Ladein*, *Lading* (alle in Kärnten) oder *Lateinbach*, *-dorf* und *-berg* (in der Steiermark). Der Anklang an *Latein* und *Ladiner* ist rein zufällig.

**les** »Wald, Holz«. Davon abgeleitet wird der Anwohnername *leše* »Waldbewohner«, von dem z.B. das *Lesachtal* kommt (Sie finden es in Kärnten und Tirol), ebenso die Ortsnamen *Lessach* und *Leßnig*. Auch der Name des Wiener Bezirks *Liesing* beruht darauf, nicht aber der von *Liesing* in der Steiermark – dieser kommt vom slawischen **lěsъka* »Haselnuss«. Und dann gibt es noch ein *Liesing* im Lesachtal, dessen Name wiederum eine andere Herkunft hat: Urkundlich im Jahre 1337 als *Luesnich* erwähnt, stammt dieses Lesachtaler *Liesing* eher vom slowenischen *luža*, was »feuchte Stelle, Pfütze« bedeutet.

**lipa** »Linde«. Liegt etwa dem Hofnamen *Lipnik* zugrunde, auch Kärntner Siedlungsnamen wie *Lipizach*, *Lipitzbach*, *Lippendorf* oder dem steiermärkischen *Leibnitz*.

**loka** »(feuchte) Wiese«, ältere Form **lo(n)ka* (mit nasalem – durch die Nase ausgesprochenem – Vokal). Wie schon das oben erwähnte *Lainz* in Wien erinnern auch die Kärntner Ortsnamen *Lang*, *Langen*, *Laak* und in der Steiermark *Laing* und *Lang* an ursprünglich dort vorhandene Wiesen.

**pleš**, **pleša** »kahle bzw. baumlose Stelle«. Darauf beruht etwa der Name *Plöschenberg*, slowenisch *Plešivec*, vom Appellativ *plešivec* »kahler Berg bzw. Ort«. Der entsprechende Familien- und Hofname lautet *Pleschiutschnig*, slowenisch *Plešivčnik*. Und vom Verb *plesti* »roden bzw. kahl schlagen« stammt der Ortsname *Plešišče*, auf Deutsch *Plaschischen*, den Sie in Kärnten finden. Es liegt in der Natur der Berge, dass sie meistens kahl sind, weshalb sich hier gerade unter Bergnamen passende Beispiele finden: *Plesch* und *Pleschberg* und der ähnlich (mehr mit einem »ej« als mit »o«) ausgesprochene *Plosch(kogel)* in der Steiermark, *Pließalm* und *Pleschiwetz* in Kärnten sowie die Namen *Pleschaitz*, *Pleschnitzzinken*, *Pleschnitz(alm)*. Den letzten beiden Namen liegt das slawische **plěšьnica* zugrunde: »kahle, gerodete Stelle«, was man auch vom *Pleßnitzenkopf* und *Ober-/Unterpleßnitz* in der Steiermark sagen kann. Und natürlich ist auch der *Plöschen* in Kärnten ein »Kahlenberg«.

**polje** »Feld, Ebene«, davon abgeleitet **poljana** »Flachland, Ebene«. Das gibt es natürlich öfter in Österreich. Dementsprechend viele Ortsnamen im ganzen Bundesgebiet können jetzt als Beispiele für ein zugrunde liegendes *polje* bzw. *poljana* angeführt werden, etwa *Pölling* in Kärnten und Oberösterreich; *Pölla* und *Pölland* in Kärnten; *Pöllaberg* und *Pöllau* in der Steiermark; ein anderes *Pöllau* samt *Pölla* in Niederösterreich ... Und dem

Einwohnernamen zu *dobro polje* »Gutenfeld« begegnen wir in *Drobollach* (slowenisch *Drobolje*) und *Tröpolach* (slowenisch *Dropole*) in Kärnten.

**raven** »eben, glatt« und **ravna** »kleine Ebene«. Vom Anwohnernamen *ravnje* »die auf der (kleinen) Ebene wohnen« stammen etwa die Ortsnamen *Raun, Rauna, Raunach* sowie die Hofnamen *Rauner, Raunjak, Raunikar* usw., die wir in Kärnten finden und die als »Ebner« übersetzt werden können (slowenisch *Ravnjar, Ravnikar, Ravnjak*). Gelegentlich hat auch der Hofname *Rainer* hier seinen Ursprung.

**reka** »Fluss, Bach«. Davon kommen etwa die Kärntner Ortsnamen *Reggen* und *Riegerbach*. Auf der Verkleinerungsform *rečica* basieren die Namen von *Rotschitzen* (Kärnten), *Rödschitz* (Steiermark) und *Retz* (Niederösterreich). Und der slowenische Anwohnername *poreče* »die am Bach, Fluss wohnen« begründete den Namen sämtlicher Orte namens *Pörtschach* – dreimal in Kärnten, einmal in der Steiermark.

**riba** »Fisch«. Auf dem abgeleiteten *ribnica* (ältere Form: *rybьnica, -ьnika*) »Fischbach« beruhen die Namen von *Reifnitz* und *Ribnitza* in Kärnten sowie von *Reifling*, das Sie – mitunter mit dem Zusatz »Groß-« oder »Klein-« – in der Steiermark und in Oberösterreich besuchen können.

**selo** »Dorf, Siedlung«. Vom davon abgeleiteten Einwohnername *selje* stammt der slowenische Ortsname *Sele*, zu finden in Kärnten; es ist übrigens die einzige rein slowenische Gemeinde Österreichs. Auf Deutsch wurde hieraus *Zell* – so heißen in Kärnten drei Orte. Überhaupt gehen zahlreiche Ortsnamen mit *Zell* auf das slowenische *selje* zurück, aber keineswegs alle. Der Name von *Mariazell* leitet sich etwa vom deutschen »(Mönchs-)Zelle« ab. Da *selo* auf die ältere Form **sedlo* zurückgeht, finden sich auch Belege mit *-dl-*. So wurde das steiermärkische *Zerlach* in einer Urkunde aus dem Jahr 1265 als *Cedlach* bzw. *Zedlach* bezeichnet, was die Herkunft des Namens von **selo* bzw. dem älteren **sedlo* beweist. Und darum ist es auch manchmal nicht klar von

**sedlo** »Sattel« (ältere Form **sedъlo*) zu trennen. Hiervon stammt etwa der Name von *Zedlach* in Osttirol, das zu Beginn des 11. Jahrhunderts in einer Urkunde *Cetulic* heißt und auf dem slawischen Einwohnernamen **sedъlik'e* beruht: »die am Sattel wohnen«. Auch der Name des zur Venedigergruppe gehörenden *Zettalunitzkees* stammt vom slawischen **sedъlovьnica* und bedeutet »Sattelkees; der vom Sattel herunterkommende Gletscher«. Zwei weitere Beispiele sind u.a. der Ortsname *Zitoll* und der Hofname *Zettelbauer* in der Steiermark.

**Slovenji** siehe *Windisch*.

**suh** »trocken, dürr«. Die Ableitung **suha** »Dürrenbach, Bachbett ohne Wasser«, mundartlich *Zauchen*, liegt in Kärnten, Salzburg und der Steiermark vielen Ortsnamen zugrunde.

**ves** bzw. **vas** »Dorf«. *Vas* ist die schriftsprachliche, *ves* die in Kärnten traditionelle und mundartlich am häufigsten vorkommende Form, z.B. *Velinja ves* bzw. *vas* »Wellersdorf«. Gelegentlich wird sie auch verkürzt zu *-vs*, z.B. bei *Bilčovs* »Ludmannsdorf«. Heute wird *ves* bzw. *vas* im Deutschen ohne Ausnahme mit *-dorf* wiedergegeben.

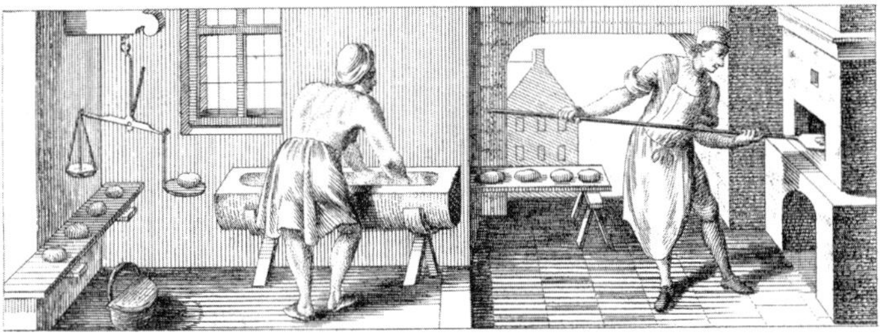

Der Beck.

# Familiennamen in Österreich

## Woher sie kommen und was sie bedeuten

## Von der Bibel zur Statistik: allgemein Wissenswertes

Flüsse, Berge, Täler, Wälder, Orte und sogar einzelne Höfe: Auf unserer bisherigen Reise von Zeile zu Zeile, Seite um Seite im mentalen Galopp durch Jahrhunderte und Sprachschichten, haben Sie sich vielleicht schon einen ersten Einblick verschafft, woher so mancher rätselhaft scheinende Name stammt, der auf der Landkarte Österreichs steht.
Aber etwas fehlt noch: die Namen der Menschen, die Österreich bewohnen. Darum falten wir für dieses Kapitel einmal die imaginäre Landkarte zusammen – wer mag, kann das Telefonbuch öffnen – und betrachten das Nächste: uns. Das heißt, unsere Familiennamen.
In ihrer heutigen Form kamen sie im Mittelalter auf, zunächst bezeugt in Venedig, von wo sie sich nach Norden ausbreiteten. Hierzulande waren sie dann in der frühen Neuzeit eingebürgert. Sie entstanden somit zuletzt, nach den Namen für die vielen verschiedenen Bereiche unserer Landschaften und manchmal auf ihnen fußend – nicht wenige Menschen heißen nach dem Ort, aus dem ihre Vorfahren kamen.
Namen gab es von Anbeginn der Welt – zumindest der biblischen. Erinnern Sie sich noch daran, wie Adam die Tiere benannte? Hiervon war im ersten Kapitel die Rede, in Hinblick auf die Appellativa, die Gattungsnamen, die allen Namen zugrunde liegen. Gazelle, Lamm oder Spatz: ein jedes nach seiner Art. Doch dann taucht, wovon noch nicht die Rede war, ein weiterer Mensch in der Genesis auf, und Adam sagt: »Frau soll sie heißen«. So weit, so erwartungsgemäß.
Onomastisch gesehen geschieht aber noch mehr. Nicht sofort, doch nach dem verhängnisvollen Biss in den Apfel der Erkenntnis und der Vertreibung aus dem Paradies, dem mythischen Garten der Unsterblichkeit, gibt Adam seiner Frau den Namen *Eva* (der, da ist

man sich nicht sicher, entweder auf dem hebräischen Wort für »Leben, lebendig« oder dem aramäischen für »Schlange« beruht). Erstmals wird damit in der Bibel erzählt, wie ein Mensch dem anderen einen persönlichen Namen verleiht.

Genauer gesagt: einen Eigennamen. Und noch genauer: einen Vornamen – aus dem Blickwinkel der Gegenwart betrachtet, in der es selbstverständlich ist, dass Menschen Personennamen haben, bestehend aus Vor- und Familiennamen.

Interessant für dieses Buch sind vor allem letztere. Zwar haben auch Vornamen ihre beachtenswerte Herkunftsgeschichte, und es lohnt immer, zu fragen, welche kulturellen bzw. religiösen Strömungen und, in ihrem Tross, privaten Wünsche zu den Vornamenmoden vergangener Jahre und Jahrhunderte geführt haben mochten. Wir könnten in einem dementsprechend orientierten Buch etwa feststellen, ob Ihr Vorname germanisch ist oder keltisch, von einer Heiligen stammt oder einem König. Und Sie könnten mit diesem Hintergrundwissen über die Erwartungen nachdenken, die Ihre Eltern mit einer bestimmten Namengebung verbunden haben.

Weiter zurück in die individuelle Vergangenheit reichen die Familiennamen, da sie seit langem erblich sind. Was ihr Faszinosum ausmacht: Sie betreffen nicht nur einen Menschen und seine Epoche, sondern stets mehrere, aufeinander folgende Generationen; und sie zeugen von Kontinuität (und Vorgängern, fernen Verwandten) inmitten des Wechsels von Leben und Tod, des Weitergangs der Geschichte. Davon abgesehen sind sie vielfältig, jedenfalls in unserem Sprachraum (was Sie nach dem Thema Namensschichten vielleicht schon ahnten).

Beginnen wir mit ihrer Definition. Durch einen Familiennamen wird in der Regel die Zugehörigkeit zu einer Familie ausgedrückt, was sich sowohl im *Geburtsnamen* manifestiert als auch im *Ehenamen* (er kennzeichnet die Zugehörigkeit zur Familie des Ehepartners, mitunter der Ehepartnerin) und im *Doppelnamen* (gebildet aus beiden Familiennamen der Ehepartner). Eine Besonderheit, da nicht erblich, sind *Künstlernamen*: Sie können ebenfalls als Familiennamen gelten.

Der häufigste Familienname der Welt ist der chinesische Name *Li*. Er kommt, in verschiedenen Schreibweisen, allein über 90 Millionen Mal vor; allerdings gibt es im ganzen großen, bevölkerungsreichen China auch nur 3 600 Familiennamen.

Ganz anders sieht es im deutschen Sprachraum aus: Hier haben wir mindestens 100 000 verschiedene Familiennamen; würden wir ihre verschiedenen Schreibungen und lokalen Varianten berücksichtigen, näherten wir uns sicher der Millionengrenze. Zum überwiegenden Teil sind sie etymologisch deutscher Herkunft, doch auch der Anteil fremdsprachiger Familiennamen ist beträchtlich. Allein slawischer Herkunft sind im deutschen Sprachraum rund 15 % aller Familiennamen. Regional kann dieser Anteil natürlich auch höher liegen. Das betrifft vor allem Österreich und hier besonders die Bundesländer Wien und Kärnten, wo man von etwa 25 % slawischen Familiennamen ausgehen kann. Dazu kommen in letzter Zeit die Familiennamen der Migranten (unter den 10 000 häufigsten Familiennamen in der Bundesrepublik Deutschland finden sich etwa 80 türkische).

*Beachten Sie:* Familiennamen sind über Jahrhunderte vererbt und sagen nichts über den Träger eines Namens aus, weder über seine Nationalität noch über seine persönlichen Eigenschaften.

Ursache der fremdsprachigen Familiennamen waren einerseits Nachbarschaft (also ein reger Grenzverkehr, der auch zu Eheschließungen führte), andererseits die zu allen Zeiten erfolgte Zuwanderung. Dennoch sind sie sicher weniger, als die meisten Personen vermuten würden, eingedenk der einstigen, vielsprachigen Habsburgermonarchie. Das von meiner Kollegin Maria Hornung verfasste »Lexikon der österreichischen Familiennamen« enthält etwa 3 000 Familiennamen, von denen nur etwa ein Drittel *nicht* deutscher Herkunft ist. Und unter den *1000 häufigsten* Familiennamen Österreichs sind sogar *nur cirka 6 %* nicht deutscher Herkunft.

Allerdings ist es oft schwierig, hier eine klare und eindeutige Zuordnung vorzunehmen. Nehmen Sie etwa den Familiennamen *Mayer*, in sämtlichen Schreibweisen wie *Maier*, *Meyer*, *Meier* usw. Er enthält einerseits ein romanisches Lehnwort, vom lateinischen *maior* »der Größere, Höherstehende«, ist andererseits aber ein deutsches Wort mit eigener Bedeutung und die Berufsbezeichnung für den Bewirtschafter eines Gutshofs. Womit Sie auch wissen, wie ein Vorfahre von Österreichs bislang letztem Helden der Skifahrt, Hermann Maier, sein Brot verdiente. Was die Frage der Zuordnung seines Familiennamens betrifft, steht er nicht allein; auch Namen wie *Meister* (von lateinisch *magister* »Lehrer« oder *Koch* (von lateinisch *coquus* »Koch«) lassen sich nicht einseitig kategorisieren.
Was die Geschichte und Entstehung der Familiennamen angeht, ist Österreich, wenn auch mit eigener Prägung, zunächst Teil des gesamtdeutschen Sprachraums. Und diesen muss man im europäischen Kontext betrachten. Weshalb wir uns wiederum kurz in die weit zurückliegende Vergangenheit begeben.
Bei den Römern gab es ein dreigliedriges Namensystem. Es bestand aus einer beschränkten Zahl von Vornamen (z.B. *Gaius*), einem Gentilnamen (z.B. *Iulius*), der die Zugehörigkeit zu einem bestimmten Geschlecht ausdrückte, und einem Beinamen bzw. Cognomen (z.B. *Caesar*), also: *Gaius Iulius Caesar* (oder als anderes Beispiel: *Marcus Tullius Cicero*).
Die alten Germanen, auch die alten Slawen, Kelten, Balten usw., brauchten dagegen nur *einen* Namen pro Person. Dieser war meist eine Zusammensetzung aus zwei selbständigen Wörtern, wie man es bei den Indogermanen – außer den Römern! – mehrheitlich findet. Wie auch in anderen Kulturen manifestierte sich in diesem Namen ein bestimmter Wunsch, der einem Kind, sobald man es benennt, für sein Leben mitgegeben wird. Und was wünschten die Germanen ihren Kindern? Unsere Vorfahren hatten eine kriegerische Vergangenheit, die sie lehrte, sich durchzusetzen. Und da ihr Leben vielleicht nicht übermäßig von kulturell verfeinerten Genüssen geprägt

war, bevorzugten die Germanen zur Namensbildung Wörter wie »Ruhm«, »Sieg«, »Kampf« und »herrschen«, die oft eng mit der epischen Sprache der Heldenlieder verknüpft waren. Als typische Beispiele nur zwei Namen aus dem »Nibelungenlied»: *Siegfried* setzt sich ursprünglich zusammen aus den althochdeutschen Wörtern *sigu* »Sieg« + *fridu* »Frieden (Schutz vor Waffengewalt)«, heißt also »der im Sieg den Frieden erringt«. Und *Gunther* fußt auf althochdeutsch *gund* »Kampf« + *heri* »Heer«, heißt somit »der ein Heer in den Kampf führt«. (Ähnlich bildeten u.a. die Slawen ihre Namen; so ist der Name *Borislav* aus *bor* »kämpfen« + *slava* »Ruhm« zusammengesetzt und bedeutet »der im Kampf Ruhmreiche«; ähnlich bei den meisten anderen Indogermanen.)

Zu diesen zweigliedrigen Namen entstanden auch Kurzformen, beispielsweise *Otto* zu mit *Ot* »Besitz« beginnenden Namen wie *Otmar*, *Otfried* usw. Schließlich kamen eingliedrige Namen auf, wie etwa *Karl* »freier Mann« (verwandt mit *Kerl*), und dann, mit der Christianisierung, natürlich die christlichen und jüdischen Namen.

Und was, wenn eine Person mit einem beliebten, weit verbreiteten Vornamen eindeutig und mit gebotener Knappheit der Beschreibung identifizierbar sein musste, etwa, wenn sie einen schriftlichen Vertrag einging?

Hier halfen die *Beinamen*, die als Vorläufer unserer Familiennamen anzusehen sind. Sie bezeichneten etwa das Vater-Sohn/Tochter-Verhältnis, den Herkunftsort oder die Wohnstatt. In Urkunden sind sie zumeist lateinisch wie *Henricus filius Arnoldi* »Heinrich, der Sohn des Arnold« oder *Conradus Cellarius* »Konrad aus Zell«, mitunter aber auch deutsch wie *Berhard im Tal* (woraus später *Taler* wurde). Ebenso fügte man Berufsbezeichnungen, wie *Schuster* oder *Schneider*, einem Namen an, um seinen Träger genauer zu charakterisieren. Oder man bildete *Übernamen*, die »über den (Vor-)Namen hinaus« auffällige Merkmale oder Eigenschaften einer Person bezeichneten, wie z.B. *Groß* oder *Klein*.

Und wann kamen diese Beinamen auf? Am frühesten, im 10. Jahrhundert, gab es sie in Italien. Von hier aus drangen sie als nützliche Neuerung unaufhaltsam nach Norden vor. In Salzburg und Regensburg finden wir sie im 12. Jahrhundert, in Basel und Zürich im Jahrhundert darauf. Und im Laufe der Zeit wurden die Beinamen »fest«, was wohl eng mit den Bedürfnissen des städtischen Lebens und des Handels zusammenhing, denn in ländlichen Gegenden hielt sich die Einnamigkeit am längsten. Allerdings spielte auf dem Land der Name der Wohnstätte noch eine bedeutende Rolle, was in der Folge zu den Hofnamen führte. Erst als sich im ländlichen Raum die Zweinamigkeit durchgesetzt hatte, wurden die Hofnamen mehr oder weniger unabhängig von den »Schreib- oder Vulgonamen«. Zog jetzt eine Familie vom Hof weg, nahm sie ihren Familiennamen mit, der Hofname blieb jedoch erhalten – was die Ursache dafür ist, dass noch heute in weiten Teilen Österreichs der Hof- und der Bewohnername verschieden sind.

Eine eigene Sparte im Rahmen der solcherart aus »sich verfestigenden« Beinamen entstehenden Familiennamen stellten die Adelsnamen dar. Einerseits war es beim Hochadel bereits üblich, immer wieder die gleichen Taufnamen zu vergeben, ähnlich einem vererbbaren Familiennamen. Hierauf beruhen etwa die Geschlechternamen der fränkischen *Welfen* (zu *Welpe*) und der bairischen *Aribonen* (von *aribo* »Erbe«). Viele Adelige gaben sich selbst Namen nach ihrer Stammburg, wie die *Habsburger* nach der im Schweizer Aargau gelegenen *Habichtsburg*, oder nach ihrem Herrschaftsgebiet, wie die Grafen von *Görz*.

Zudem wurden innerhalb der einflussreichen Familien des Hochadels bestimmte Vornamen, quasi zur namentlichen Markierung, gern wiederholt verwendet. Die sächsischen Herrscher hießen z.B. oft *Otto*, die Karolinger *Karl* und *Ludwig*; und *Philipp* II., *Philipp* III., *Philipp* IV. waren im 16. Jahrhundert Könige aus der spanischen Linie der Habsburger.

Hervorragende oder auch nur angesichts einer bestimmten Eigenschaft hervorstechende Adlige, meist Herrscher, Fürsten oder

bedeutende Feldherren, erhielten neben ihrem Vornamen noch charakteristische Beinamen, präziser Übernamen, die natürlich auch der Unterscheidung von ihren Namensvettern (manchmal Namensvetterinnen) dienten. *Ernst der Eiserne* und *Friedrich IV. mit der leeren Tasche* gehörten ebenso zur Habsburgerdynastie wie der nach ihnen geborene *Philipp der Schöne*, der im Jahr 1496 *Johanna die Schwermütige* zur Frau nahm. Und im Jahr 1848 zwang man nach einer Staatsversammlung unter Metternich *Ferdinand den Gütigen* zur Abdankung (im Volksmund wurde der Name dieses Kaisers nach Art eines Schüttelreims verballhornt zu »Gütinant der Fertige«).
Der vielbewunderte *Karl der Große* veranlasste die Vorliebe für den Vornamen *Karl* und somit in der Folge auch indirekt einen bürgerlichen Familiennamen. Überhaupt wurden die Vornamen bedeutender Herrscher (wie heute die berühmter Filmstars) oft beliebt: Immer mehr Eltern nannten ihre Kinder ebenso. Und da ein Teil der Familiennamen aus Personennamen entstand, vererbte sich auf diesem Wege die Erinnerung an die Könige *Karl*, *Ludwig*, *Otto*, *Heinrich*, *Konrad* und *Friedrich* bis in die Gegenwart, inzwischen mitunter geschmückt mit Vornamen wie *Nicole* oder *Kevin*.
Mehr dazu im nächsten Abschnitt, der die unterschiedlichen Typen von Familiennamen genauer beleuchtet. Doch ehe wir dort einzelne Beispiele anvisieren, möchte ich Ihnen noch einiges allgemein Wissenswertes über die Eigenart österreichischer Familiennamen erzählen. Erwähnt wurde ja bereits, dass sie, ihrer Geschichte nach, die Entwicklungen im gesamtdeutschen Sprachraum widerspiegeln. Einerseits. Andererseits führten die Lage im Süden des deutschen Sprachgebiets und die Vielsprachigkeit im Habsburgerreich dazu, dass die österreichischen Familiennamen eine eigene Ausprägung erhielten, weshalb sie sich von denen in Deutschland und der Schweiz unterscheiden. Das erkennt man schon an der Häufigkeit bestimmter Namen; diese wird übrigens in der Namenkunde auch anhand von gemeldeten Telefonanschlüssen, das heißt von Telefonbüchern, ermittelt.

Im ersten Kapitel konnten Sie lesen, dass der Name *Gruber* hierzulande am stärksten vertreten ist; anders in Deutschland und der Schweiz, wo *Müller* die Spitze der Statistik anführt und auch auf den folgenden zwanzig Plätzen kein *Gruber* zu finden ist. Der zweithäufigste österreichische Name, *Huber*, nimmt in Deutschland ebenfalls keinen vergleichbaren Rang ein; in der Schweiz findet er sich immerhin an sechster Stelle. Außerdem – natürlich stets prozentuell gesehen – gibt es nicht einmal in der bergreichen Schweiz mehr »Bergers« als bei uns. Aber sehen Sie selbst – hier die 20 häufigsten Familiennamen in Österreich, Deutschland und der Schweiz.

| | **Österreich** | **Deutschland** | **Schweiz** |
|---|---|---|---|
| 1 | Gruber | Müller | Müller |
| 2 | Huber | Schmidt | Meier |
| 3 | Bauer | Schneider | Schmid |
| 4 | Müller | Fischer | Keller |
| 5 | Wagner | Meyer | Weber |
| 6 | Mayer | Weber | Huber |
| 7 | Steiner | Schulz | Schneider |
| 8 | Pichler | Wagner | Meyer |
| 9 | Moser | Becker | Steiner |
| 10 | Hofer | Hoffmann | Fischer |
| 11 | Berger | Schäfer | Brunner |
| 12 | Fuchs | Koch | Baumann |
| 13 | Leitner | Bauer | Gerber |
| 14 | Fischer | Schröder | Frei |
| 15 | Eder | Klein | Zimmermann |
| 16 | Schmid | Richter | Moser |
| 17 | Weber | Wolf | Widmer |
| 18 | Schwarz | Neumann | Wyss |
| 19 | Schneider | Schwarz | Graf |
| 20 | Winkler | Schmitz | Peter |

Auffällig ist sicher zunächst, dass der Großteil dieser Namen auf Berufsbezeichnungen beruht und, wie gesagt, deutscher Herkunft ist. Auch eine Unstimmigkeiten springt ins Auge: Warum steht bei Österreich an sechster Stelle der Name *Mayer*, bei Deutschland an fünfter *Meyer* und bei der Schweiz an zweiter *Meier*? Handelt es sich nicht um denselben Namen? In der Tat. Hier gehen wir davon aus, dass der Name *Mayer* etc. durch die Jahrhunderte unterschiedlich geschrieben wurde und dementsprechend überliefert, in voneinander abweichenden bzw. älteren Schreibtraditionen, wobei auch der jeweilige lokale Dialekt, in dem dieser Name ausgesprochen wurde, berücksichtigt sein will. Die meisten Familiennamen stammen ja aus einer Zeit, als es noch keine einheitliche deutsche Schriftsprache gab. Übrigens: Der Name *Mayer* kommt, alle Schreibvarianten – also auch *Mair, Maier, Meier, Meyer, Meir* – zusammengenommen, in Österreich rund 36.000 Mal vor, im Vergleich zu 13.000 Mal *Gruber*. Wenn man die Schreibweise außer Acht ließe, wäre also *Mayer* usw. der am weitesten verbreitete hiesige Name; und weil er so häufig ist, erhielt er oft Zusätze, damit man sich beim Unterscheiden der *Mayers, Maiers, Meiers* usw., die es in einer Gemeinde geben mochte, ein wenig leichter tat. Hierauf gehen etwa zwei bekannte Namen der österreichischen Literatur zurück: *Ransmayr* und *Mayröcker*.

Vielleicht fragen Sie sich auch (angesichts der im vorigen Kapitel beschriebenen »deutschen« Namensschicht), wie unser Vergleich aussähe, wenn man noch die häufigsten Familiennamen von Bayern anführte. Natürlich ähneln die Familiennamen Österreichs denen Bayerns stärker als denen ganz Deutschlands. Ebenso sind die Familiennamen Vorarlbergs denen der Schweiz ähnlicher als denen Österreichs.

Da wir soeben im Westen Österreichs sind: Im benachbarten Tirol klingen viele Namen zwar deutsch, kommen aber bei genauerer Betrachtung aus dem Romanischen, das einst hier sehr verbreitet war. Nur ein Beispiel: Der Tiroler Familienname *Groder* stammt vom

romanischen *croda* »Felsabsturz«. Ebenso zeigt sich auf den zweiten Blick zwischen Österreich und Deutschland bei den Familiennamen slawischer Herkunft ein markanter Unterschied: Sie beruhen auf verschiedenen Sprachen. In Österreich richten sie sich zumeist nach Vorbildern aus dem Tschechischen und Slowenischen, während in Deutschland neben dem Tschechischen das Polnische und dem Polnischen ähnliche Sprachen eine Rolle spielen, die zum Teil seit der Völkerwanderungszeit im Nordosten des Landes (und im angrenzenden Nordwesten Polens) gesprochen wurden: Sorbisch, Polabisch und Pomoranisch bzw. Kaschubisch.
In Kärnten und Osttirol schätze ich den Anteil von Familiennamen slowenischer Herkunft, wie gesagt, auf zirka ein Viertel. Auch bei diesen Namen gibt es natürlich einige, die sehr oft vorkommen. Zu ihnen gehört in Kärnten etwa *Ogris*, ein ursprünglicher Wohnstättenname, der so viel bedeutet wie »Abrutschung, wo die blanke Erde hervorkommt« und vom slowenischen *vgriz* oder *ogriz* »(das) Abgebissene« stammt. Immerhin 351 Mal findet sich *Ogris* im Kärntner Telefonverzeichnis. Das ist zwar wenig gegenüber 2 560 Mal *Huber*, 1 248 Mal *Steiner* oder 995 Mal *Müller*, aber mit den 388 angegebenen Personen namens *Bauer* oder den 315 namens *Koch* kann er sich durchaus messen. Österreichweit bringt es *Ogris* übrigens auf 540 Einträge. Einer der häufigsten Familiennamen tschechischer Herkunft ist *Novak* bzw. *Nowak*, vom tschechischen *Novák* »Neumann«; ihn findet man hierzulande über 3 000 Mal.
Nicht ganz so oft, nämlich 2 833 Mal, trifft man auf *Horvat* oder *Horvath*, den häufigsten Familiennamen ungarischer Herkunft in Österreich; das ungarische *Horvat* heißt »Kroate«. Ein weiterer bekannter Name aus dem Ungarischen ist *Nagy*; er wird 731 Mal angeführt und bedeutet »groß«.
Und nun, nach diesem ersten allgemeinen Überblick, wenden wir uns der konkreten Herkunft unserer Familiennamen zu.

## Väter, Wohnstätten, Eigenschaften: Woher Familiennamen stammen

In der Namenkunde werden die Familiennamen ihrer Herkunft entsprechend in vier große Gruppen eingeteilt – sie sind uns im Grunde schon im vorigen Abschnitt beim Thema *Beinamen* begegnet. Bevor ich jede davon und einige jeweils typische Namen näher beschreibe, möchte ich sie Ihnen kurz aufzählen:

1. Familiennamen, die aus Personennamen gebildet wurden;
2. Familiennamen, denen Herkunfts- und Wohnstättennamen (einschließlich Völkernamen) zugrunde liegen;
3. Berufsnamen, die aus einer Berufsbezeichnung entstanden sind;
4. Übernamen, die ein charakteristisches Merkmal einer Person benennen – zu ihnen gehören wohl die meisten Familiennamen.

Jeder Familienname gehört zu mindestens einer dieser Gruppen. Mindestens? Nun, es gibt einzelne Namen, die wir nicht eindeutig zuordnen können; sie sind mehrfach erklärbar, und manchmal ist dann die Möglichkeit einer klaren Deutung abhängig vom Kontext, das heißt der Umgebung, in der sie ursprünglich entstanden sind. So kann etwa *Bergmann* sowohl ein Berufsname sein als auch der Wohnstättenname für einen, »der auf dem Berg wohnt«. *Baierl* – in sämtlichen Schreibweisen – lässt sich als Verkleinerungsform (Diminutiv) einerseits zu *Baier* usw. stellen und damit als »Einwohner Bayerns bzw. zum Stamm der Baiern gehörig« deuten, andererseits könnte er aber auch auf eine mundartliche Variante von *Bäuerlein* hinweisen. Der Familienname *Katz* kann zu *Katze* gehören oder ein jüdischer Name sein – dann bedeutet er »Priester der Gerechtigkeit«. Und mein Name *Pohl* kann entweder mit *Polen* zusammenhängen oder mit dem Vornahmen *Paul* oder ein Wohnstättenname sein, der dann einen »Teich« bezeichnet ... In solchem Fall heißt es: weiter forschen und differenzieren, lokale Umstände mitbedenken. – Jetzt aber: auf und *in medias res*, zu den vier Typen Familiennamen!

## Personennamen – von Jandl bis Jakubowski

Eine relativ große Gruppe unserer Familiennamen beruht auf Personennamen. Wobei man einschränkend sagen könnte: zumeist auf männlichen Personennamen, den Namen der Väter; im Mittelalter hielt man es bekanntlich nicht so sehr mit der Gleichberechtigung der Geschlechter. Daher lautet der Fachbegriff für diese Sorte Namen auch *Patronymika*: »Vaternamen«.
Denn sie waren ursprünglich Wendungen wie »Sohn des ...« oder auch »Tochter des ...«. Nur in wenigen Fällen hieß es etwa »Sohn der ...«. Dann spricht man von einem *Metronymikon*; z.B. kann der Name *Beth(ge)*, *Bet(h)ke* in Einzelfällen auf einer Koseform zu *Elisabeth* beruhen oder der Name *Gehlen* sich manchmal von *Gertrud* ableiten lassen. Übrigens ist auch der Name des derzeitigen österreichischen Verkehrsministers *Faymann* ein Metronymikon, das auf der Nachsilbe *-mann* und dem Vornamen *Fay*, einer Kurzform von *Sophie*, beruht und »Sophies Sohn« bedeutet.
Familiennamen wie *Rüdiger* oder *Christoph* verweisen also darauf, dass hier ein Vorfahre »Sohn des Rüdiger« war oder eine Ahnin »Tochter des Christoph«. Der Name *Rüdiger* ist eigentlich germanisch und geht zurück auf eine Zusammensetzung der althochdeutsche Wörtern *hruod* »Ruhm« und *ger* »Speer«; er bezeichnet somit einen, der mit seinem Speer zu Ruhm gelangt ist. *Christoph* dagegen ist ein christlicher Name griechischer Herkunft und bedeutet »Christus tragend«. Wie diese beiden sind die meisten Personenamen, aus denen Familiennamen entstanden, entweder altdeutsch (germanisch) oder christlich (römisch-griechisch und jüdisch); später gesellten sich auch andere Vornamen vor allem slawischer Herkunft dazu.

Mitunter wurden solche Namen verkürzt, oder man benutzte ihre Verkleinerungs- oder Koseform. Erinnern Sie sich noch an den oben erwähnten *Baierl* – den »kleinen Baiern« oder »das Bäuerlein«? Wenn Sie wie hier einen Personennamen oder seine Kurzform mit einem »verkleinernden« *-(e)l* verbinden, das ja für ein hochdeutsches *-lein* steht, bedeutet diese Diminutivform letztlich wiederum »Sohn (oder Tochter) des …«; sie hat also eine *patronymische*, das heißt den Vaternamen anzeigende Funktion.

Das ist etwa der Fall bei einer der bekanntesten österreichischen Kaffeemarken, die zugleich ein Familienname ist: *Meinl* – das ist »der kleine Meinrad (oder Meinrad bzw. Meinhard)«, mit anderen Worten: dessen Sohn. Oder nehmen Sie den Namen des Dichters

*ONOMASTICON,* Oder

zu dem daß Gott ſolches mit Ernſt/ von allen Menſchen erfodert/ vnd haben will: Haben auch die jenigen/ die ſich neben der *imputirten* Gerechtigkeit deß HErrn Chriſti/ auch der euſerlichen gerechtigkeit befleiſigen/ auch Gottes Huld/ vnd Gnad/ Glück/ Heil/ vnd Segen hie zeitlich/ vnd dort ewiglich zu gewarten. Denn ob es gleich heiſt/ wie der liebe David ſagt im 34. Pſalm: *Juſtorum multæ ſunt tribulationes*, die Gerechten muſſen/ hie auff dieſer Welt viel Leiden: Wird doch darneben auch ſtracks gemeldet: *Sed de his omnibus liberabit eos Dominus.* Der HERR aber hilfft jhnen auß dem allen/ vnd bewahrt jhnen alle jhre Gebeine/ daß der nicht eines zubrochen wird. Vnd der Chriſtliche *Poët* ſagt:

*Juſtus ubiq. jacet, contemnitur undiq. juſtus,*
*Deſeritur nunquam, nec tamen à Domino.*

Das iſt:

Der Gerecht zwar vbral wird vernicht/
Vom HErren aber verlaſſen nicht.

Der Tag *Jodoci*, oder *Juſti* gefellt den 17. *Maji.*

Johannes] Iſt ein Hebraiſcher

Nah-

Deutſches NamenBüchlein. 77.

Nahmen/ heiſt auff deutſch eben ſo viel als Vlrich/ Huldreich/ oder holdſelig. Dieſer Nahmen iſt Johanni dem Teuffer/ von dem Engel deß HERren ſtracks in ſeiner Empfengnis zugeeygnet/ oder gegeben worden/ dieweil er der erſte Evangeliſche Gnadenprediger ſein/ vnd von der Huld/ vnd Gnade Gottes gegen daß menſchliche Geſchlecht/ hat zeugen/ vnd predigen ſollen. Der Tag *Johannis Baptiſtæ* gefellt Jährlichen in Sommer/ den 24. *Junii.* Aber des heiligen Evangeliſten *Johannis* Gedechtnis/ wird im Winter/ den 27. *Decembris* gehalten.

¶ Wir Chriſten haben vns bey dieſem Namen zuerrinnern/ der ſchönen Vermahnung S. Pauli (Coloſ. 3 Capit.) da er ſpricht: So zihet nun an/ als die Außerwelten/ heiligen/ vnd gelibten Gottes/ hertzliches Erbarmen/ Freundlichkeit/ Sanfftmuth/ Gedult/ vnd Demuth/ vnd vertrage einer den andern/ vnd vergebet einandern/ ſo jemand Klage hat wider den andern/ gleich wie Chriſtus euch vergeben hat. Vnd ſonſten wird geſagt:

*K 5* *Siquis*

*Ernst Jandl*. Hier haben wir es mit der Verkleinerungsform von *Ja(h)n* bzw. *Johannes* zu tun; *Jandl* ist also »der kleine Johannes«. Es gibt bei unseren Familiennamen natürlich noch weitere Endungen, zumal aus slawischen Sprachen übernommene, die ein *Patronymikon*, einen Vaternamen, anzeigen. Von ihnen weiter unten. Hier zunächst einige Beispiele à la Jandl:

| **Vollform** | **Kurzform** | **erweiterte Kurzformen** |
|---|---|---|
| Arnold | Arndt, Arlt | Arntz |
| Bernhard | Berndt | |
| Eberhard | Ebert | Eberl |
| Leopold, Leupold | Lippold, Leibold, Pold | |
| Hildebrand | Brand | Brandl |
| Friedrich | Fried | Friedl, Fritz |
| Herbert | | Bertl |
| Heinrich | Hein(e), Heyn(e) | Heinl, Heind(e)l, Heinz, Heinzl |
| Meinrad, -hard | | Meindl, Meinl |
| Otto(kar) | Ott | Öttl |
| Johann(es) | John, Jahn, Hannes, Hans, Hann, Hahn | Jandl, Hand(e)l |
| Andreas | Ander | Anderl(e) |
| Matthias, -äus | Matt | Matl, Matz |

Sie sehen: Das verkleinernde *-l* – es ist übrigens bairisch-österreichischer Herkunft – wie in *Brandl*, *Jandl*, *Friedl* usw. wird manchmal von einem *-e-* begleitet und zu *-el*. Formen wie *Heindel* und *Handel* existieren also neben *Heindl* und *Handl*.

In Vorarlberg, wo der Einfluss des Alemannischen größer war als im restlichen Österreich, nimmt man noch ein *-e* dazu: Hier endet die Verkleinerungsform auf *-(e)le*. Ein Beispiel ist etwa der oben angeführte Name *Anderle*, ein anderes etwa *Dieterle*, der den Sohn eines

*Diet(h)er* oder *Dietrich* bezeichnet. In Gebieten, wo man weder einen bairischen noch einen alemannischen Dialekt sprach, gestaltete sich auch das »Verkleinern« anders. Im nördlichen Deutschland verwendete man zum selben Zweck, also zur Bildung eines Diminutivs aus einem Vornamen, das *-k-*: Aus dem Vornamen *Heinrich* wurde hier *Heineke* oder *Heinike* usw. Und der Sohn eines *Johannes*, also »der kleine Johannes«, hieß dort nicht *Jandl*, sondern *Jonke*, *Johnke* oder *Jöhnk*. Einer der bedeutendsten österreichischen Schriftsteller der Gegenwart, *Gert Jonke*, hat also wie der Dichter *Ernst Jandl* einen Vorfahren, dessen Vater *Johannes* hieß. Bloß lebte der eine *Johannes* im Norden, der andere im Süden.

Aber bleiben wir noch kurz im deutschen Norden. Eine weitere Form des *Patronymikons* wurde dort mit dem Genitiv-*s* gebildet, das man an den Vornamen hängte: *Heinrichs* steht also für »Heinrichs Sohn«, *Friedrichs* für »Friederichs Sohn«, *Diederichs* für »Diederichs Sohn« usw. Man kann sich bei diesen Namen einfach das Wort »Sohn« (oder »Tochter«) dazudenken, und schon weiß man um die Bedeutung. Nur manchmal ist sie nicht mehr klar erkennbar. So ist auch der Name *Liebherz* keineswegs, wie man zunächst meinen möchte, ein Übername für einen *liebherzigen* Zeitgenossen verflossener Tage, sondern ein Patronymikon, das auf *Liebhart* zurückgeht, also ursprünglich *Liebharts* hieß. Und der ein wenig an »Asterix« erinnernde *Rodrix* müsste, wenn man seine Herkunft beachtet, eigentlich *Roderichs* (also »Roderichs Sohn«) geschrieben werden.

Apropos schreiben: Geschrieben wurde in den Kanzleien der Städte und Gemeinden bis ins 13. Jahrhundert auf Lateinisch. Erst danach verbreitete sich das Deutsche zunehmend auch als Urkunden- und Geschäftssprache, wenn auch langsam und zäh gegen die traditionelle Amts- und natürlich Kirchensprache Latein, aus der noch manche Gepflogenheiten beibehalten wurden, wie etwa die Genitiv-Bildungen auf *-i*, die wir heute noch bei Familiennamen wie *Conradi*, *Wilhelmi* und *He(i)nrici* finden können. Auch bei diesen Beispielen handelt es sich um Patronymika; die Söhne *Konrads*,

*Wilhelms* oder *Heinrichs* begegnen uns in ihnen in »latinisierter« Form, so, wie ihre Namen in mittelalterlichen Urkunden erfasst wurden.

Auf Söhne von Männern namens *Johannes* verweisen auch Namen wie *Johannsen*, *Jansen*, *Jensen*, *Johannson*, *Johnson*, *Janson* usw. (*Johannes* stammt übrigens aus dem Hebräischen und bedeutet »Jahwe ist groß«.) Hier hat man den Namen oder seine Kurzform mit *-sen* oder *-son* für »Sohn« verbunden und so ein Patronymikon gebildet – eine in Norddeutschland und auch Skandinavien weit verbreitete Namensform. In der natürlich auch Väter, die anders hießen, erfasst wurden: *Jakobson*, *Friedrichsen*, *Wilhelmsen*, *Claasen* (von *Claas*, kurz für *Nikolaus*), *Christensen* oder *Karsten* (beide von *Christian*). Wenn wir nun einen kurzen, imaginären Abstecher nach Island machen, finden wir dort ein dezidiert weibliches Pendant – die Endung *-dottir* für »Tochter«; z.B. der Name *Eriksdottir* bedeutet dann »Tochter des Erik«.

Es gibt noch mehr Varianten. Die patronymische Benennung war landauf, landab verbreitet; je nach lokaler Mundart wurden Familiennamen gebildet. Im letzten Kapitel – Stichwort: »deutsche« Namensschicht – hatte ich Ihnen von den zahlreichen bairisch-österreichischen Ortsnamen mit der Endung *-ing* erzählt, die auf Personennamen beruhen (z.B. der heutige Wiener Bezirk *Hietzing* »Ort des Hietzo«). Ebenso bildete man im gesamten deutschen Sprachraum auch Familiennamen mit *-ing* oder dessen Nebenformen *-ung* und *-ig*. Begegnet Ihnen also ein Name, der auf eine dieser drei Weisen endet, sollten Sie, um ihn zu deuten, zuerst nach dem wahrscheinlich zugrundeliegenden Personennamen fragen. *Benning* etwa leitet sich von *Bernhard* ab. Und *Harting*, *Hartung*, *Hartig* stammen vom nicht eben aktuellen Vornamen *Hartmann* –

*Nächste Doppelseite: Namen bewahren unsere Identität über den Tod hinaus: das Beinhaus in Hallstatt, Oberösterreich. Foto: Hu Chenghui.*

Mathias Pfandl.
Franz Pfandl
Maria Löcker
J. Georg Scheiz.
Barbara Deubler
M: Heuschober
1878
Anna Heuschober
1876
Maria Heuschober

Franz Eggenr
Karl Egge
1872
Frans Eggenr
Jos: Preimesb
Franz Steck
Ursula Steck
1868
Cäzilia Bau
Barbara Baum
Michael Heusch

eine Zusammensetzung der althochdeutschen Wörter *harti* bzw. *herti* »hart, stark, kräftig« + *man* »Mann; Mensch«. *Hartmann von Aue*, der wohl berühmteste Träger dieses Namens, lebte im Mittelalter und war Dichter. Was die *Hartings* und *Bennings* angeht und mit ihnen alle »deutschen« Familiennamen auf *-ing*, *-ung*, *-ig*, sind sie heute eher im Norden verbreitet.

In Österreich sehr geläufig sind dagegen patronymische Familiennamen auf *-er* wie z.B. *Arnolder*, *Heinricher* oder – nicht ganz so schnell deutbar – *Lexer* von den Vornamen *Alexius* bzw. *Alexander*. Auch *Hanser* passt hierher und ist eine weitere Möglichkeit, auf den Sprössling eines *Johannes* zu verweisen, letzterer wird kurz ja auch *Hans* genannt. Ein weiterer biblischer, in Österreich auch kaiserlicher Name – *Joseph* – erwirkte mittels seiner Abkürzung *Sepp* das Patronymikon *Sepperer*. Übrigens ist diese Erweiterung mit *-er* auch bei den Hofnamen verbreitet (z.B. hier ebenfalls *Hanser* oder *Ranggetiner* vom älteren *Ranggetin*).

Überhaupt scheint das *-er* eine universelle Lösung gewesen zu sein, wenn es daran ging, Familiennamen zu bilden. Wir finden es bei Herkunftsnamen, wo etwa einer, der aus *Wien* kam, den Nachnamen *Wiener* erhielt. Oder bei Berufsnamen, wo der *Pfister* – das heißt »Bäcker«, von lateinisch *pistor* – dann zum Herrn *Pfisterer* wurde. Frau *Vogler* heißt hingegen so, weil einer ihrer Ahnen den Übernamen *Vogel* erhielt.

Weniger verbreitet sind Vatersnamen, die auf *-mann* enden (diese Endung ist sonst typisch für Herkunfts- und Wohnstättennamen): *Friedmann* bezeichnet den Sohn eines *Friedrich* und *Atzmann* den eines *Azzo* Genannten, was eine Kurzform von *Adalbert* ist.

Nun kommen wir zu den vielen *Familiennamen slawischer Herkunft*, die auf Vornamen zurückgehen. Auch hier gibt es solche, die auf dem vollen Namen beruhen, und andere, die sich von Kurz- oder Kosenamen ableiten. So finden wir *Bor* oder, in deutscher Schreibweise, *Bohr* sowie *Borek*, wobei *Borek* wieder als »der kleine Borislav« (»um Ruhm kämpfend«) übersetzt werden kann; denn *-ek* war

im Tschechischen und Polnischen ursprünglich eine Verkleinerungsform, die dann, wie das bairische *-(e)l*, auch patronymisch verwendet wurde. Manchmal begegnet es uns auch als *-ik*, wie in einem der folgenden, vom tschechischen *Václav* abgeleiteten Namen: *Václavek*, *Václavík* oder *Vácek*, die uns, ein wenig eingedeutscht, auch als *Watzlawik*, *Watzlawick* oder *Watzek* bzw. *Watzke* begegnen.
Vielleicht ist Ihnen der Name *Paul Watzlawick* ein Begriff? Der in Villach geborene (und im August 2007 mit 86 Jahren in Kalifornien verstorbene) Psychoanalytiker schrieb vor Jahren seine »Anleitung zum Unglücklichsein«, einen humorvoll-ironischen Ratgeber wider die Tücken des Selbstboykotts, der zum Bestseller und Standardwerk wurde. Zu Erfolg und Publicity passte gewissermaßen auch Watzlawicks Name. Denn das diesem zugrunde liegende *Váceslav* lässt sich nicht nur mit *Wenzeslaus* bzw. *Wenzel* übersetzen, sondern bedeutet »ruhmreich«. Doch angesichts des Themas Patronymika sei jetzt auch jeder andere *Watzlawik*, *Václav* und *Watzke* als Nachkomme eines *Wenzeslaus* (oder *Wenzel*) identifiziert. Übrigens gehört der Nachname des ehemaligen österreichischen Finanzministers und Vizekanzlers *Hannes Androsch* ebenfalls zu den slawischen Personennamen, allerdings christlicher bzw. griechischer Herkunft. Geschrieben wird er auch *Androš*, was *Andreas* heißt, als Familienname also wieder »Sohn des *Andreas*« (*Andreas* kommt aus dem Griechischen und bedeutete »der Mannhafte, Tapfere«; es wurde gebildet mit dem Wortstamm *Andr-* »Mann«). Dasselbe bedeuten auch die Kurzformen *Ondra* und *Vondra*, ebenso wie *Androšek*, *Ondruš*, *Vondraček* usw.
Weitere, ähnlich aus christlichen Namen abgeleitete Patronymika sind etwa *Martinek* oder *Lukaschek*, von *Martin* und *Lukas*. Allgemein können wir davon ausgehen, dass solche Namen aus dem Tschechischen, Slowakischen oder auch Polnischen stammen. Für diese drei Sprachen sind die Ableitungen, also auch die Namensendungen auf *-ek* bzw. *-ik* charakteristisch.

Einschränkend für das Polnische sei aber gesagt, dass Sie hier viel häufiger auf die Namensendungen *-owski* und *-ewski* treffen. Hiermit wurden die meisten polnischen Patronymika gebildet: *Jakubowski* etwa von *Jakob* und *Tomaszewski* von *Thomas*. Manchmal erfüllte diesen Zweck aber auch noch die Endung *-czyk* (entstanden aus *-ek + -ik*), z.B. bei *Urbanczyk* »Sohn des Urban«.
(Und hier noch etwas für alle, die es ganz genau wissen wollen. Angesichts der Herkunft dieser Endungen ist festzustellen: *-owski/ -ewski* diente ursprünglich zur Bildung von Adjektiven und nicht von Verkleinerungen. Der Name *Jakubowski*, würde man ihn weniger sinngemäß als grammatisch präzise übersetzen, müsste auf Deutsch eigentlich »Jakob'scher« heißen, klänge also mehr wie ein Eigenschaftswort, etwa so, wie man von einer »Jakob'schen« Idee sprechen könnte oder einer »guten« Idee stattdessen. Dem vergleichbar sind übrigens die deutschen Familiennamen auf *-er*, unter denen wir sogar *Jakober* finden; auch sie ähneln insgeheim Adjektiven, was wir vor allem im Abschnitt zu den Übernamen verfolgen konnen. Hier nur ein Beispiel. Einer der wichtigsten österreichischen Autoren des 20. Jahrhunderts ist sicher *Heimito von Doderer*, der Verfasser der *Strudlhofstiege*. Dass der grandiose Formulierer wahrscheinlich einen Vorfahren hatte, der – wie letztlich auch nicht wenige Schriftsteller – mit seiner mündlichen Kommunikationsfähigkeit haderte, verrät sein Name: *Doderer* ist ein Übername und kommt vom mittelhochdeutschen Verb *todern*, für »undeutlich sprechen, stottern«. Ein »Doderer« hatte eben die Eigenschaft, zu »todern« - no na, natürlich ein anderer. Oder wie der Obengenannte bemerkte: »Im Grunde sind das alles Gemeinheiten«. Jetzt aber zurück zu den Patronymika.)
*Petritsch* oder *Petrowitsch* heißen beide »Sohn des Peter« und sind in Österreich keine auffälligen Namen. Sie stammen aus dem südslawischen Raum, wo *-itsch* und *-owitsch* bzw. *-ewitsch* typische Endungen für Vatersnamen sind. Das sind natürlich bereits eingedeutschte Formen. Im Slowenischen heißen diese Endungen *-ič*

und *-ovič* bzw. *-evič*. Im Kroatischen und Serbischen schreibt man sie mit einem anderen Zeichen auf dem »c«, also *-ić usw*. In Österreich sind wir natürlich mit allen diesen Schreibweisen vertraut. Slowenisch *Mihič* bzw. *Mihitsch* bedeutet daher »Sohn des Michael« und *Štefanič* bzw. *Stefanitsch* »Sohn des Stefan«; serbisch-kroatisch heißt es entsprechend *Mihajlović, Štefanić, Stevanović* usw. Ach ja, und wundern Sie sich nicht, vor allem im Burgenland, wenn Ihnen das serbisch-kroatische *Frančić* »Sohn des Franz« als *Francsics* begegnet – es ist dann einfach auf ungarische Weise geschrieben.

Das »eingedeutschte« *-itsch* wurde im Süden Österreichs und im Burgenland übrigens immer wieder mit Namen und Wörtern deutscher Herkunft verbunden. Was bei Berufsnamen amüsant klingen kann, fast wie eine freundliche Verballhornung – hier zwei Beispiele: die Kärntner Familiennamen *Schusteritsch* und *Müllneritsch*, die also auf den Sohn des Schusters und den des Müllers verweisen.

Da wir uns, zumindest thematisch, nun schon im Süden aufhalten, lohnt ein kleiner Blick gen Italien; Teile Norditaliens gehörten zudem zeitweise zur Habsburgermonarchie, was u.a. dazu führte, dass sich einige Namen italienischer Herkunft in Österreich einbürgerten. Wer in Wien wohnt oder das Theater liebt, assoziiert jetzt vielleicht eine der so genannten großen alten Damen des Burgtheaters, *Susi Nicoletti*, und ist damit schon auf ein italienisches Patronymikon gestoßen. Der Name *Nicoletti* bedeutet so viel wie »Sohn des Nikolaus« bzw. »der kleine Nikolaus«. Die italienische Endung *-etti* oder *-etto* ist also wieder eine Verkleinerungsform, mit deren Hilfe aus einem Vor- ein Vatersnamen gebildet wird; hier eben aus dem griechischen *Nikolaus*, das die Wörter *nike* und *laos*, »Sieg« und »Volk«, enthält – was Frau *Nicoletti*, die noch im hohen Alter vor gefüllten Sälen auftrat, vielleicht gefallen hätte. Schließlich hatte die 1918 in München Geborene (und im Sommer 2005 in Wien Verstorbene) den temperamentvoll klingenden Namen von ihrer Mutter übernommen, die ebenfalls Schauspielerin war;

der ihr vom Vater vererbte Name *Habersack* taugte kaum für eine leichtfüßige Aktrice, die ihre Karriere als Tänzerin begann. – Viele italienische Namen enden auch auf *-ello* und *-elli* sowie *-ino* und *-ini*. Auch diese Endungen sind Verkleinerungsformen. Sie bilden etwa patronymische Namen wie *Gianello* und *Gianelli*, die auf *Gianni* »Johann« beruhen, oder *Marcolino* bzw. *Marcolini* von *Marco* »Markus«; in Kärnten wird »der kleine Markus« eingedeutscht zu *Markolin*.

Mehr als andere Namenstypen symbolisieren Patronymika die familiäre Abkunft bzw. die traditionelle Aufeinanderfolge der Generationen. Sie »bezeichnen« eine Person direkt als »Sohn (oder Tochter) von ...«. Und diese Bezeichnung wird dann, wie wir wissen, als Familienname quasi »eingefroren«: Auch die nächsten Generationen werden ihn tragen (»von Kind zu Kindeskind«) und so den Vornamen eines ihrer frühen Vorfahren weiter vererben, solange es die Familie gibt.

## Herkunfts- und Wohnstättennamen: Berger, Nemeth, Freithofnig ...

In den Herkunfts- und Wohnstättennamen ist eine andere Information enthalten. Wer sich mit ihnen beschäftigt, erfährt viel über die Mobilität der Menschen. Mancher, der nach seinem Herkunftsort benannt wurde, hatte diesen schon verlassen und war dort, wo er seinen Namen erhielt, bereits »zugereist«. Ein erster Vorfahre hieß vielleicht *Wiener*, weil er in Tirol wohnte und dort vor allem durch seinen Dialekt aufgefallen war. Ein anderer ging vielleicht außer Landes; dann wurde er in der Fremde zum *Österreicher*, *Deutschländer*, *Vogtländer*, *Schwei(t)zer*. Herkunftsnamen können also auch auf Länder oder Landschaften verweisen, manchmal noch in alter Namensform wie bei *Karner* für »Kärntner« (das ist aber nur eine Deutungsmöglichkeit, von einer anderen soll später die Rede sein) oder *Tyroller* für »Tiroler«. Und da im Laufe der Geschichte Grenzen neu gezogen wurden, trägt heute mancher auch die Erinnerung an ein in dieser Form nicht mehr existierendes Land im Namen: Das in Österreich öfter anzutreffende *Krainer* stammt meist vom historischen Herzogtum *Krain* auf slowenischem Boden.

Herkunftsnamen nennen also den Ort, von dem ein Namensträger »herkommt« bzw. stammt. Wohnstättennamen hingegen erzählen davon, wo er ansässig war. Das ist aus unserer Perspektive kein sehr großer Unterschied. Eigentlich können wir die beiden Namentypen auch nicht exakt voneinander trennen, und so möchte ich sie hier gemeinsam betrachten. Schließlich bezeichnen beide einen – hier im weiteren Sinn – Herkunftsort, der sowohl ein Land als auch eine Stadt oder ein Dorf sein konnte. Wie das oberösterreichische *Grillparz* »Grillenhügel«, worauf der Name eines Klassikers der österreichischen Literatur beruht: *Franz Grillparzer*.

Natürlich wurden auch die Namen einzelner Höfe und Häuser zu Familiennamen. So leiten etwa die *Tiefenbachers* im Kärntner Lesachtal ihren Namen ab vom Hofnamen *Tiefenbach*, der dort seit dem 13. Jahrhundert bezeugt ist. Und der schon erwähnte Spitzenreiter bei den österreichischen Familiennamen, *Gruber*, geht meistens auf den Namen eines Hauses oder Hofes zurück, in dessen Nähe eine »Grube«, also eine Bodensenkung war. Ebenso verhält es sich mit dem Namen *Weger* für jemanden, der in einem »Gehöft am Weg« wohnte, und der *Wögerbauer* hat außerdem noch seinem Namen nach als Landwirt gearbeitet.

Ein berühmter österreichischer Künstler der Gegenwart, der Maler *Arnulf Rainer*, besaß möglicherweise einen Vorfahren, der mit seiner Familie an einem *Rain*, einem »Abhang« wohnte. Möglicherweise – denn der weit verbreitete Name *Rainer* kann nicht nur auf diese eine Weise gedeutet werden, sondern sogar auf vier. Er könnte auch an eine Wohnstätte auf dem flachen Land erinnern und vom slowenischen *ravnjar* »Ebner« abstammen, falls er nicht auf den Herkunftsort *Rain* hinweist, den es in Österreich, Deutschland und der Schweiz gibt, oder auf den Vornamen *Rainer* bzw. *Reiner*. Nicht vier-, jedoch immerhin »dreideutig« ist auch der Name *Gra(t)zer*. Wer so heißt, dessen Vorfahren stammten also nicht unbedingt aus *Graz*. Da das slowenische *gradec* »kleine Burg« bedeutet, ließe sich sein Name auch als »Burger« verstehen: »einer, der in oder bei einer Burg wohnt«. Außerdem könnte sich *Gratzer* auch vom Personennamen *Gratz* herleiten. Dieser ist nämlich eine Abkürzung von *Pankraz* (von griechisch *pan* »all, ganz« und *krátos* »Kraft, Macht«) und uns u.a. noch bekannt durch einen ehemaligen Wiener Bürgermeister und Außenminister: *Leopold Gratz*. Er wurde seinerzeit durch seinen Freund *Udo Proksch* in den »Fall Lucona« verwickelt; es ging um die Versenkung eines Frachtschiffs, und *Proksch* wurde des Versicherungsbetrugs und Mordes angeklagt (und für schuldig befunden) – uns interessiert jetzt allenfalls sein Name. Dieser ist tschechischer Herkunft und geht auf *Prokop* zurück, was sich, nicht ganz passend zu seinem unseligen Träger, als Koseform für *Prokopius* erweist, dem Namen eines der ersten Heiligen und des Landespatrons Böhmens.

Häufiger als Herkunftsnamen à la *Gratzer* oder *Wiener* gibt es in Österreich Wohnstättennamen wie *Weger*. Hier einige, die besonders oft vorkommen: *Bacher*; *Berger*; *Bichler* oder *Pichler* (von »Bühel«); *Dorfer* oder *Dörfler*; *Ebner* (von »Ebene«); *Hochner* (für einen, der auf einer »Anhöhe« wohnt); *Leitner* (von *Leite* »Abhang«); *Ortner* (von *Ort* »Ende der Siedlung«); *Rauter*, *Reuter* und *Reiter* (von *Raut* »Rodung«); *Taler*; *Walder* oder *Waldner*; *Weidner*. Auch Zusammensetzungen finden wir oft: *Unterberger*, *Hinterberger*, *Unterweger* usw. Von den so Genannten wohnte also der erste am Fuß eines »Berges«, der zweite dahinter und der dritte unterhalb eines Weges.

Aber ihre Namen wurden – wie fast sämtliche bisher in diesem Abschnitt erwähnten – auf gleiche Weise gebildet: mit der Endung *-er*. Wir trafen das überaus produktive Anhängsel ja bereits bei den patronymischen Familiennamen, wo es aus dem Sohn eines *Hans*

den *Hanser* machte usw. Für Herkunfts- und Wohnstättennamen, die im Süden des deutschsprachigen Raums gebildet werden, ist es sogar typisch. Dagegen kommt es im Norddeutschen gar nicht vor. Wessen Vorfahre zum Beispiel Anfang des 13. Jahrhunderts ins damalige Erzbistum Hamburg zog und dort einen Herkunftsnamen erhielt, der heißt also *Erlach* statt *Erlacher*, *Wien* statt *Wiener* oder, eine Wohnstätte betreffend, *Berg* statt *Berger*, *Bach* statt *Bacher* usw.
Auch wenn ein Herkunftsname auf *-mann* endet, können Sie davon ausgehen, dass er wahrscheinlich aus dem Norden stammt (von Österreich aus gesehen). *Kielmann* bezeichnete hier etwa einen, der aus Kiel stammte; *Schlottmann* vielleicht einen, dessen Hütte auf sumpfigem Boden stand (von mittelhochdeutsch *slot* »tiefer Graben, Sumpf«, doch hier gibt es noch andere Deutungen); *Drewermann* den, der aus dem Ort *Drewer* (in Nordrhein-Westfalen) oder *Drebber* (in Niedersachsen) kam – vielleicht war er der Stammvater des streitbaren Theologen *Eugen Drewermann*. Ein anderer, der am *Bach* wohnte, war natürlich Vorfahr der in Klagenfurt geborenen Dichterin *Ingeborg Bachmann*. Auch der Nachname des österreichischen Autors *Daniel Kehlmann* passt in diese Reihe und ist wahrscheinlich nicht hierzulande entstanden; er bezeichnet entweder einen, der aus dem Ort *Kehl* (mehrfach in Deutschland) stammt, oder einen, der an einem Hohlweg oder einer Schlucht wohnte, mittelhochdeutsch *kele* genannt (wie die »Kehle«).
Im Nordosten Österreichs ist man dagegen recht vertraut mit westslawischen Herkunftsnamen. Sie stammen oft aus dem Tschechischen oder dem Polnischen, und meist kann man sie leicht anhand ihrer letzten Buchstaben unterscheiden. Wo ein tschechischer Herkunftsname mit einem *-ký* schließt, steht beim polnischen ein *-ki*. Und dann müssen Sie nur noch auf die Endungen *-sky* oder *-ski*, *-cky* bzw. *-tzky* oder *-cki* achten.
Das heißt: Bei den Endungen *-sky*, *-cky* bzw. *-tzky* haben Sie es mit einem tschechischen Namen zu tun. Zum Beispiel *Vranitzky* – ein in Österreich prominenter Name, gehörte er doch zum ehemaligen

Finanzminister und Bundeskanzler *Franz Vranitzky*. Im Original *Vranický* geschrieben, ist es auch ein Herkunftsname für jemanden »aus der Ortschaft Vranice«. (Deren Name fußt übrigens auf dem Wort *vrána* »Krähe«, was ebenfalls ein Familienname ist. Wir begegnen ihm beim Thema Übernamen wieder). Und noch drei weitere Beispiele ähnlicher Art: *Pražský* heißt der »Prager«, *Holešovský* der, der »aus Holešov« stammt, *Dubský* einer mit dem Herkunftsort *Dub* (zu *dub* »Eiche«). Typisch für Herkunftsnamen aus dem Polnischen sind die Endungen *-ski* und *-cki*. Vor allem erstere kommt häufig vor neben *-iński* sowie *-ewski* bzw. *-owski*, mit denen ebenfalls Herkunftsnamen gebildet werden (*-ewski* bzw. *-owski* gehören ja sonst zu den Patronymen). Hier zwei Beispiele: *Brzeziński* bedeutet »aus Brzezina« stammend oder aus einer »Birkengegend«, denn das bedeutet dieser Ortsname; *Kowalski* bzw. *Kowalewski* heißt »aus dem Ort Kowale bzw. Kowalewo« kommend, wobei auch hier eine zweite Interpretation möglich ist, da der Ortsname gleichzeitig »Schmiede« bedeutet.

Im Süden und Südosten Österreichs enden Wohnstätten- und Herkunftsnamen sehr oft auf *-nig* oder *-nigg*. Im letzten Kapitel war ja schon einmal hiervon die Rede; die Endung *-nig(g)* geht zurück auf die *Slavia submersa*, die verschwundene Sprache des alten Karantanien, die uns auch unter dem Begriff Alpenslawisch begegnete. Überliefert wurde das *-nig(g)* – das ebenfalls als *-nich*, *-nick*, *nigkh*, *-nik* und *-nikch* auftritt – übers Slowenische, wo es mit *-k*, also *-nik*, geschrieben wird.

Interessanterweise treffen wir aber auf diese Endung, mit der Hof- und Familiennamen gebildet wurden, in Slowenien (d.h. im slowenischen Kerngebiet) eher selten. Häufig dagegen finden wir sie in den dem zusammenhängenden slowenischen Sprachraum vorgelagerten, (heute) deutschsprachigen Gebieten Kärntens, Osttirols, des Salzburger Lungaus und der Steiermark. Weshalb auch die Namen auf *-nig(g)* usw. als »nordslowenisch« und gleichzeitig als typisch kärntnerisch bezeichnet werden.

Hier eine Handvoll Beispiele.

Aus Kärnten und Osttirol kommen etwa die Namen *Ladinig*, vom slowenischen *ledina* »Brache«; *Pototschnig* oder *Petutschnig(g)* vom slowenischen *Potočnik* »Bacher«; *Glantschnig(g)* oder *Quantschnig* vom slowenischen *Kłančnik* zu *klanec* »Steile; Hohlweg«.

Weitere, häufig in Kärnten vorkommende Namen (hier nicht in allen Schreibweisen wiedergegeben) sind u.a.:

*Blatnig* »Moser«, vom slowenischen *blato* »Moos, Moor«; davon abgeleitet wird der Name *Sablatnig* »Hintermoser« sowie dessen Variante *Sablatschan*.

Oder *Potnik* »Weger«, vom slowenischen *pot* »Weg«; hiervon abgeleitet wird auch der Name *Razpotik* oder *Raspotnig* für »Wegscheider« (also jemand, der bei einer Wegscheide wohnt; das slowenische *raz-* heißt »auseinander-«). Und außerdem noch: *Popotnig* »Unterweger« und *Sapotnig* »Hinterweger«.

*Kotnig*, *Kottnig* und *Kattnig* hingegen (und es gibt noch mehr Varianten) bezeichnen den »Winkler«, also einen, der im »Winkel« oder auch »im Gelände« wohnt – beides bedeutet das slowenische *kot*. Hiervon abgeleitet wird auch der »Hinterwinkler« alias *Sakotnig* bzw. *Zakotnik*.

*Lassnig* – prominente Namenträgerin ist hier die Malerin Maria Lassnig – entspricht dem deutschen »Reuter« und verweist auf eine »Rodung«, die im Slowenischen *laz* heißt. Da das slowenische *l-* im Dialekt auch zu *ł-*, also wie ein »w« ausgesprochen wird, hat der Name *Wasnig* dieselbe Herkunft, ebenso die Benennungen *Priwasnik* oder *Privaznik* für einen, »der beim Gereut wohnt«.

Befand sich diese gerodete Stelle auf einem Berg, hat man den Bewohner vielleicht auch – nach dem slowenischen *gora* »Berg« – zum *Gornig* oder *Hornig* gemacht: zum »Berger«. Aber das ist natürlich nicht der einzige, nicht einmal der einzige Name mit *-nig*, den Kärnten für Menschen kennt, die etwas höher bzw. in der Umgebung von Bergen wohnen. Dafür gibt es einfach zu viele Möglichkeiten, sprich Anhöhen, die die Landschaft markieren. So stammt der Name *Rebernig* »Leitner, Hochner o.ä.« von *reber*, einem slowenischen Wort für »Abhang, Leite, Anhöhe« (deren Schwung sich vorstellen mag, wer weiß, dass *reber* eigentlich »Rippe« bedeutet). Und *Werdnig* oder *Werdounig* stammen vom Namen *Brd(ov)nik* und daher vom slowenischen *brdo* »Anhöhe, Egg (Ecke)«. So würde Herr *Werdnig* auf Deutsch wahrscheinlich »Berger« oder »Egger« genannt werden, je nachdem, ob sein früher Vorfahre, der den Namen erhielt, an (auf) einem Berg oder Eck wohnte. Hinter einem kleinen Berg oder »Gupf« wohnten auch Menschen namens *Sauerschnig*, denn in seiner slowenischen Schreibweise heißt der Namen *Završnik* »hinter dem Gupf wohnend« und enthält das slowenische *vrh* »Anhöhe, Gupf«.

Dass es sich bei *-nig(g)* um ein produktives Suffix handelt, mit anderen Worten: eine recht fruchtbare Ableitungssilbe, sehen wir noch an etwas anderem. Es verband sich nicht nur mit slawischen Wortstämmen, sondern auch mit romanischen oder deutschen. In letzterem Fall verwandelte etwa das Anhängsel *-nig* das alte Wort *Freithof* »Friedhof« in den Namen *Freithofnig*: »beim Friedhof wohnend«. Aus einem, dessen Haus, »tief« stand, wurde so der *Tiefnig*. Und wessen Hütte auf einem *Kogel* »runde Erhebung, Hügel« (romanischer Herkunft) stand, der konnte zum *Kogelnig* werden; der Anrainer eines Walds hieß vielleicht bald *Waldnigg* oder, falls es dort Espen gab, auch *Aspernig* (von mittelhochdeutsch *aspe* »Espe«).

Begeben wir uns nun nach Tirol und Vorarlberg. Hier finden Sie zur Abwechslung viele Wohnstättennamen romanischer Herkunft, passend zu den dortigen Ortsnamen. Oft klingen sie deutsch, wie *Kostner*, das, vom romanischen *costa* »Rippe« stammend, quasi als Tiroler Pendant zum Kärntner Namen *Rebernig* jemanden bezeichnet, der auf einer Anhöhe bzw. an einem Abhang wohnt. (Das Wort *costa* ist uns übrigens schon einmal begegnet: beim Bergnamen *Kuster*; s. S. 37.)

Weiters etwa: *Glieber*, vom romanischen *clivus* »Abhang«, oder

*Prader* und *Prater*, vom romanischen *pratu* »Wiese« – was dem deutschen »Wiesner« entspricht. Auch der Name *Wallnöfer*, so bairisch-deutsch er auf den ersten Blick anmutet, kommt aus dem Romanischen, von *aquale novo*, was einen »neuen Bewässerungsgraben« bezeichnete (mundartlich *Wal* hieß »Bewässerungsgraben«). Aus einem Murental – romanisch *val marraria* (von vorrömisch *marra* für »Mure«) – stammten wahrscheinlich die Vorfahren von Familien namens *Fallmerayer*, während die der Familie *Runggaldier* auf einer hoch liegenden, gerodeten Stelle gewohnt haben könnten – worauf zumindest das romanische *runcu altu* hinweist, das ihrem Namen zugrunde liegt.

Aus dem althochdeutschen Wort *wal(a)h* für »Romane« wurde übrigens im Laufe der Zeit der Familienname *Walch* für jemanden, der »welscher Herkunft« war, also meistens Romane oder Italiener. Natürlich gab es noch Namensvarianten wie *Wallisch*, *Welisch* und andere. Sie gehören alle zu einer besonderen Gruppe innerhalb der Herkunftsnamen, denn die ihnen zugrunde liegenden Wörter benennen keine Länder und Landschaften, Orte und Wohnstätten – nein, sie sind vielmehr *Völker- und Stammesnamen*. Auch aus ihnen konnten sich also Familiennamen entwickeln. Im Folgenden haben wir eine Übersicht zusammengestellt, in der Sie die in Österreich gebräuchlichsten Familiennamen aus Völker- und Stammesbezeichnungen finden. An erster Stelle können Sie dabei, so vorhanden, einen Namen deutscher Herkunft lesen, der gleichzeitig als Übersetzung gelten kann.

*Böhm*, *Böhmer*, *Čech*, *Tschech*
*Bayer*, *Peyer*, *Beier*, *Bayerl* usw.
*Deutsch*, *Deutschmann*, slawische Formen sind *Nemec*, *Niemetz*, ungarische *Nemeth*, *Német usw.*
*Frank*
*Fries*, *Vries*
*Furlan* romanisch für »aus Friaul stammend«

*Hanák* für »aus der mährischen Landschaft *Haná* stammend«
*Hess, Hesse, Heß* usw.
*Horvat* ungarisch für »Kroate«
*Hunger* s. *Ungar*
*Karner* für »Kärntner«, slowenisch *Korošec* (Aber: *Karner* kann auch auf *Kärrner* »Fahrender, der einen Karren benützt« beruhen.)
*Krainer, Kraner, Krainz*, slowenisch *Kranjec*
*Pollak, Polak, Pohl* für »Pole«, ungarisch *Lengyel*
*Sachs, Sax, Saxer*
*Schwab, Schwob*
*Schwed*
*Srb* für »Serbe»
*Tot, Toth* ungarisch für »Slowake, Slawe«
*Ungar, Unger, Hunger* (Letzteres stammt vom lateinischen *Hungaria* für »Ungarn«, kann aber auch Übername eines Hungrigen sein.)
*Wallisch, Welisch, Walch, Welsch*, tschechisch *Olah* für »der Welsche« (meistens »Italiener« oder auch »Romane« gemeint)
*Windisch, Wend, Wendt, Wende, Windischmann* für »Slawe, Slowene«

Wer so oder ähnlich heißt, hatte wahrscheinlich einen mobilen Vorfahren, einen, dessen vom Standpunkt der Namengeber aus ungewöhnliche Herkunft oder ethnische Zugehörigkeit ihn charakterisierte. Manchmal aber war ein *Deutschmann* gar nicht in die Ferne gewandert, sondern lebte seit Generationen in einem Grenzgebiet, vielleicht in einem Dorf, wo die meisten Einwohner slawischer Herkunft waren. Ein anderer zog etwa aus Deutschland nach Ungarn, wurde dort *Nemeth* genannt, und seine Enkel beschlossen vielleicht wieder, ihr Glück in Wien zu versuchen – wo man heute mehr als 250 Nemeths im Telefonbuch findet; dabei sind anderssprachige Varianten wie *Nemec* oder Doppelnamen nicht mitgerechnet.

Blättert man aber weiter im Wiener Telefonbuch, gelangt man bald auch zum Namen »Schmidt«, und den gibt es um viele Male mehr. Schließlich geht er auf den wichtigen Beruf des Schmieds zurück, den man seinerzeit auch in kleinen Orten fand. In der Schreibweise »Schmidt« (es gibt natürlich viele weitere) ist er der zweithäufigste Familienname Deutschlands, wie Sie auch unserer Liste weiter oben entnehmen können. In der dortigen Spalte für Österreich findet er sich als »Schmid« (das ist die weiter im Süden verbreitete Variante) immerhin an 16. Stelle. Aber – befinden wir uns an der richtigen Stelle, gehören die *Schmidts* usw. nicht schon zu den *Berufsnamen*? Also, dann los, in den nächsten Abschnitt! Denn auch Berufsnamen sind bei uns weit verbreitet.

## Berufsnamen: Von Leitgeben, Wagnern und Schmieden

Das Wort *Beruf* im Sinn einer erlernten Tätigkeit, die man ausübt, um seinen Lebensunterhalt zu verdienen, kannte man im Mittelalter noch nicht; es kam erst im 17. Jahrhundert auf. Man verwendete das mittelhochdeutsche *beruof* in der Bedeutung von »Leumund«. Das zugrundeliegende Verb *beruofen* konnte allerdings vielfältiger eingesetzt werden. Beim Blick in das »Mittelhochdeutsche Taschenwörterbuch« von Matthias Lexer werden Ihnen folgende Übersetzungsmöglichkeiten geboten: »berufen; zusammenrufen; ausrufen, proklamieren; schelten; tadeln; beschreien; bezaubern; anklagen, überschreien.«

Ansonsten unterteilten vor rund 800 Jahren die Gelehrten, wie schon die Philosophen der Antike, die Gesellschaft in Stände. Das gängigste Modell sah drei Stände vor: Nährstand (Bauern und Bürger), Wehrstand (Ritter) und Lehrstand (Geistliche).

Angelehnt an die Bibel und den in den Briefen des Apostels Paulus formulierten Gedanken, dass die Ordnung der Welt eine göttliche sei und dem Einzelnen einen bestimmten Platz zuweise, gab es zudem eine christliche Ständelehre. Auf dieser beruht etwa unsere Redewendung vom »Stand der Ehe«; jeder, ob Bettler, Bauer, Doktor, Mönch, ob Stickerin oder Edelfrau, wurde hier als »stehend« in einem *ordo*, einer von Gott geordneten und auf ihn ausgerichteten Welt betrachtet. Auch, auf welche Weise ein Mensch für seinen Unterhalt sorgte, ob als Knecht oder Hofbediensteter, galt als sein »Amt«, zu dem Gott ihn »beruffen« hatte – wie es dann in der Lutherbibel zu Beginn des 16. Jahrhunderts heißen sollte. Unser heutiges Verständnis des Wortes »Beruf« leitet sich aus dieser Zeit her.

In der Agrargesellschaft des frühen Mittelalters gab es relativ wenig verschiedene Berufe im heutigen Wortsinn. Etwa neunzig Prozent der Bevölkerung, schätzt man, arbeiteten damals als Bauern oder als Abhängige in der Landwirtschaft. Ab dem 11. Jahrhundert, nach der Erfindung des schweren Pfluges sowie der Einführung der Dreifelderwirtschaft und des Münzwesens, nahmen Wohlstand und Bevölkerungswachstum zu. Neues Land wurde durch Rodungen erschlossen (daher die vielen Namen wie *Reuter*, *Roiter* usw.) und den Bauern zumeist als erblicher Besitz übergeben; ältere Abhängigkeitsverhältnisse gegenüber Grundherren blieben jedoch noch länger bestehen. Neue Städte wurden gegründet. Im Spätmittelalter, als die Städte wuchsen, entstanden – oft durch Spezialisierung – neue Gewerbe, die sich in Zünften bzw. Gilden organisierten.

Nehmen wir zum Beispiel den *Schmied*: Er wurde althochdeutsch *smid* genannt, also mit kurzem »i« – wovon Namen wie *Schmid*, *Schmidt*, *Schmitt*, *Schmitz* usw. noch erzählen. (Das lange »ie« in *Schmied* kam erst zu Ende des Mittelalters auf.) Bei den alten Germanen hatte das Schmiedehandwerk kultische Bedeutung; unter einem Schmied verstand man prinzipiell einen »Bildner«, also einen Künstler, der auch mit Holz arbeiten konnte. Im Lauf der Zeit konzentrierte sich das Handwerk aber auf die wichtige Metallverarbeitung. Metall? Man führe sich vor Augen, wie viele Dinge damals aus Metall bestanden – aus Eisen und Eisenblech, Kupfer,

Messing, Silber und Gold: Schwertklingen, Helme, Messer, Sensen, Hufeisen, Scheren, Kessel, Tür- und Truhenschlösser, Schlüssel, Hacken, Nägel, Hämmer, Kannen und Pfannen, Verzierungen, Schmuck (eine eigene Kategorie mit Ringen, Ketten, Spangen, Haarkämmen usw.). Um 1400 erwartete kein Bürger mehr, dass diese Vielfalt an Produkten von einem einzigen Handwerk bewältigt werden könne. Nun unterschied man zunächst, nach Größe der angefertigten Objekte, zwischen Klein- und Grobschmied. Zudem gab es diverse Spezialisten: Silber- und Goldschmiede, Waffenschmiede, Nagelschmiede, Kannenschmiede, Harnischmacher, Schwertfeger (sie schmiedeten Schwerter), Spängler bzw. Spengler (sie schmiedeten Spangen) usw.; die allgemeine Bezeichnung *Schmied* galt allenfalls noch für den Grobschmied, der Hufeisen herstellte.

Viele dieser neuen Gewerbe, die sich ebenfalls in anderen »Branchen« bildeten (wenn auch nicht so weit verzweigt und differenziert wie hier in der Metallverarbeitung), schlugen sich in unseren Familiennamen nieder.

Ob die Menschen des Mittelalters sich jedoch stets mit ihrer Arbeit zufrieden gaben, wie ihnen von der Kanzel herab gepredigt wurde, ja, ob etwa Knechte und Mägde sich gar »berufen« fühlten, vielleicht »eine innere Berufung verspürten« – danach fragte man nicht. Es wäre auch eine damals undenkbare Frage gewesen, kurz: die Frage einer späteren Zeit. Diese entwickelte sich in der Epoche der Aufklärung, ja, sogar eher der der Romantik, als mit dem bürgerlichen »Ich« nicht nur die Freiheit des Willens, sondern auch die unaufhebbare Einsamkeit des Individuums zum Thema wurde. Beruf und Berufung als idealerweise zusammengehörig zu sehen, wurde bald zur Forderung von Künstlern und Philosophen – inzwischen spräche man wohl schlagwortartig von der Sehnsucht nach »Selbstverwirklichung«.

Rundum – wir gehen auf die Mitte des 19. Jahrhunderts zu – setzte währenddessen die Industrialisierung im großen Stil ein. Bald schrieb Marx über die Fremdbestimmtheit der Arbeit in den Fabriken; das Wort »Beruf« war nun längst von seinen früheren Bedeutungen und Zusammenhängen abgelöst.

Der Metzger.

Hieher/ wer Fleisch nit kan gerahten/
Zu Sieden / Kochen vnd zu Brahten/
Von Ochsen/Kelber/Schaffen.vñ schwein/
Gut / feist/die frisch gestochen seyn/
Gut vorricht/Kalbskópff / Fůß vnd Króß/
Kuttelfleck / Ochsenmägen sind nit böß/
Welcher mir bar Gelt zelet auff/
Dem wil ich geben guten Kauff.

ℒ Der

Ebenso, wie die Erinnerung an manchen Beruf verblasst war, da er nur noch als Name existierte oder in einer Redensart, wie der »Haftelmacher«, der im zu Sorgfalt und Genauigkeit anhaltenden Spruch »aufpassen wie ein Haftelmacher« bis ins 21. Jahrhundert überlebt hat. Dass der auch »Heftleinmacher« genannte Handwerker »Heftlein« und Ösen aus Draht anfertigte, ist dagegen weniger bekannt. Heftlein? Gemeint sind natürlich nicht die aus Papier, sondern kleine Spangen und Nadeln zum Zusammenhalten von Kleidern, wie uns »Grimms Wörterbuch« verrät.

Auch heute betrachten wir den Beruf eines Menschen noch als wesentlichen Teil seiner Identität. Doch in der neuen »Arbeitswelt«, mit ihren vielen kurzfristigen »Jobs« und schnell wechselnden Anforderungen, haben immer weniger Menschen lebenslang nur einen Beruf. Eine Spekulation: Wollte man jetzt, nach einer zugegebenermaßen exzentrischen Idee, den Einwohnern Österreichs, Deutschlands und der Schweiz neue Familiennamen zukommen lassen, würden Anzahl und Vielfalt der Berufsnamen, im Vergleich zu heute, wahrscheinlich schrumpfen. Jedenfalls wäre es schwieriger als im Mittelalter, eine Person nach ihrem Beruf zu benennen. Wenn jemand zwei oder mehr Berufe ausübt, nach mehreren Umschulungen z.B., und das eventuell noch gleichzeitig: Welchen sollte man dann zum Namen machen? Doch nun von der Spekulation zum *status quo*.

Allein zehn der zwanzig häufigsten Familiennamen in Österreich sind Berufsbezeichnungen (in Deutschland ist ihr Anteil noch höher), wobei wir zu dieser Namengruppe auch *Standes- und Funktionsnamen* zählen, wie z.B. *Schulz* »Bürgermeister« oder *Vogt* »Amtsperson mit rechtlichen Befugnissen«.

Kulturgeschichtlich sind Berufsnamen höchst aufschlussreich und zudem besonders vielfältig. Gerade sie spiegeln den Variantenreichtum der deutschen Sprache, regionale und mundartliche Eigenheiten sowie frühere Schriftsprachen wider. Zum Beispiel begegnet uns im deutschen Sprachgebiet der Berufsname *Tischler* u.a. als *Tischer*, *Schreiner*, *Schreinert* und der seines Kollegen im Schlachtgewerbe u.a. als *Fleischer*, *Fleischhauer*, *Fleischhacker*, *Metzger* und *Metzler*.

Dabei verraten uns diese Namen, aus welchen Regionen ihre ursprünglichen Träger stammen: *Fleischhacker* sagte man zum Beispiel in Graz oder Wien (wo es auch noch den *Selcher* gab), aber selten in München. Dort sprach man, wie in Frankfurt und Köln, eher vom *Metzger* (von mittelhochdeutsch *metzje*, *metzige* »Fleischbank«), der in Trier *Metzler* hieß (von lateinisch *macellarius* »Fleischhändler«). In Hamburg sagte man *Schlachter* und in Berlin *Schlächter*, in Dresden dann *Fleischer* usw.; natürlich gibt es noch mehr Varianten.

Was den *Tischler* angeht, so kommt er als Berufsbezeichnung verstärkt im Osten des deutschsprachigen Raumes vor, daher auch in Österreich. Interessanterweise gibt es hierzulande *Tischler* als Familiennamen weniger häufig als *Schreiner*, obwohl der *Schreiner* im Dialekt kaum mehr vorkommt. Früher existierten beide Berufsbezeichnungen nebeneinander, später wurde der *Schreiner* im Dialekt zurückgedrängt: Diese Erklärung gibt Konrad Kunze im »dtv-Atlas Namenkunde« – eine Empfehlung für alle, die sich intensiver mit

der Herkunft der Familiennamen beschäftigen möchten.
Auch längst verschwundene Berufsbezeichnungen leben in unserem Namengut weiter. So verweist der Name *Schindler* auf den »Schindelmacher« und *Schlosser* auf die Hersteller von Schlüsseln und Schlössern, die ihr Gewerbe übrigens schon recht früh von dem der Schmiede abgelöst hatten. »In Wien erhielten sie 1444 eine Handwerksordnung«, schreibt dazu Rudi Palla in seinem »Lexikon der untergegangenen Berufe«. Hier findet sich natürlich auch der *Wagner*, einst Hersteller hölzerner Räder und Fahrgestelle, den man heute nur noch dem Namen nach kennt, oder der *Weinzierl*, der in Weinbaugebie-ten wohnte und sich gegen Bezahlung um Weingärten kümmerte, die etwa Adeligen, Stadtbürgern oder der Kirche gehörten. Auch den *Köhler* treffen wir in Österreich nur noch als Familiennamen an, hauptsächlich in der Variante *Koller*, weniger häufig als *Kohler* bzw. *Koler*. Er lebte im Wald, wo er und seinesgleichen (als Köhler arbeiteten auch Frauen, Kränkliche sowie im Alter geschwächte Waldarbeiter) in Meilern Holz zu Holzkohle verkohlten, die etwa in der Eisenverarbeitung benötigt wurde.

Anders als der Beruf des Köhlers hat der des *Leitgeb* oder *Leutgeb* noch immer Konjunktur – wir kennen ihn als »Wirt«. Der Name *Leitgeb* stammt vom mittelhochdeutschen *lîtgëbe*, das wiederum mit *lît* »Obst- und Gewürzwein« zusammenhängt. Ein *lîtgëbe* oder *Leitgeb* war also ein Schankwirt, der *lît* ausschenkte. Nach dessen

Der Wagner.

Ich mach Räder/Wägen vnd Kärrn/
Roll vnd Reyßwägen / für groß Herrn/
Kammerwägen / den Frauwen klug/
Auch mach ich dem Bauwren den Pflug/
Vnd darzu auch Schleyfen vnd Egn/
Thus als mit gutem Holtz verlegn/
Ich arbeit hart bey meinen tagn/
Friges erfundn erstlich den Wagn.

a Der

Genuss musste man allerdings zu Hause übernachten oder einen *gastgebe* bzw. *Gastgeb* aufsuchen (der ebenfalls noch als Familienname existiert), denn der Leitgeb besaß nur eine Schankkonzession. Übrigens: Der Obst- bzw. Gewürzwein *lît* hängt auch mit dem Übernamen *Leihkauf(f)* bzw. *Leikauf(f)* zusammen, der auf dem mittelhochdeutschen *lîtkouf* beruht. Der *lîtkouf* war laut »Grimms Wörterbuch« ein »trunk beim abschlusse eines handels als zeichen des einverständnisses« – ein Brauch, der im Laufe des Mittelalters in Verruf geriet und verschwand. So könnte einer, der so genannt wurde, seiner Umgebung zum Trotz am Ende eines Geschäfts auf dem gemeinsamen Konsum von einem (oder einigen) Becher(n) *lît* bestanden haben ... Apropos: Auch ein Vorfahre des Buchhändlers Ernst *Litfass*, des Erfinders der Litfasssäule, hat den gewürzten Wein kredenzt oder hergestellt. *Litfass* ist somit ein *indirekter Berufsname*, wovon Sie bald erfahren.

Ist Ihnen aufgefallen, dass *Leitgeb* und *Schmid* nicht auf *-er* enden? Dieser produktiven Endung begegneten wir bereits bei den Herkunftsnamen. Sie entstand nach dem lateinischen *-arius* und wurde im Mittelhochdeutschen zur Bildung von Namen eingesetzt. Wo sie nicht vorkommt, haben wir es oft mit einer älteren Namensform zu tun, die manchmal neben einer neuen existiert, wie etwa *Beck* neben *Becker* »Bäcker«.

Hier noch einige Beispiele für Berufsnamen deutscher Herkunft, die man in Österreich findet. Manche sind sofort klar verständlich wie *Schuster*, *Schmied* oder *Schmidt* usw., *Müller*, *Müllner*, *Bauer*, *Glaser* und *Meßner* oder *Messner* (den man als Beruf auch »Mesner« schreibt).

Andere Familiennamen sind noch recht einfach zu deuten, wie *Brenner* für »Schnapsbrenner«; *Herter* für »Hirte«; *Kastner* oder *Kästner* für den Verwalter des »Kornkastens« bzw. Getreidespeichers; der bereits erwähnte *Koller* für »Köhler«; *Kornmesser* für den Getreide abmessenden Marktbeamten; *Marcher* für einen »Hüter der Grenzsteine«; *Scherer* für einen »Tuchscherer« oder einen »Barbier« bzw. »Haarscherer«; *Wurster* für »Wursterzeuger«. Ein Berufsname, auf dessen Herkunft Sie ad hoc vielleicht nicht so schnell kämen, ist *Fragner*. Er hat natürlich nichts mit dem Verb *fragen* zu tun. Das zugrundeliegende althochdeutsche Wort lautet vielmehr *phragina* »Schranke«, und ein *phragenari* war ein »Marktmeister«. Im Mittelhochdeutschen entstand daraus u.a. die Bezeichnung *phragener* bzw. *vragener* für einen »Klein- bzw. Lebensmittelhändler«, die uns der Name *Fragner* konserviert. Weder Marktstand noch Geschäftsgewölbe besaß hingegen der *Kraxner*; er war »Hausierer« und deshalb mit einer *Krachse*, einer »Rückentrage« unterwegs.

Einige Berufe deutscher Herkunft wurden in ihrer lateinischen Übersetzung zu Familiennamen. Im 15. Jahrhundert kamen mit dem Humanismus die klassischen Sprachen in Mode; Gelehrte, Gebildete sowie manche, die dazu gehören wollten, übersetzten ihre Namen ins Lateinische oder Griechische. Der weit verbreitete Familiennamen *Bauer* wurde zum gehobener klingenden *Agricola* latinisiert, aus einem *Bäcker* bzw. *Beck(er)* machte der klassische Humanist ein *Pistorius* (hierauf bzw. auf das lateinische *pistor* geht der schon erwähnte Name *Pfister* zurück). Aus *Schneider* wurde *Sartor(ius)*, aus Fischer *Piscator(ius)*, und die Nachfahren der *Weber*, deren Handwerk ans Schreiben, also das Verknüpfen verschiedener Handlungsstränge zu einem Text erinnerte, konnten sich nun stolz *Textor* nennen.

Neben diesen relativ spät latinisierten Namen gibt es in Österreich natürlich auch Berufsnamen romanischer Herkunft. Der Name *Purtscher* zum Beispiel fußt auf dem romanischen Wort *porcellus* »Ferkel« plus der lateinischen Endung *-arius* und bedeutet etwa »Schweinehirt bzw. -züchter«. Recht ähnlich entstand auch der bairisch-österreichische Berufsname *Fockenhuber* bzw. *Vockenhuber*, *Voggenhuber* »Schweinebauer«, aus dem mundartlichen *Fåck* »Schwein« und der Bezeichnung *Huber* für einen Bauern, der im Frondienst Ackerland in einer bestimmten Größe, einer *Hube* oder

Der Müller.

Wer Korn vnd Weitz zu malen hat/
Der bring mirs in die Mül herab/
Denn schütt ichs zwischen den Mülstein
Vnd mal es sauber rein vnd klein/
Die Kleyen gib ich treuwlich zu/
Hirsch/Erbeiß /ich auch neuwen thu/
Dergleich thu ich auch Stockfisch bleuwn/
Würtz stoß ich auch mit gantzn treuwen.
Der

*Hufe*, bewirtschaftete. Auch *Faber* »Schmied« und der bereits erwähnte *Maier* von lateinisch *maior (domus)* »Bewirtschafter eines Gutshofes« sind romanische Familiennamen.

Nun zu den Berufsnamen slawischer Herkunft. Erwartungsgemäß sind auch sie in Österreich zumeist tschechisch oder slowenisch, ersteres hauptsächlich im Raum Wien, zweiteres vor allem in Kärnten.

Beginnen wir im Norden (wobei ich aus Gründen besserer Lesbarkeit nie alle Schreibvarianten anführe). Häufig bei uns vorkommende tschechische Berufsnamen sind etwa *Bednář* bzw. *Bednar* »Fassbinder«; *Kovář*, *Kovar*, *Kowar* »Schmied«; *Mlynář*, *Mlynar*, *Mlinar* »Müller«; *Švec*, *Schwetz* und *Ševčík*, *Schefcik* »Schuster«; *Krejčí*, *Kreitschi* und *Krejčík*, *Kreitschik* »Schneider«; *Kadlec*, *Kadletz*, eigentlich *Tkadlec* »Weber«.

In Kärnten finden wir u.a. folgende typisch slowenischen Familiennamen: *Kovač*, *Kowatsch* »Schmied«; *Mlinar* und *Mlečnik*, *Mletschnik* »Müller«; *Tekalec*, *Tkalec* »Weber«; *Župan*, *Suppan* und *Županc*, *Suppanz* »Gemeindevorsteher, Bürgermeister, Vogt« (eigentlich »Gaufürst«) sowie *Klobučar* »Hutmacher«. Auch ins Slowenische entlehnte und dann umgeformte Berufsbezeichnungen finden wir hier, wie zum Beispiel *Šusterič*, *Schusteritsch* von »Schuster«, *Müllneritsch* von »Müller« und *Pauritsch* vom mundartlichen *pavɐr* »Bauer«.

Berufsnamen wie diese begegnen uns auch in Varianten aus anderen slawischen Sprachen. Zum Beispiel hat man es beim Familiennamen *Szewc* zumeist mit der polnischen Bezeichnung für »Schuster« zu tun. Herr *Schmid*, *Schmidt* usw. heißt mit polnischem Familiennamen *Kowal*; im Burgenland findet man ihn dann auf Kroatisch in ungarischer Schreibung z.B. als *Kovács*; in dieser Form kann man ihn auch in Ungarn treffen, wo er als Lehnwort zum Familiennamen wurde. Weitere ungarische Berufsnamen sind u. a. *Molnár* »Müller«, *Szabó* »Schneider«, *Halász* »Fischer«.

Womit wir auch die Namen zweier berühmter ungarischer Herren übersetzt hätten. Der 1938 in Budapest geborene Regisseur *István Szabó* wurde durch die Filme »Mephisto« und »Oberst Redl« international bekannt und mit ihm sein Hauptdarsteller, der Österreicher Klaus Maria Brandauer. Ins Deutsche übersetzt, hieße Szabo einfach »Stefan Schneider«.

Auch der Name des ungarischen Schriftstellers *Ferenc Molnár* (1878–1952) klänge auf Deutsch, zumindest hierzulande, wenig spektakulär. Molnár, vor seiner Zeit im amerikanischen Exil als Lebemann und Charmeur bekannt, verfasste u.a. das Theaterstück »Liliom«, die Geschichte eines Jahrmarktsausrufers, die sich seit Jahrzehnten auf den Spielplänen der Theater hält. Auf Deutsch hieße er *Franz Müller*.

Molnár hat sich auch bestens mit dem literarischen Stilmittel der »Metonymie« ausgekannt, das hier einmal vergröbert als Prinzip des *pars pro toto* bezeichnet sei. Man ersetzt, um eine bessere sinnliche Vorstellung zu erzielen, einen weiteren durch einen engeren Begriff, der mit jenem in Beziehung steht. Statt ein Ganzes nennt man einen markanten Teil, einen Bestandteil o.Ä. Zum Beispiel: »zehn Köpfe« statt »zehn Personen« oder »Er zog sein Eisen« statt »Er zog sein Schwert«.

Nicht anders entstehen ja manche Spitznamen. Da wird ein Mann, der überall seinen Hut aufbehält, gleich »der Hut« genannt; ein Sänger erhält aufgrund seiner besonderen Stimme in den Medien den Beinamen »The Voice«; ein Fotomodell kann in der Presse durch seinen schönen Körper zu »The Body« werden. In der Literatur dient die Metonymie dazu, etwas anschaulicher zu machen sowie Wiederholungen zu vermeiden. Letzteres, die Vermeidung von Wiederholungen, bedeutet im Hinblick auf Namen eher: die Vermeidung von Verwechslungen. Dies wiederum mag ein Grund dafür sein, dass wir auch Berufsnamen finden, die statt eines Berufs nur ein Detail desselben bezeichnen, etwa das Arbeitsmaterial, ein Werkzeug oder ein markantes Detail der Berufskleidung. Wir sprechen dann von *indirekten Berufsnamen*.

Von einem war ja bereits die Rede: *Litfass* – wo das Fass voller Obst- bzw. Gewürzwein zum Hinweis auf seinen Hersteller wurde bzw. auf einen Wirt, der aus einem solchen Fass ausschenkte. Ähnlich bezeichnet der Familienname *Knobloch* einen *Wurster*, der viel Knoblauch verwendete; *Hufnagel* stand für den »Hufschmied«. Dementsprechend deutet der Name des österreichischen Schauspielers *Peter Weck* auf einen Vorfahren hin, der als Bäcker auch oder vor allem »Wecken« buk. Der Nachname des Wiener Schriftstellers und Essayisten *Franz Schuh* passt ebenfalls hierher.

Natürlich finden wir bei den Namen slawischer Herkunft auch indirekte Berufsnamen. Im nächsten Abschnitt erfahren Sie mehr dazu, denn streng genommen gehören sie aufgrund ihrer Bildungsweise schon zu den *Übernamen*.

## Übernamen: Bundschuh, Adler, Sauerbier ...

Die *Übernamen* stellen die wohl größte und heterogenste Gruppe unter den Familiennamen vor. Wir Namensforscher differenzieren bis zu 14 Untergruppen, mit allerdings fließenden Übergängen.

Unter einem Übernamen versteht man einen Namen, der die Eigenheiten einer Person oder auch der von ihr ausgeübten Tätigkeit darstellt bzw. anspricht. So zahlreich die körperlichen oder charakterlichen Auffällig- und Merkwürdigkeiten, so vielfältig die Tätigkeiten von Menschen sind, so zahlreich und vielfältig sind auch die aus den Übernamen gebildeten heutigen Familiennamen. Natürlich zeigen sich auch hier, wie bei den anderen Namen, regionale sprachliche Unterschiede. Einen Menschen, der gerne trank – »den Becher stürzte« – bezeichnete man im deutschen Norden als *Störtebecker* und im Süden als *Stürzenbecher*. Der norddeutsche Übername *Knoop* oder *Knopp* für entweder einen Knopfmacher oder einen kleinen, rundlichen Mann hieß in Süddeutschland *Knopf*; in alemannisch beeinflussten Gebieten, wie Vorarlberg, wurde daraus die Form *Knöpfle* bzw. *Knöpfli*. – An diesen zwei Beispielen sehen Sie auch, dass zu den Übernamen zahlreiche ursprüngliche Spott- und Spitznamen gehören.

Aber beginnen wir mit dem Nächstliegenden, also den schon erwähnten Übernamen, die sich auf einen Beruf beziehen. In diesem Fall – Stichwort: als indirekte Berufsnamen – »rekrutieren« sie sich aus Wörtern, die Werkzeuge oder -stoffe ebenso wie Arbeitsgeräte und Erzeugnisse bezeichnen können: Ein Tischler konnte zum Beispiel nach seinem Werkzeug *Hobel* genannt werden, ein Glaser nach seinem Werkstoff *Glas*, ein Bauer nach seinem Arbeitsgerät *Pflug* und ein Wursterzeuger (den wir schon als *Wurster* kennen) nach seinem Erzeugnis *Wurst*.

Betreffen die Übernamen charakterliche Eigenschaften oder auch typische Eigen- bzw. Angewohnheiten einer Person, sind sie besonders vielfältig. Man könnte sagen, als Namen sind sie auf verschiedenste Weise »sprechend«: direkt (manchmal respektlos) benennend, spöttisch übertreibend, metaphorisch, lautmalerisch, als Echo und manches mehr.

Zum Beispiel sind viele Familiennamen, die einen hohen sozialen Rang bezeichnen, Übernamen. Wer *Kaiser*, *König* oder *Graf* heißt, *Herzog*, *Papst* oder ähnlich, hatte oft einen Vorfahren, der weniger hochwohlgeborenen als hochtrabend und ein wenig überheblich gewesen sein dürfte. Vielleicht war dieser Ahn auch bloß ein selbstbewusster Mann, den seine Zeitgenossen irrtümlicherweise für arrogant hielten; jedenfalls können wir Namen wie *Papst*, *Kaiser*

**Der Keyser.**

Römisch Keyserlich Maiestat
Helt mit sein Fürsten weisen Raht/
Wie er mit Keyserlichem gwalt
Das Römisch Reich schütz vnd erhalt/
Vnd aller Vngrechtigkeit wehr/
Dardurch erlang ruhm / preiß vnd ehr/
Wie Keyser Julius Cesar/
Welcher der erste Keyser war.

C iij Der

usw. als Hinweis auf einen lesen, der sich »für den Papst, Kaiser usw.« hielt. Aber es gibt noch andere Deutungsweisen: Vielleicht wurde ein Mann *Herzog* genannt, weil er im Dienst eines Herzogs stand, oder ein ande-rer *Bischof*, weil er einmal bei einem Mysterienspiel einen solchen dargestellt hatte.

Haben Sie jemals Fabeln gelesen? Schon in der Antike kannte man die kurzen, gleichnishaften Tiererzählungen, in denen die vorkommende Tieren bestimmte menschliche Eigenschaften besitzen: Der Fuchs ist listig, die Gans dumm, der Bär ist stark und ein eher schwerfälliger Denker, der Löwe natürlich königlich ... Auch im Mittelalter waren Tierfabeln beliebt; in Anlehnung an die biblischen Gleichnisse wurden sie auch als moralische Lehren gelesen. Weithin bekannt war der sogenannte »Physiologus«, ein Bestiarium, in dem verschiedene Tierarten alphabetisch und ihrem »Charakter« nach beschrieben wurden. Dass stets der Mensch gemeint, wenn vom Tier die Rede war, verstanden alle. So wundert es eigentlich nicht, dass unsere Vorfahren auch gerne auf allbekannte »sprechende« Tiernamen zurückgriffen; noch heute bezeichnen wir ja einen listigen Menschen als »Fuchs«. Nicht anders damals.

Der Familienname *Fuchs* kann daher ein Übername für eine schlaue, listige Person sein. Kann? Ein Fuchs hat ja noch andere Merkmale, etwa seinen rötlichen Pelz – und so wurden auch Rothaarige *Fuchs* genannt; auch einer, der einen Fuchs erjagt hatte, erhielt manchmal dessen Namen. Warum ein Mensch einen bestimmten Übernamen bekommt, können wir nur vermuten; um sicher zu gehen, bräuchte man genaueres biografisches Wissen. Gerade die in ihrem Wesen liegende Mehrdeutigkeit aber macht die Übernahmen rätselhaft und interessant. Der Name *Wider* bzw. *Widder* könnte etwa auf einen angriffslustigen Menschen verweisen und *Bär*, *Beer* oder *Peer* auf einen, der »stark wie ein Bär« war – falls es sich nicht um einen patronymischen Namen handelt, der auf eine Kurzform von *Bernhard* zurückgeht. Übrigens: Dem Namenkundler ist manches Tier mitunter keins; so kann etwa der Familienname *Hahn* auch auf einer Kurzform von *Johannes* beruhen und ein Patronym sein.

Ein weiterer Typ Übernamen spricht direkt an, was anderen an einer Person auffiel, seien dies hervorstechende körperliche Merkmale oder innere Eigenschaften, wobei man vor 700 bis 800 Jahren weniger dezent war als heute, wenn man ästhetische Benachteiligungen ansprach. Dicke Bäuche, große Nasen, Kahlköpfigkeit und Hinken nichts, was sich nicht im Namen niederschlagen konnte. Beispielsweise findet sich im »Lexikon österreichischer Familiennamen« auch *Tödling* und dazu die Deutung »Schimpfname für schwächlichen, sozusagen todgeweihten Menschen«. Ebenso direkt wurde auch Angenehmes benannt. *Schön*, *Schöne* oder *Schöner* nannte man etwa einen gutaussehenden Menschen.

Mit Angewohnheiten verfuhr man nicht anders. Wer *Trinkl* oder *Trinks* heißt, dessen Vorfahr war für seine Zeitgenossen bemerkenswert trinkfreudig – und das in einer Zeit, in der man europaweit, schon aus gesundheitlichen Gründen, Bier und Wein dem oft verunreinigten Wasser vorzog ... Der Name *Holaus* oder *Hollaus* weist auf einen Raufbold hin – von »Hol aus!« – und *Proxauf* – von »Brock es auf!« – auf einen Vielfraß oder auch einen Verschwender. Die beiden letzten Beispiele werden übrigens als *Satznamen* bezeichnet, weil der Name hier auf einem Satz beruht.

Manchmal sind auch einzelne Redewendungen zu Übernamen

geworden, typische Äußerungen der benannten Person, die dann der Name wiederholt, über Generationen hinaus; dann spricht man von *Echonamen*. Kein Familien-, aber ein als Echoname gedeuteter Beiname findet sich sogar als Straßenname in Wien, gegenüber dem Stephansdom. Hier erinnert die Jasomirgottstraße an Heinrich II., der gegen Ende des 13. Jahrhunderts den nicht mehr deutbaren Beinamen *Jochsamergott* erhielt, welchen der Volksmund zu *Jasomirgott* umdeutete und sich so erklärte, dass der Herrscher häufig »Ja, so mir Gott helfe« gesagt habe. Aus Sicht der Namenkunde lässt sich diese volksetymologische Erklärung allerdings nicht halten.

Bereits aus diesen wenigen Beispielen ist wohl ersichtlich, wie viele verschiedene Blickwinkel auf Menschen den Übernamen zugrunde liegen. Letztlich spiegeln sich in ihnen auch Weisen, die Welt zu betrachten. Die einfachste ist die direkte Benennung: Der Schlaue wird dann einfach »Schlau« genannt, der Schöne »Schön« (Übernamen wurden, was eine Besonderheit ist, auch aus Adjektiven gebildet); wer viel sprach, also »schnatterte«, wurde zum »Schnatterer« und wer oberflächlich arbeitete zum »Schludermann« usw.

Komplexer ist der bildliche Vergleich. Hier wird der Schlaue etwa zum »Fuchs«, einem Tier, das man mit derselben Eigenschaft verbindet. Aber, wie oben bereits gesagt, man kann den Rothaarigen ebenso nennen oder einen Menschen, dessen spitzes Gesicht und schmale Augenform vielleicht ein wenig an Meister Reinecke erinnern, oder einen Jäger und andere mehr. Sie sehen: Der Vorteil des bildlichen Vergleichs, der Metapher, ist ihre Anschaulichkeit, der Nachteil ihre Mehrdeutigkeit, wenigstens, wenn man nach ihrem Anlass sucht, nach nur einem markanten Merkmal. Aber dieses ist eben meistens mit jenem Menschen, der erstmals den Namen trug, dem man nachspürt, im Meer der Jahre versunken. Immerhin, uns bleibt nicht selten die Freude am Einfallsreichtum seiner Zeitgenossen.

Dieser zeigt sich auch in der dritten, bereits erwähnten Bildungsweise von Übernamen, der Metonymie. Hier wurde ein besonderes oder charakteristisches Detail aus dem Leben der Benannten herangezogen und als Namen verwendet. Das kann ein Werkzeug sein wie der *Hammer*, nach dem ein Schmied heißt, ein Monat, an dem ein Zins zu leisten war, oder auch ein Wochentag, etwa, wenn man an einem als glücksbringend angesehenen *Sonntag* geboren worden war.

Erhielt einer, der bei einem *Graf* in Diensten stand, den Titel seines Arbeitgebers als Namen, ist dies ebenfalls eine metonymische Benennung. Anders als beim bildlichen Vergleich für einen eher aufgeblasenen Menschen, den man spöttisch als (Möchtegern-) Graf bezeichnete, wäre in diesem Fall ein Aspekt der realen Lebenswelt auf den Namenträger verschoben worden. Verschoben? So nannte *Sigmund Freud* das Verfahren der Metonymie, das er zusammen mit dem der Metapher als Verdichtung für wesentlich bei der Bildung von Träumen ansah, also für eine elementare Methode der Psyche, Wahrnehmungen zu verarbeiten, zu »übersetzen« und so mit ihnen umzugehen.

Der Name *Freud* ist natürlich auch ein Übername; er stammt vom mittelhochdeutschen *vröude* »Freude« und bezeichnet einen »froh gesinnten« Menschen. Somit trägt der Begründer der Psychoanalyse einen Namen, der auf direkter Benennung beruht. Ebenso wie – wahrscheinlich – ein Zeitgenosse, der nicht viel von der neuen Wissenschaft der Seele hielt, sondern bemerkte, die Psychoanalyse sei die Krankheit, die sie zu heilen vorgebe: *Karl Kraus.* Sein Name könnte von einem »kraushaarigen« Vorfahren stammen. Eine zweite Deutung wäre nach dem mittelhochdeutschen *krūse* »Krug, irdenes Trinkgefäß« ...

Im Folgenden habe ich eine Übersicht zusammengestellt, die Ihnen Vielfalt wie Abwechslungsreichtum der Übernamen illustrieren soll. Es sind, wie gesagt, vierzehn Gruppen, mit fließenden Übergängen.

1. **Körperliche Kennzeichen und Körperteile:** Sie werden bezeichnet etwa in Namen wie *Kraus*, *Krause*, *Krauskopf* usw., *Strobl*, *Strobel* (»struppig«), *Groß*, *Großmann* usw., *Klein*, *Kleiner*, *Kleinert*, *Haupt*, *Schiller* (»Schieler«), *Schenkel*. Hier einige Beispiele slawischer Herkunft. Aus dem Tschechischen stammt der Übername *Malý* bzw. *Mally*, der »klein, kurz« bedeutet; die slowenische Form lautet *Male* bzw. *Malle*. Ein »Großkopf« erhielt den tschechischen Übernamen *Hlavač* bzw. *Hlawatsch*, und im Slowenischen wurde er *Glavač*, *Glavar* genannt. Aus dem Ungarischen stammen etwa *Nagy* »groß« und *Fekete* »schwarz bzw. dunkelhaarig«. (Erinnern Sie sich noch an unsere Liste zu Anfang des Kapitels? Hier finden Sie die deutsche Variante von *Fekete*, den Namen *Schwarz*, unter den zwanzig häufigsten Familiennamen in Österreich und Deutschland.)

2. **Geistige und charakterliche Eigenschaften, Gewohnheiten, Sprechweise:** Hierzu gehören Namen wie *Schnell*, *Klug*, *Kluge*, *Frühauf*, *Ohnesorg*, *Bier*, *Stürzenbecher*, *Zorn*, *Zänker*, *Stammler*, *Stotter*.

3. **Verwandtschaft, Alter, Geschlecht, zwischenmenschliche Beziehungen:** Sie kommen zum Ausdruck etwa in den Namen *Alt*, *Alter*, *Altmann*, *Jung*, *Jungmann*, *Oheim*, *Ohm*, *Vetter*, *Vetters*, *Freund*, *Gstrein* (für einen lange ohne Nachwuchs Gebliebenen, Spottname aus romanisch *castrone* »kastrierter Bock«).

4. **Weltliche und geistliche Würdenträger:** Namen dieser Art sind oft Spitznamen aufgrund des Verhaltens der so benannten Person, oder sie verweisen auf jemanden, der im Dienst eines Würdenträgers stand oder ihn schauspielerisch darstellte; hierzu gehören z.B. *Kaiser*, *Keyser* usw., *König*, *Ritter*, *Marschall*, *Probst*, *Vogt*. Ein Beispiel slawischer Herkunft ist der tschechische Familienname *Král* bzw. *Krahl* »König«; die slowenische Form lautet *Kralj*, als Familienname geschrieben *Kral* oder *Krall*, und die

polnische *Król* (abgeleitet wird das slawische Wort für »König« übrigens vom Namen *Karls des Großen*). Auch der tschechische Name *Knez*, *Knes* usw. passt hierher, denn er bedeutet »Priester«, im Unterschied zum slowenischen *Knez*, den man als »Fürst« übersetzt.

5. **Tiere und deren Körperteile:** Hier symbolisieren die Tiernamen Eigenschaften eines Menschen: *Adler*, *Falk* (beide nach dem Aussehen oder dem scharfen Blick), *Fuchs*, *Fux*, *Voss* usw. (»schlau, listig«), *Pfau* (»eitel«), *Storch* (nach dem Gang, nach dünnen, langen Beinen z.B.), *Hasenöhrl*, *Hosenedl* usw. (»hellhörig, wachsam«), *Hasenfuß* (»flink, furchtsam«). Aus dem Tschechischen stammt der Name *Kozel*, der auch in den Varianten *Kozlík*, *Kozlíček*, *Koslitschek* usw. verbreitet ist und »Bock, Ziegenbock« bedeutet; auf Slowenisch finden wir diesen Namen als *Kozel*, *Kozlik* und auf Polnisch als *Kozioł*. Natürlich erhielten auch im Tschechischen manche den Übernamen »Fuchs« – denn das bedeutet der Familienname *Liška* bzw. *Lischka*. Und *Kos* ist das tschechische Wort für »Amsel«; slowenische Formen des Namens sind *Kos* und *Kues*. (Neben der Amsel gibt es übrigens viele weitere Vogelarten, deren Namen zu slawischen Familiennamen wurden; mehr dazu siehe unten.) Aber enden wir mit einem gefährlicheren Tier, das zugleich der Nachname eines bekannten österreichischen Kabarettisten ist, allerdings auf Ungarisch: *Farkas* »Wolf«.

6. **Pflanzen und Früchte:** Gärtner oder Personen, die sich mit Blumen schmückten oder besonders gut aussahen, erhielten u.a. die Namen *Blum* oder *Blume*. Wer die angeblich Vampire in die Flucht schlagende Knolle *Knoblauch* oft verwendete, wurde manchmal nach ihr genannt, ebenso *Knobloch* bzw. *Knoblich* (auch als Name für Wursterzeuger, wenn sie viel Knoblauch benutzten). Auf Vorlieben oder Berufe können auch Namen hinweisen wie *Pilz*, *Pils*, *Pfeffer*, *Pfefferkorn*, *Haber*, *Haberl* (»Hafer«).

7. **Speisen und Getränke:** Auch wer wie folgend genannt wurde, pflegte entweder von Berufs wegen oder aus Neigung mit den erwähnten Kulinaria einen besonderen Umgang: *Senf*, *Senft*, *Sauerteig*, *Bier*, *Biermann*, *Dünnbier*, *Sauerbier* (für den Brauer von haltbarem Bitterbier oder einen unfreundlichen Wirt), *Dienstbier*. Nach dem Ende des »Ostblocks« wurde der Name *Dienstbier* als Name des ersten Außenministers der Tschechoslowakei bekannt; entstanden ist er im Mittelalter als Benennung für jemanden, der eine bestimmte Menge Bier als Dienstleistung abgeben musste, oder als Spitzname für einen Wirt, der dünnes Bier ausschenkte. Tschechischer Herkunft sind dagegen *Buchta* »Buchtel, Wuchtel« und *Smetana* »Rahm« (so auch slowenisch).

8. **Kleidung:** Hierzu gehören Namen wie *Blauärmel*, *-hut*, *-rock*; *Kapp*, *Kappe*, *Kappler* (wobei das mittelhochdeutsche *kappe* einen »mantelartigen Umhang«, also eine Art Cape bezeichnet, sofern nicht die Narrenkappe gemeint ist); *Schuh*, *Schuch*, *Bundschuh*. Diese Namen können auf die Erzeuger bestimmter Kleidungsstücke ebenso verweisen wie auf deren Träger. In früheren Zeiten signalisierte die Kleidung auch den Stand. Der *Bundschuh* war zum Beispiel ein für die Kleidung der Bauern typischer Schnürschuh. Er wurde deshalb in den Bauernaufständen im 16. Jahrhundert als Symbol betrachtet und als Feldzeichen eingesetzt (siehe auch »Duden Familiennamen«).

9. **Rohstoffe und Arbeitsmaterialien:** Entsprechende Familiennamen verweisen oft indirekt auf einen Beruf, z.B. *Glas*, *Leder*, *Rohleder*, *Bleiweiß*.

10. **Arbeitsgeräte, Werkzeuge und Gefäße, Produkte:** Auch diese Namen künden – pars pro toto – oft von Berufen, in denen sie gebraucht oder hergestellt werden. Entsprechende Familiennamen sind etwa *Hammer*, *Hobel*, *Nagel*, *Kober*, *Köber* (»Korb,

Tasche, Fischreuse«), *Kesselring*, *Hackel*, *Hackl* (»Hacke«, etwa bei Fleisch- oder Steinhauer).

11. **Waffen und Rüstung:** Übernamen wie diese beziehen sich ebenfalls zumeist auf den Träger oder den Hersteller (einer Waffe oder Rüstung): *Harnisch*, *Hornisch*, *Pfeil*, *Lanz*, *Degen* (»Dolch«; kann als Übername aber auch »Held, Krieger« bedeuten).

12. **Münzen, Maße und Gewichte sowie Zahlen und alles, was damit zusammenhängt:** Auf Münzen beziehen sich die Familiennamen *Schilling* und *Heller* bzw. *Haller*; sie können darauf hinweisen, dass jemand eine Abgabe entrichten musste. Ein Holzgefäß und Hohlmaß für Getreide und Salz war der *Scheffel*; als Familienname bezeichnet er zumeist einen, der einen »Scheffel« bei der Arbeit benutzte oder diese Gefäße anfertigte. Hingegen verweisen Namen wie *Zwölfer* und *Zwanziger* meistens auf das Mitglied einer Körperschaft, die bei den genannten Namen aus zwölf bzw. zwanzig Personen besteht. Auf Geld und Geschäft bezogen sind auch Namen wie *Habenicht* und *Leikauf* (»Gelöbnistrunk beim Abschluss eines Handels«).

13. **Religion und Brauchtum, Mythologie und Aberglaube:** Wer als wild, boshaft, hinterlistig u.a. galt, den nannten andere mitunter *Teufel*, *Deibel*, *Teifel* usw.; manchmal hatte ein Träger dieses Namens aber nur im alljährlichen Mysterienspiel den Herrscher der Hölle gegeben. Zu Familiennamen wurden auch *Ungeheuer*, *Rosenkranz*, *Kirchtag* bzw. *Kirmes*, *Kirmse* »Kirchweihfest« (der Hinweis auf eine Kirmes kann sich z.B. auf eine Person beziehen, die nicht gerne arbeitete; ähnlich dem Namen *Feyerabend*).

14. **Zeit und Wetter:** Manchmal sind Tages-, Monats- oder Jahreszeitennamen als Anspielungen auf einen Abgabetermin zu deuten. Geläufige Familiennamen sind etwa: *Hornung* (»Feb-

ruar«), *Mai*, *May* usw., *Mittag*, *Freitag*, *Sommer*, *Herbst*. Ein tschechischer Übername, der auf eine Jahreszeit verweist (und im Slowenischen gleich lautet) ist etwa *Zima* bzw. *Sima* für »Winter«. Wetterangaben im Namen beziehen sich dagegen oft auf die Wesensart eines Menschen: *Sturm* bzw. *Storm* oder *Ungewitter* hieß dann vielleicht ein heftiger, aufbrausender Mensch und *Frost* einer, der kalt und gleichgültig wirkte. Auch im Tschechischen kennt man diesen Übernamen für frostige Menschen – hier heißt er *Mráz* (slowenisch *Mraz*, polnisch *Mróz*, *Mrózek*, *Mrosek*).

Im Großen und Ganzen können wir auch die slawischen Übernamen in diese Gruppen einordnen. Es gibt jedoch zwei Besonderheiten, die sie von den Namen deutscher Herkunft unterscheiden. Dies sind einmal die zahlreichen »Vogelnamen« sowohl im Tschechischen als auch Slowenischen sowie dann die von Verben gebildeten Übernamen auf *-l*.
Zu ihnen gehört z.B. der Nachname des Autors von »Der Mann ohne Eigenschaften«, *Robert Musil*. Der Name *Musil* geht zurück auf das tschechische Verb *musit* »müssen« und bedeutet so viel wie »er hat gemusst bzw. müssen«. Wer nur ein wenig über Robert Musils jahrzehntelange Arbeit an seinem unvollendet gebliebenen, großen Roman weiß, wird jetzt in Versuchung geraten, seinem Namen eine generationenübergreifende, sprechende Komponente zuzubilligen.
Was bei dem Namen des ehemaligen österreichischen Bundespräsidenten *Thomas Klestil* nicht passierte. Dieser stammt vom Verb *klestit* »stutzen, ausschneiden«; *Klestil* heißt also »er hat gestutzt bzw. abgeschnitten«. Das heißt aber nicht, dass wir nun leicht auf einen Beruf schließen könnten, etwa den eines Baders, wo das Stutzen und Abschneiden von Haaren zum täglichen Handwerk gehörte. Die tschechischen Namen auf *-al* und *-il* (selten auch *-el* und *-ul*) werden, wie wir sahen, aus Verben gebildet und zeigen ein

Ereignis oder ein Erlebnis an, das für den ersten Namensträger eine Rolle spielte. Sie benennen, anders als die meisten Namen deutscher Herkunft, eine entscheidende oder typische Handlung. So heißt *Navratil* »der heimgekehrt ist« und *Doležal*, *Doleschal* »der liegen geblieben ist« (ein Übername für einen »Faulenzer«). *Dohnal* heißt »der eingeholt bzw. das Ziel erreicht hat« und *Dostal*, auf dem Verb *dostat* beruhend, »der bekommen hat« bzw. »der ausgeharrt, sein Versprechen gehalten hat«. Und wer *Pospíšil* bzw. *Pospischil* heißt, dessen Name wurde durch einen Vorfahren geprägt, »der sich beeilt hat«. Namen wie diese sind vor allem für Mähren typisch gewesen.

Nun zur zweiten Besonderheit: den Vogelnamen. Sie waren im ganzen slawischen Sprachraum beliebt und können entweder im Sinn eines bildlichen Vergleiches, d.h. als Metapher, gedeutet werden oder metonymisch, als Hinweis auf einen realen Vogel, der für den Namensträger eine Rolle spielte (er könnte z.B. Vogelfänger gewesen sein). Ein typischer Vogelname ist der in Wien oft vorkommende, tschcchische Name *Kavka*, *Kafka* »Dohle«, der durch den Schriftsteller *Franz Kafka* in der ganzen Welt bekannt wurde. Mehr oder minder in Österreich verbreitet sind auch die folgenden, aus dem Tschechischen stammenden Namen: *Čížek* bzw. *Cizek* »Zeisig«; *Čermák* bzw. *Cermak* »Rotkehlchen«; *Havran* »Rabe«; *Slavík* bzw. *Slawik* »Nachtigall« (polnisch *Słowik*, geschrieben auch *Slowick*); *Sova* bzw. *Sowa* »Eule«; *Sokol* »Falke«; *Strnad* »Goldammer«; *Vrána* »Krähe«.

Und hier noch einige der vielen slowenischen Vogelnamen, die man besonders in Kärnten findet: *Strnad* bzw. *Sternad*, *Sternat* »Goldammer«; *Kos* und auch *Kues* »Amsel«; *Šoja* bzw. *Schoier*, *Tschojer* »Eichelhäher«.

## Familiennamen aus anderen Sprachen

Natürlich treffen wir in Österreich auch auf Familiennamen, die weder deutscher noch slawischer Herkunft sind. Bereits erwähnt wurden ja schon einige Namen aus dem Ungarischen (das nicht zur slawischen Sprachfamilie gehört) und dem Romanischen. Aus der Zeit, als noch Teile Italiens in habsburgischem Besitz waren, sind uns darüber hinaus noch einige italienische, in Kärnten auch furlanische (die im benachbarten Friaul gesprochene Sprache) Namen geblieben; sie gelangten vor allem durch Zuwanderer ins heutige Bundesgebiet.

Venedigbesucher kennen das italienische Wort *vaporetto* für einen »kleinen Dampfer bzw. Barkasse«. Die Endung *-etto* ist eine Verkleinerungsform. Auch der italienische Name *Casparetto* enthält dieses Diminutiv, heißt also auf Deutsch »der kleine Kaspar« (Sohn eines Kaspar). Auf *Casparetto* wiederum beruht *Kaspret*; das ist ein für Kärnten typischer Familienname italienischer Herkunft, ebenso wie der Name *Markolin*, ein Patronym zu *Marcus*, und der Name *Capellari* bzw. *Kappellari*, der »Messner bzw. Mesner« bedeutet.

Furlanischer Herkunft sind *Fillafer* von *filafer* »Drahtzieher«; *Majeron* von *majaròn* »Majoran«; *Planton* von *plantòn* »Setzling, geteilter Ast« (in übertragener Bedeutung »Hinkender«). Der furlanische Name *Legat* von *legât* ist uns allerdings auch ohne Übersetzung deutbar, da die Bezeichnung »Legat« für einen (kirchlichen) Gesandten ins Deutsche übernommen wurde.

Außerdem sind in den letzten Jahrzehnten durch Zuwanderung zahlreiche neue Familiennamen nach Österreich gekommen: vor allem moslemisch-slawische (bosnische) und albanische aus den Balkanländern, weiters orientalische, vor allem türkische. Auf ihre Erörterung haben wir aber bewusst verzichtet, da sie den Rahmen dieses Buches sprengen würde.

Nun möchte ich noch auf die jüdischen Familiennamen im deutschen Sprachraum eingehen. Seit dem späten Mittelalter gab es hierzulande, vor allem in Wien und im Burgenland, immer wieder bedeutende jüdische Gemeinden auf österreichischem Boden und somit als Teil der österreichischen Geschichte.

## Jüdische Familiennamen

Die Juden führten seit eh und je sehr häufig als Beinamen den des Vaters; hier als Beispiel der Name *Aron Ben Jakob* »Aron, Sohn des Jakob« (hebräisch *Ben* heißt »Sohn«). Seit dem 15. Jahrhundert kamen in Angleichung an die Entwicklung in der deutschsprachigen Umgebung auch jüdische Familiennamen auf, doch in großem Umfang gab es sie erst seit dem ausgehenden 18. Jahrhundert.
1782, ein Jahr nach den Toleranzpatenten für die Protestanten, Calvinisten und Griechisch-Orthodoxen, erließ Joseph II. ein Toleranzpatent für die Juden, in dem er ihnen bürgerliche Gleichheit mit den Katholiken zusicherte, was u.a. das Recht der Religionsausübung und des Schul- und Universitätsbesuchs sowie das Ende der in Österreich bis dato noch vorhandenen, restriktiven Kleiderordnung für Juden bedeutete. Verboten blieb ihnen jedoch nicht nur der Grundstückserwerb, sondern auch die Gründung einer Gemeinde und der öffentliche Gottesdienst.
1787 wurde durch einen Erlass auch den jüdischen Bürgern Österreichs vorgeschrieben, feste Familiennamen zu führen. Diese sollten sich nicht mehr von »deutschen« unterscheiden; Namen, die die jüdische Herkunft des Trägers deutlich zeigten, wie etwa Namen aus dem Alten Testament, waren also verboten.
Doch die Juden konnten ihre neuen Namen nicht immer frei wählen; für den Westen Galiziens (und nur für hier) ist etwa bezeugt, dass die für die Namenvergabe zuständigen Commissäre »schöne« Namen gegen ein Bestechungsgeld vergaben. Wer dafür zu arm war, dem gab man einen abfälligen Namen, der wie ein Schimpfwort wirkte. Als »Namen der Häme« hat die Wiener

Namenforscherin Anna Staudacher diese antisemitischen Komposita treffend bezeichnet; in ihren Publikationen analysiert sie diejenigen, die noch erhalten blieben ebenso wie die, die später geändert wurden.

Hier einige »Namen der Häme« (auch »Ekelnamen« genannt), die ihre unfreiwilligen Träger per Antrag ändern ließen: *Saurüssel* wurde durch *Sauer* ersetzt, *Esel* durch *Edel* oder *Nessl*, *Schweindl* durch *Schwendl* und *Schnupftaback* durch *Schmidt*. Wie man sieht, blieben die Anlaute (die Wortanfänge) meist erhalten.

Vergleiche deutscher Namensforscher zwischen den jüdischen Namen in antisemitischen Schriften und dem Berliner Adressbuch von 1929 ergaben übrigens, dass die meisten solcher abfälligen Namen auch, und oft häufiger, unter Nichtjuden verbreitet waren. Man kann jetzt bitter weiterdenken, dass es ja letztlich besonders die »schönen« Namen waren, die dann von den Nationalsozialisten (und ihren zahlreichen Vorgängern) diffamiert wurden, Namen wie *Lindenfels*, *Morgentau, Rosenduft* oder *Mandelbaum*, die der Zeitgeschmack um 1800 als poetisch empfand und die man vielleicht einst voller Freude ausgesucht hatte. Es handelt sich bei ihnen um Übernamen, die einer Person aber nicht, wie sonst üblich, von ihrer Umgebung »verpasst« wurden, sondern die man selbst auswählte. Sie können auch als Phantasienamen bezeichnet werden, die in der Regel keine Hinweise auf Berufe, Herkunftsorte bzw. Charaktereigenschaften ihrer ersten Träger enthalten. (Ähnlich sind übrigens viele schwedische Familiennamen.)

Im Zuge des wachsenden Antisemitismus ab der zweiten Hälfte des 19. Jahrhunderts und manchmal, weil sie zum Christentum konvertiert waren, beantragten auch Träger dieser »schönen«, von den Antisemiten quasi markierten Namen eine Änderung. (So gab es z.B. in Preußen zwischen 1840 und 1932 nicht nur bei typisch jüdischen Namen wie *Cohn* bzw. *Kohn* und *Levy* bzw. *Lewy* eine »Namenflucht«, sondern auch bei *Rosenthal* oder *Rosenbaum*.)

Auch jüdisch klingende Vornamen wurden oft geändert, zum Beispiel *Abel* zu *Albert*; *Abraham* zu *Alfred*, *Adolf* oder *Wolf*; *Chaim* zu *Heinrich* oder *Karl*; *Pinkas* zu *Philipp* oder *Paul*.

Betrachten wir nun noch – nach den selbstgewählten Übernamen – die restlichen drei Typen jüdischer Familiennamen. Bei den Patronymen fällt besonders auf, dass sie auf Namen beruhen, die für die christliche Bevölkerung unüblich waren. Als Familiennamen findet man zum Beispiel *Levi* bzw. *Levy*, *Levison* für »Sohn des Levi«; *Mendel* bzw. *Mendelson* für »Sohn des Emmanuel«; *Itzig* für »Sohn des Isaak«.

Die beiden letzten dieser Namen kennt man übrigens in Zusammenhang mit der Geschichte der jüdischen Emanzipation zur Zeit der Aufklärung als die zweier befreundeter Männer: des Philosophen *Moses Mendelssohn* (er war auch der Großvater des Komponisten Felix Mendelssohn Bartholdy) und des Berliner Bankiers *Daniel Itzig*. Dessen Tochter *Fanny von Arnstein* führte in Wien einen bedeutenden Salon, den selbst Joseph II. besuchte. Ihr Mann *Nathan von Arnstein* war einer der Hoffaktoren, d.h. der Bankiers des Kaiserhauses (sein Name stammt wahrscheinlich vom Vornamen *Aron* sowie der Endung *-stein*).

Einer seiner Vorgänger in diesem Metier war im 17. Jahrhundert *Samuel Oppenheimer*. Der Hoffaktor Leopolds I. soll uns hier vor allem namentlich daran erinnern, dass auch Herkunftsnamen bei den Juden verbreitet waren, wie z.B. noch *Berliner*, *Hamburger*, *Schlesinger* (»Schlesier«). Auch Hausnamen finden wir oft; zu ihnen gehören etwa *Rothschild*, *Nussbaum*, *Stern*.

Ein sehr häufig vorkommender Berufsname ist *Kohn* bzw. *Cohen*, *Cahn* »Priester«; er liegt auch teilweise dem ebenfalls verbreiten Namen *Katz* zugrunde, der sich vom hebräischen *kohen-zedek* »Priester der Gerechtigkeit« herleitet. Auch *Singer*, *Sänger* und *Kantor* sind Berufsnamen, die, zumindest im Judentum, vor allem in religiösem Zusammenhang stehen.

## Handke, Mozart, Fischer – eine Handvoll berühmter Namen

Einen Namenkundler verleiten sogar die tägliche Zeitungslektüre, das Hören von Radionachrichten mitunter zum Forschen; immerhin lädt jeder Name zu einem Ausflug in die Vergangenheit ein. Lassen wir doch einmal einige bekannte Personennamen Revue passieren, schauen wir eine Weile zu, wer sich zu wem gesellt. Auf dem Feld der Namen ergeben sich oft Verwandtschaften, die im Leben undenkbar wären. Flanieren wir doch an ihnen vorbei: den Namen von Lebenden oder Toten, die man in Österreich kennt. Und in ihrer Bedeutung oft doch nicht kennt ...

Beginnen wir mit einem alten Bekannten, dem Vornamen *Johannes*. Wussten Sie etwa, dass die in ihren Werken so gegensätzlichen Autoren *Ernst Jandl* und *Peter Handke* nicht nur einander ähneln, sondern auch dem deutschen »Turnvater *Jahn*« sowie unserem aktuellen Wissenschaftsminister *Johannes Hahn* – wenn man nur ihre Namen ansieht? Sie alle bedeuten: »Sohn des Johannes«. *Jandl*, *Handke*, *Jahn* und *Hahn* sind somit Vatersnamen oder Patronyme.

Der für den Namen verantwortliche Vorfahr des Dichters *Ernst Jandl* stammte wahrscheinlich aus Süddeutschland oder Österreich, denn hier wurde und wird die Endung *-(e)l* zur Verkleinerung eingesetzt (anstatt des hochdeutschen *-lein*; Sie erinnern sich? Ich sprach schon einmal davon). Verbunden mit *Ja(h)n*, einer Kurzform für *Johannes*, bedeutet es »der kleine Ja(h)n bzw. Johannes«. Der Vater von Ernst Jandls Vorfahr hieß wahrscheinlich *Jan* – eine tschechische Variante, die wir auch in den tschechischen Verkleinerungsformen *Janaček* bzw. *Janeček* finden, die zu *Janisch*, *Jantsch* usw. eingedeutscht wurden.

*Jahn* wiederum ist eine Form, die man vor allem im Norden Deutschlands findet, womit wir zum »Turnvater« *Jahn* gelangen, genauer zu *Friedrich Ludwig Jahn*, seinerzeit deutschnational gesinnter Streiter für den Turnsport, welchen er als ideales Mittel zum Fördern der Wehrfähigkeit junger Männer ansah; sein Name ist niederdeutsch (wie man die in Norddeutschland gesprochene Mundart auch nennt).

Anders verhält es sich bei *Peter Handke*; der Nachname des in Kärnten geborenen Autors beruht auf einer slawischen Ableitung von *Johannes*, wie *Hanek* oder *Hanka*, die eingedeutscht wurde.

Der Nachname von *Johannes Hahn* geht wiederum auf den Vornamen *Hans* zurück. Von seiner Bedeutung her ist der Vorname des Wissenschaftsministers mit seinem Nachnamen ident. (Manchmal ist *Hahn* auch ein Übername und meint tatsächlich den Vogel). *Hans* ist übrigens die häufigste Kurzform des Namens *Johannes*, der übrigens am Ende des Mittelalters der beliebteste Taufname war, weshalb sich jetzt viele weitere Nachnamen aufzählen ließen, die alle auf *Johannes* zurückgehen; einige von ihnen, wie *Johnke*, *Jansen* oder *Jensen*, wurden ja schon bei den Patronymen erwähnt. Aber sie haben noch eine Menge namentlicher Verwandte wie *Hamann*, *Henning*, *Hänsel*, *Janzen* und *Jentsch*; eine romanische Variante lautet etwa *Januth*, eine slawische *Janosch*, eine tschechische *Hanusch* – unter anderen.

Abschließend noch ein letztes Beispiel aus der langen Reihe der *Johannes*-Varianten: der Nachname *Herbert von Karajans*. Hierbei handelt es sich wohl um einen Namen griechischer Herkunft, vergleichbar mit *Karagiannis*, einer Zusammensetzung des türkischen *kara* »schwarz« mit dem griechischen *Jannis* »Johannes«. Und mit diesem Sohn eines dunkel- oder schwarzhaarigen Johannes verabschieden wir uns endgültig von dem so weit versippten Namen. Schließlich gibt es auch noch andere.

Wie *Nikolaus*, ebenfalls beliebt und nach Johannes zweithäufigster Vorname im Mittelalter. Wir trafen ihn schon im Zusammenhang mit *Susi Nicoletti* bei den Patronymen. *Nikolaus* wurde seit dem 4. Jahrhundert durch den legendenumwobenen heiligen *Nikolaus von Myra* populär, dem übrigens noch zu

Beginn des 20. Jahrhunderts in Österreich rund 115 Kirchen geweiht waren.

Wie bei *Johannes* gibt es eine Unmenge Varianten von Familiennamen, die alle auf *Nikolaus* beruhen; ich möchte hier nur wenige nennen und ihre prominenten Träger und Trägerinnen nebeneinander stellen (Frau Nicoletti wartet bereits). Da wäre zuerst *Hermann Nitsch*, Künstler und Schlossherr im niederösterreichischen Prinzendorf. Sein Name ist eine Kurzform von Nikolaus, ähnlich wie *Nitsche*, *Nitschke* und *Nietzsche*. Friedrich Nietzsche? Ja, der auch. Immerhin eine hübsche Koinzidenz, da der 1844 im deutschen Röcken geborene Philosoph, der heute als wichtiger Vordenker der Moderne gilt, auch eine wichtige Inspirationsquelle des Künstlers *Nitsch* darstellt. Vor allem für Nitschs als Gesamtkunstwerk angelegtes »Orgien Mysterien Theater« ist Nietzsches Schrift zur »Geburt der Tragödie aus dem Geist der Musik« von grundlegender Bedeutung. Ob der Künstler weiß, dass er auch namentlich mit dem Philosophen verbunden ist?

Neben diese beiden könnte man jetzt die ehemalige, langjährige »Landeshauptfrau« der Steiermark platzieren: *Waltraud Klasnic*. Auch ihr Nachname kann von einer Kurzform zu *Nikolaus* abgeleitet werden, nämlich vom slowenischen *Klasen*. Allerdings gibt es, wie so oft, hier noch eine andere Deutungsmöglichkeit; sie beruht auf dem slowenisch-kroatischen *klasje* »Ähre«. *Klasnic* wäre in diesem Fall ein Übername, vielleicht für einen Bauern.

Und hier noch einige der auf *Nikolaus* fußenden Familiennamen; im Süden des deutschen Sprachraumes wurden sie vor allem aus der ersten Hälfte des Namens gebildet, wie *Niggl*, *Nigl*, *Nickl* (auch: *Jungnickl* und andere Zusammensetzungen). In den verschiedenen Sprachen und (allein bereits den deutschen) Dialekten entstand ein großes Spektrum an Varianten, darunter die folgenden, bunt zusammengewürfelt: *Nicola*, *Nicolai*, *Nicklasch*, *Nickchen*, *Kohlhaas*, *Claus*, *Klauser*, *Lais*, *Laus*, *Klose*, *Klee*, *Klages*, *Klaj*, *Kleu*, *Kleps* u.v.m. So unterschiedlich diese Namen anmuten: Ihrer Herkunft nach sind sie verwandt; in ihrer Vielfalt erzählen sie von der staunenswerten Vielfalt der Dialekte und damit verbundenen kulturellen Ausprägungen, in – diesmal sei bewusst, und nicht ganz korrekt, die Mehrzahl gebraucht – unseren und den uns benachbarten »Sprachräumen«.

Jetzt aber weiter auf unserem Streifzug durch die Reihen der Prominenz. Auch der ehemalige Kanzler *Viktor Klima* und der Jugendstil-Maler *Gustav Klimt* sind quasi patronymisch verwandt; beider Nachnamen gehen zurück auf das slawische *Kliment* »Klemens«, einen aus dem Lateinischen stammenden Vornamen mit der Bedeutung »der Milde«.

Ein in dieser Hinsicht weiteres ungleiches Paar stellen auch der Sänger *Wolfgang Ambros* und der ehemalige (1988/89) Kärntner Landeshauptmann *Peter Ambrozy* dar: Ihre Nachnamen gehen zurück auf den heiligen *Ambrosius*, Patron der Bienenzüchter und Haustiere. Ambrosius lebte im 4. Jahrhundert, war Kirchenvater und Bischof von Mailand; sein Name bedeutet »unsterblich, göttlich«.

»Unsterblich« und »göttlich« sind zwei Adjektive, die immer wieder zur Beschreibung der Musik *Mozarts* verwendet werden. Anlässlich seines 250. Geburtstags im Jahr 2006 war der Name des musikalischen Genies nicht nur überall, sondern auch in Kombinationen zu lesen, die das gewohnte Angebot zwischen Mozartkugel und -torte aufs Bizarrste zu sprengen imstande waren. Letzteres etwa im Supermarkt: Mozartwurst und Mozartjoghurt, Mozartknödel usw. Bei aller Popularität und Beliebtheit des Wunders Mozart fragt sich, ob nicht auch sein Name (soweit überhaupt isoliert denkbar) bei dieser immensen Vermarktung eine – zwar winzige – Rolle spielte. Nicht wenige Menschen lesen aus ihm das schöne Wort »zart« heraus und empfinden dabei prinzipiell eher Wohlklang.

Diejenigen aber, die vor Jahrhunderten einen der ihren so nannten, dachten anders. *Mozart* ist ein Übername alemannischer Herkunft, und das ihm zugrundeliegende *motzen* oder *motschen* heißt »der im Schlamm herumrührt, stochert; der unsauber arbeitet«. Diese nicht eben freundliche Charakterisierung wurde mit *-hart* (auch *-hard*) kombiniert, einer Wortendung, mit der man oft Spottbezeichnungen bzw. spöttische Personennamen bildete. Sie verbindet *Mozart* übrigens mit dem Minnesänger *Neidhart* von Reuenthal, der im Hochmittelalter am Wiener Hof Leopolds VI. lebte. Sein Name bedeutet »neidischer Mensch«. Doch wir wissen: Ein Name sagt mitunter mehr über diejenigen aus, die ihn vergeben, als über den, der ihn erhält. – Die Mozarts jedenfalls stammten aus Augsburg, wo sie sich im 14. Jahrhundert noch *Motzhart* schrieben. So hätte man wohl keine Torte genannt.

Ein wenig irreführend ist auf den ersten Blick auch der Name von *Joseph Haydn*. Der kleine, rundliche Komponist, der ein Faible fürs Angeln und Jagen besaß, hätte sich alternativ ohne weiteres »Heiden« schreiben können. Und darauf verweist sein Name, zumindest in einer möglichen Deutung: auf einen »Heiden«. Was aber nicht direkt verstanden sein will. Der Komponist der »Kaiserhymne« (nach deren Melodie auch das »Deutschlandlied«, 1922 zur deutschen Nationalhymne geworden, gesungen wurde) besaß keinen Vorfahren, der noch im Mittelalter etwa Anhänger einer Naturreligion – in christlicher Diktion »Heide« – gewesen wäre. Vielmehr fiel der Übername »Heide(n)« denen zu, die an einem Kreuzzug teilnahmen, also ins »Land der Heiden« reisten. Ihre Nachfahren heißen heute *Haydn*, *Heid* oder *Haid*.

Es gibt noch eine zweite, weniger abenteuerliche Deutung zu *Haydn*. Demnach könnte es sich auch um einen Wohnstättennamen handeln, für jemanden, der »an der Heide« wohnte. In Österreich und Süddeutschland bildete man hierzu meistens den Namen *Haider* – womit wir wieder bei einem Politiker der Gegenwart angelangt wären. Und bei allen anderen, deren Nachname dem von *Jörg Haider* gleicht.

Aber vorerst zurück zur Musik. Unter den berühmten, österreichischen Komponisten tragen natürlich manche Berufsnamen, so der 1797, sechs Jahre nach Mozarts Tod, in Wien geborene *Franz Schubert*. Sein Nachname stammt vom mittelhochdeutschen *schouchwürhte* u.ä. für »Schuhmacher«. Dem wichtigen Beruf gemäß ist *Schubert* als Familienname recht weit verbreitet, vor allem im östlichen Deutschland. Und es gibt natürlich weitere, ähnliche Name, die von einem »Schuster»-Vorfahren künden; hierzu gehören *Schuchart*, *Schuch*, *Schuh* und *Schuhmacher* ebenso wie der von Schuberts deutschem Kollegen *Robert Schumann* und seiner Frau Clara, einer bekannten Pianistin und Komponistin. Manchmal allerdings weisen Übernamen wie *Schuch*, *Schu* oder *Schuh* nicht auf den Hersteller, sondern den Träger von – diesfalls auffälligen – Schuhen hin.

Einen Berufsnamen trug auch *Gustav Mahler*, der genau 100 Jahre nach Schuberts Geburt den so begehrten wie heiklen Posten eines Hofoperndirektors in Wien antrat. Fußend auf dem mittelhochdeutschen *malaere* bzw. *maeler*, kann der beim Namen *Mahler* gemeinte Beruf »Maler« entweder einen Anstreicher oder einen Künstler bezeichnen.

Dagegen haben die Ahnen von *Anton Bruckner* an einer »Brücke« gewohnt, mundartlich »Bruck« oder »Brucken« genannt. *Bruckner* wird manchmal *Pruckner* geschrieben. In Österreich kommt der Name oft auch als *Brugger* vor, vor allem im Westen.

Weniger leicht fällt die Deutung beim Schöpfer des Donauwalzers, *Johann Strauß Sohn* und seiner Familie. Man könnte auch sagen, der Strauß-Dynastie, denn drei Generationen, angefangen bei *Johann Strauß Vater*, komponierten und musizierten in Wien; ihre Musik machte die Metropole des Habsburgerreichs bis heute als »Stadt des Walzers« bekannt. Ihrer Herkunft nach stammte die Familie aus Ungarn, Großvater Michael war vom Juden- zum Christentum konvertiert (was übrigens die Nationalsozialisten, die wussten, dass man in Wien keinen *Strauß* zur persona non grata erklären durfte, zur Urkundenfälschung veranlasste).

Ihr Name, der sich auch *Strauss* schreiben lässt – wie beim in München geborenen Komponisten des »Rosenkavalier« *Richard Strauss* – ist dennoch deutscher Herkunft und kann Verschiedenes bedeuten. Zum einen er lässt er sich als Übername vom mittelhochdeutschen *strūz* vom Vogel *Strauß* ableiten, dessen Federn so manchen Helm schmückten. Das wäre dann ein Hinweis auf einen Vorfahren, der einen solchen Helm trug.
Anderseits kann das Wort Strauß auch »Widerstand, Zwist, Streit« bedeuten, wie in der Redewendung »einen Strauß ausfechten«. In diesem Sinn wäre ein früher Vorfahr der Familie ein »Streithansel« gewesen.
Drittens könnte es sich bei *Strauß* um einen Wohnstättennamen handeln, in der Bedeutung von »Strauch« oder »Busch«.
Da macht es uns ein anderer Walzerkönig einfacher. *Joseph Lanner*, der in jungen Jahren zusammen mit Strauß senior in den Kaffeehäusern der Wiener Leopoldstadt aufspielte, war selbst ein erfolgreicher Walzerkomponist; sein Name bedeutet schlicht »der bei der Lahn wohnt«, d.h. an einem Lawinenstrich. Übrigens bedeutet der Nachname unserer aktuellen Außenministerin *Ursula Plassnik* dasselbe; hier liegt slowenisch *plaznik* zugrunde – es muss mit *Lahner* oder eben *Lanner* übersetzt werden.
Wie sein Spezi und späterer Konkurrent Strauß senior ging Joseph Lanner einer Wiener Gewohnheit folgend wahrscheinlich zum Heurigen. Und wahrscheinlich hörte er dort das Quartett der Brüder *Schrammel* – zwei Geigen, eine Klarinette, eine Gitarre –, deren Name bald zum Synonym für einen Musikstil wurde: die typische Schrammelmusik des Wiener Heurigen. Abgeleitet ist der ein wenig an das Verb »schrammen« erinnernde Name wahrscheinlich von einer österreichischen Ortschaft *Schraml* oder *Schramel* (ursprünglich ein Wohnstattname für jemanden, der an einer Felsspalte wohnt).
Ein passionierter Heurigenbesucher war zur großen Zeit der Schrammeln, im letzten Drittel des 19. Jahrhunderts, längst tot: das

im deutschen Bonn geborene Genie *Ludwig van Beethoven*. Rund vierundvierzig Mal, heißt es, sei der in vielen Heurigen und Kaffeehäusern bekannte Komponist innerhalb Wiens übersiedelt, später unter seiner zunehmenden Taubheit leidend – und schon zu Lebzeiten ein Star. Als er Ende März 1827 starb, blieben am Begräbnistag die Schulen geschlossen, 20.000 Wiener und Wienerinnen folgten dem Sarg. Auch heute weckt der Name Ludwig van Beethoven vor allem die Erinnerung an seine Kompositionen, eventuell noch – mehr als bei Mozart – an dic typischen Porträts des Fin de Siècle, die den Maestro mit wehendem Haar und leidenschaftlichem Blick darstellten.

Nüchterner klingt dagegen die Bedeutung seines Namens. Vielleicht wissen Sie, dass man in Norddeutschland die rote Rübe auch »rote Be(e)te« nennt; das Wort »Be(e)te« ist ein altes Lehnwort aus dem Lateinischen (*beta* »Mangold, rote Rüben«). *Beethoven* bedeutet also »Rübenhof«. Das dazugehörige *van* stammt aus dem Holländischen, es heißt einfach »von«. Ein *van Beethoven* kommt also entweder von cinem »Beethoven« alias »Rübenhof« oder aus einem Ort dieses Namens. Passenderweise stammen Vorfahren des Komponisten aus Flandern, wo es den Ortsnamen Beethoven gibt.

Um dem *van* zu begegnen, müssen wir uns jedoch weder nach Belgien begeben noch in vergangene Jahrhunderte. Derzeit genügt ein Blick in die Tageszeitungen, Ressort Innenpolitik. Gleich zwei bekannte österreichische Politiker tragen es im Namen: *Alexander van der Bellen*, Bundessprecher der österreichischen *Grünen*, sowie *Herwig van Staa*, Landeshauptmann von Tirol. Bei allen weltanschaulichen Unterschieden haben die beiden eine kleine Gemeinsamkeit: ihre niederländischen Familiennamen. Die Vorfahren van der Bellens stammen demnach aus der Ortschaft *Bellen* und die van Staas aus der Ortschaft *Staa*; letzteres heißt übrigens »Gestade«.

Die meisten Herkunftsnamen, die sich in der politischen Landschaft Österreichs finden, stammen erwartungsgemäß aus dem Deutschen oder Slawischen. Ohne Weiteres erkennbar ist zum Beispiel, dass die Vorfahren des derzeitigen Sozialministers *Erwin Buchinger* aus dem Ort *Buching* stammen, den es in Bayern und Österreich gibt; ebenso, dass dort Buchen wuchsen. Die Familie des oberösterreichischen Landeshauptmanns *Pühringer* stammt entweder aus *Pühring* oder heißt nach eine Wohnstätte mit Birken so: *Pühring* bedeutet wie *Birkach* »Birkenbestand«.

Auch *Gabi Burgstaller*, die Landeshauptfrau von Salzburg, trägt einen Wohnstättennamen; *Burgstall* bedeutet »Stelle, Standort einer Burg« – von wo der erste *Burgstaller* kam. Während die Vorfahren von *Herbert Sausgruber*, Landeshauptmann in Vorarlberg, an einer »sauren Grube«, also einer »Mulde mit saurem Gras bzw. mit einer sauren Wiese« wohnten. Der erste Namensträger in der Familie von Staatssekretär *Christoph Matznetter* dagegen trug im Namen nicht nur den Hinweis auf seine Wohnstätte, sondern auch den auf seinen Vater. *Matznetter* leitet sich nämlich ab von *Matz*, der Kurzform für *Matthäus*, plus dem Wort *Öde* »unbebaute Gegend«.

Herrschaftlich war das Zuhause der Vorfahren von *Martin Bartenstein*, dem derzeitigen Wirtschaftsminister. Sein Name ist ein typisch »höfischer« Name – typisch für die Benennung von Burgen und Schlössern (einige Schlösser heißen *Bartenstein* ). Es handelt sich hierbei um eine Zusammensetzung aus dem mittelhochdeutschen *barte* »Streitaxt« (z.B. auch in *Hellebarde* und dem Stammesnamen der *Langobarden*) und dem häufig in Namen vorkommenden Appellativ *Stein* für »felsige Stelle, Erhebung«.

Übrigens: Sicher ist Ihnen bekannt, dass auch *Christoph Schönborn*, Kardinal und Erzbischof von Wien, adliger Herkunft ist; seine Familie kam Ende des 17. Jahrhunderts aus Hessen nach Österreich. Doch ist Ihnen die Ähnlichkeit des Namens *Schönborn* zu dem des zweiten Wiener Wahrzeichens *Schloss Schönbrunn* aufgefallen? Kein Wunder, bei *Schönborn* handelt es sich um eine mundartliche Variante von *Schönbrunn*. Gemäß der Bedeutung des mittelhochdeutschen *schoene* »schön, herrlich, glänzend, hell, rein« verweist der Namen auf eine Quelle oder einen Brunnen mit reinem, glänzendem usw. Wasser.

Nicht ganz dieselbe Bedeutung hat das Wort »schön« in Namen aus Westösterreich, wo es in der bäuerlichen Mundart vor allem »nutzbar, ertragreich« hieß. Westösterreichische Namen, die mit *Schön*- beginnen, weisen also auf ertragreiche Fluren hin.

Der bekannteste Österreicher, der einen mit *Schön*- beginnenden Namen trug, der Komponist *Arnold Schönberg*, war allerdings jüdischer Herkunft; seine Familie kam einst aus Ungarn nach Wien.

Ein anderer, der in den ersten Jahrzehnten des Fernsehens populär wurde, der in Innsbruck geborene Schauspieler, Regisseur und Autor *Dietmar Schönherr* wiederum, trägt einen Übernamen. Sein Vorfahr war also in den Augen seiner Zeitgenossen wahrscheinlich ein »schöner Herr« – stets mit dem Vorbehalt, dass wir bei einem Übernamen in der Regel nicht genau wissen, in welchem Kontext er verwendet wurde und ob er z.B. direkt oder spöttisch gemeint war. Dietmar Schönherrs Vater, ein Oberst, trug übrigens noch den Adelsnamen *Otto Schönherr Edler von Schönleiten*. Und hier weist der letzte Namensteil, im westösterreichischen Sinn, auf eine »Leite« hin, das heißt einen Abhang, dessen Boden wahrscheinlich fruchtbar war.

Apropos, fruchtbarer Boden: Der wird auch den Vorfahren unseres jetzigen Kanzlers *Alfred Gusenbauer* wichtig gewesen sein. *Gusenbauer* ist zusammengesetzt aus einem Herkunfts- und einem Berufsnamen, wobei letzterer, der Berufsname »Bauer«, kein Rätsel ist. Spezifiziert wird er durch *Gusen* – den Namen eines oberösterreichischen Flusses. Wie viele Flussnamen ist auch *Gusen* sehr alt; wir können ihn bis zum indogermanischen Begriff für »gießen« zurückverfolgen. Des Kanzlers Vorfahr, von dem der Name stammt, lebte also wahrscheinlich als »Bauer an der Gusen«.

Gusenbauers Vorgänger im Kanzleramt, *Wolfgang Schüssel*, trägt ebenfalls einen Namen, der auf einen Beruf verweist, allerdings

Der Fischer.

Ich fach gute Fisch ohn mangel/
Mit der Setz/Reußen/vnd dem Angl/
Grundel/Sengel/Erlen vnd Kressn/
Forhen/Esch/Ruppen/ Hecht vnd Pressn/
Barben / Karpffen / thu ich behaltn/
Orphen / Neunaugen/Ehl vnd Altn/
Kugelhaupt / Nasen / Hausn vnd Huchn/
Krebs mag man auch bey mir suchen.
c Der

einen Übernamen, der keinen Beruf direkt benennt, sondern ein hergestelltes Produkt: die Schüssel. Wer *Schüssel* oder auch *Schüssl*, *Schüssler* und ähnlich heißt, dessen namenprägender Vorfahr lebte wahrscheinlich von der Anfertigung von Schüsseln.

Keine Schüsseln, sondern »Backmulden« fertigte der Vorfahr von *Wilhelm Molterer* an, dem aktuellen Finanzminister. Die länglichen Holztröge, die vor allem Bäcker und Metzger benutzten, hießen in Tirol »Molter« oder ähnlich (von mittelhochdeutsch *multer* bzw. *muolter* »die Mulde«). Wäre die Familie des Politikers aus Hamburg gekommen, hieße er vielleicht *Moldenhauer* – denn so und ähnlich nannte man dort den Molterer. Womit klar ist, dass der Finanzminister einen »echten« Berufsnamen trägt.

Ebenso wie Bundespräsident *Heinz Fischer*, dessen Namen wir sofort verstehen. Entsprechend der Beliebtheit von Fisch als Grundnahrungsmittel wie Fastenspeise war der Beruf »Fischer« im Mittelalter verbreitet. Unter den häufigsten Familiennamen in Österreich finden wir *Fischer* an 14. Stelle, in Deutschland sogar an 4.

Auch der Name des derzeitigen Innenministers *Günther Platter* könnte einen Beruf bezeichnen – falls er nicht auf jemanden hinweist, der auf einer »Fels*platte*« wohnte. Als Berufsname würde *Platter* wie auch *Plattner* vom mittelhochdeutschen *blatner* herkommen. So hießen die Waffenschmiede, die etwa ab dem 14. Jahrhundert Plattenpanzer anfertigten (die auch »Krebse« genannt wurden, da der Körper in ihnen wie ein Weichtier in seiner Schale geschützt war). Die Plattner arbeiteten übrigens eng mit den Helmschmieden zusammen. Zu ihnen gehörte ein Vorfahr des ersten Innenministers der Zweiten Republik *Oskar Helmer*.

Also weitere Mitglieder der Schmiedezunft – was die Innenminister quasi in die Nähe der Bildungsministerin *Claudia Schmied* rückt oder in die des Literaturwissenschaftlers *Wendelin Schmidt-Dengler*, dessen zweiter Name auch, um zwei Ecken, mit dem Schmiedehandwerk in Beziehung gesehen werden kann: Ein »Dengler« war ein Handwerker, der die Sensen schärfte, die ein Schmied hergestellt hatte.

Sensen: Die Beschäftigung mit österreichischen Familiennamen führt, historisch bedingt, häufig zum Thema Landwirtschaft. Im Folgenden noch ein paar hierzu passende Namen aus Literatur und Kunst, Schauspiel, Sport, Politik.

Der Dichter *H.C. Artmann* könnte, falls er einen Berufsnamen trug, ebenfalls einen Bauern zum Vorfahr gehabt haben; dann beruhte sein Namen auf dem mittelhochdeutschen *art* »Ackerland«. Ein »Artmann« wäre demnach ein Mann, der Ackerland besitzt oder auf dem Acker arbeitet. In einer anderen Deutung kann es sich auch um einen Wohnstättennamen handeln, der ursprünglich *Ortmann* lautete und, wie *Ortner*, auf jemanden hinwies, der »am Ortsende« wohnte. Anders als heute konnte das mittelhochdeutsche Wörtchen *ort* auch »Anfangs- bzw. Endpunkt« bedeuten.

Auf einen Bauernhof weist möglicherweise auch das mittelhochdeutsche *hof* im Namen von *Andreas Hofer* hin. Falls ein Vorfahre des Tiroler Freiheitskämpfer nicht aus einem Ort namens *Hof* stammte und es sich auch nicht um einen Übernamen handelt – dieser würde nämlich vom mittelhochdeutschen *hover* für »Buckel« abgeleitet.

Auch ein Vorfahre des Schauspielers *Helmuth Lohner* wird »auf dem Land« gearbeitet haben, als »Taglöhner«, denn das bedeutet sein Name, ebenso wie das mittelhochdeutsche *loner*, von dem er sich ableitet.

Auch Lohners Kollegin *Erika Pluhar* trägt einen seiner Herkunft nach »ländlichen« Berufsnamen; er stammt aus dem Tschechischen, wo *pluhář* »Pflüger« bedeutet.

Als »Mäher« bzw. »Graser« (von mittelhochdeutsch *grasen* »Gras schneiden«) könnte ein früher Vorfahre des ehemaligen Finanzministers *Karl-Heinz Grasser* gearbeitet haben; die »Graser« waren Knechte oder Taglöhner, manche von ihnen schnitten das Gras auf städtischen Wiesen. Doch es gibt auch hier eine weitere Deutungsmöglichkeit – als Übername: Das mittelhochdeutsche *grazen* bedeutet »schreien, sich übermütig gebärden«. Auf einen Ahnen, der ebendies tat, würde dann der Name *Grasser* hinweisen.

Der junge Ex-Politiker wäre diesfalls nicht der einzige mit einem frühen Familienmitglied, das seinen Zeitgenossen eher unliebsam auffiel. Auch *Erwin Pröll*, Landeshauptmann Niederösterreichs, besitzt wahrscheinlich einen lästigen Ahnen, zumindest dem Namen nach. Fußend auf dem mittelhochdeutschen *prelle* »Schreier«, handelt es sich bei *Pröll* wahrscheinlich um den Übernamen für einen Menschen, der gern schrie bzw. brüllte.

Tauchpionier und Meeresforscher *Hans Hass* hingegen hat seinen Namen von jemandem, der in den Augen seiner Zeitgenossen »ein hasserfüllter bzw. feindseliger Mensch« war (von mittelhochdeutsch *haz*).

Wer eine öffentliche Karriere anstrebt, sei es am Theater oder in der Musik, ist darauf bedacht, einen Namen zu tragen, der angenehm auffällt und vor allem leicht zu merken ist. Schauspieler und Schauspielerinnen legen sich darum oft Künstlernamen zu: Vielleicht wissen Sie ja, dass der Klagenfurter *Udo Jürgens* mit »richtigem« Familiennamen *Bockelmann* heißt, also von Haus aus einen Namen trägt, der dem Empfinden der meisten Menschen nach nicht recht zur Karriere als Schlagersänger, Chansonnier und Komponist von internationalen Hits passt. Während es sich bei *Jürgens* »Sohn des Jürgen« um ein eingängiges Patronym handelt, dessen Endung *-s* eine norddeutsche Herkunft signalisiert; entstanden ist es unter

Verwendung seines zweiten Vornamens *Jürgen*. (Einer, der tatsächlich so hieß, war der in Wien begrabene, deutsche und österreichische Schauspieler *Curd Jürgens*, dessen Familie aus Hamburg stammte.) Als Berufsname wäre *Bockelmann*, wie auch *Bokeler*, der Hinweis auf einen – wie es in Maria Hornungs »Lexikon österreichischer Familiennamen« lautet – »Schildträger« bzw. »Trabanten« eines Ritters. Zugrunde läge dann die mittelhochdeutsche Bezeichnung *buckel* für den erhabenen, mit einem kleinen Buckel vergleichbaren Beschlag in der Mitte eines Schildes, die in Norddeutschland, woher der Name stammt, mundartlich zum »Bockel« wurde. Auch eine weitere Deutungsmöglichkeit bezieht sich auf den deutschen Norden, denn hier liegen die Orte *Bokel* oder *Bockel*, die es mehrfach gibt: in Niedersachsen, Schleswig-Holstein, Nordrhein-Westfalen. Familie Bockelmann könnte auch aus diesen Gegenden stammen, wo man mehrfach ihren Namen findet, als Herkunftsnamen. Immerhin: Udo Jürgens Eltern waren Deutsche, die Mutter stammte aus Schleswig-Holstein. (Eindeutig auf die Herkunft bezogen sieht mein deutscher Kollege Jürgen Udolph den Namen *Bockelmann*; sein »Buch der Namen« ist eine Empfehlung für alle, die sich besonders für dieses Gebiet interessieren.)

Wie Udo Jürgens wählte *Oskar Werner* einen alternativen Familiennamen, der auf einem Vornamen beruht: *Wern(h)er* war seit dem Mittelalter und bis in die 1960er Jahre vor allem in Deutschland ein beliebter Vorname; er beruht auf einer Zusammensetzung des germanischen **waro* »Aufmerksamkeit« und des althochdeutschen *heri* »Heer bzw. Kriegsschar«. Eigentlich hieß der Schauspieler mit der besonderen, nasal-wienerischen Sprechweise nämlich *Bschließmayer*, ein außerhalb Österreichs und Bayerns exotisch klingender, nicht jedem leicht auszusprechender Name, der außerdem der weit verbreiten Namensfamilie der *Maier(s)* usw. angehört. Das ist schon alles, was ich Ihnen zu *Bschließmayer* verraten kann, denn das Vorderglied *Bschließ-* ist nicht klar zu deuten (obwohl es mit dem Verb *beschließen* zusammenzuhängen scheint).

Da wir eben bei den *Maier(s)* usw. sind, seien noch zwei genannt, deren Namen wir in den Literaturregalen der Buchhandlungen begegnen: *Friederike Mayröcker* und *Christoph Ransmayr*. Auch ihre Namen sind zusammengesetzt, was kein Wunder ist: Der Name *Maier* usw. war so häufig, dass er oft Zusätze erhielt, durch die die vielen Namensträger unterschieden wurden.

Ladies first: Der Name der Dichterin *Mayröcker* wurde ursprünglich zusammengesetzt aus *Mair* plus *Egger*; sie hatte also einen Vorfahren, der ein »Maier«, also der Verwalter eines Gutshofs war und zugleich bei einem »Eck« wohnte. Während der Name des Literaten *Ransmayr* nicht ganz so einfach zu deuten ist, das heißt, dessen Vorderglied, dem dann *-mayr* folgt. Es könnte sich dabei aber um den gleichen Anfang handeln wie beim Ortsnamen *Ramsau*, der entweder »Rabe« bedeutet (*Ramsau* ist ursprünglich »Rabens-Au«, das erste Wort wurde zusammengezogen) oder »Rams«, was ein altes Wort für »Bärlauch« ist. Vielleicht war der Gutshofverwalter, der in Christoph Ransmayrs Namen steckt, ein Bärlauchsammler, vielleicht gab es an seinem Wohnort Raben oder Bärlauch, oder er besaß rabenschwarze Haare – aber das wissen wir nicht.

Schwarzhaarig war wohl auch der Vorfahr des weltberühmten Steirers *Arnold Schwarzenegger*. Einer, der am Eck gewohnt hat? Mitnichten. Die Vorfahren des kalifornischen Gouverneurs stammen einfach aus dem Ort Schwarzeneck, der früher auf *-egg* endete und sich in Bayern findet. Der Name des als Bodybuilder und Action-Darsteller bekannt Gewordenen ist also kein Pseudonym. (Pseudonym bedeutet »Deckname« bzw. falscher Name und beruht u.a. auf dem griechischen pseúdein »täuschen, belügen, betrügen«.)

Gleiches gilt für den Nachnamen des als »Ostbahn-Kurti« bekannten Musikers *Willi Resetarits* und seines Bruders, des Kabarettisten *Lukas* (der mit Vornamen eigentlich *Erich* heißt). Auch ihr Nachname ist ein Patronymikon, jedoch zu einer Berufsbezeichnung. *Resetarits* bedeutet »Sohn des Siebmachers« und stammt aus dem Kroatischen. Das zugrunde liegende Wort heißt *rešetar*

»Siebmacher«. Die Schreibweise, in der wir den Namen kennen, ist übrigens eher ungarisch. Kroatisch schreibt man ihn *Rešetarić*. Kroatischer Herkunft ist übrigens auch der Name des ehemaligen Kanzlers *Fred Sinowatz*, der uns aber nur ein Verwandtschaftsverhältnis verrät. Das zugrunde liegende *sinovac* bedeutet »Neffe«. Nobelpreisträgerin *Elfriede Jelinek* trägt dagegen einen tschechischen Namen, den man auch in Wien öfter antrifft. Das tschechische *Jelinek* bedeutet »kleiner Hirsch«. (Neben den bereits erwähnten Vogelnamen sind auch andere Tiernamen im slawischen Sprachraum häufig anzutreffen.)

Ja, und so könnten wir immer weitergehen, von Familiennamen zu Familiennamen, Seite um Seite. Doch es wird Zeit, den Rundgang durch die Reihen österreichischer Prominenz zu beenden. Schließlich wartet nach diesem Einblick in die Vielfalt der Familiennamen der Ausblick auf die Namen des Landes, die Namen der Städte, Flüsse und Bundesländer, die uns umgeben. Werfen wir noch einen Blick auf Elfriede Jelineks Kollegen *Thomas Bernhard*, der den Nachnamen seiner Mutter angenommen hatte, ein Patronym zum Vornamen *Bernhard* natürlich. Wir finden es in verschiedenen Varianten wie *Bernhardt*, *Bernhardi*, *Behrend*, *Berns* und vielen mehr, denn der Namenspatron *Bernhard von Clairvaux* war im Hochmittelalter ein verehrter Heiliger. Aus einer Koseform zu *Bernhard* entstand der Nachname *Benn*, was den Dichter *Gottfried Benn* zumindest onomastisch mit dem österreichischen Autor *Bernhard* verbindet.

Leicht täuscht man sich übrigens im Nachnamen von Bernhards Vater: *Alois Zuckerstätter*. Der hat nichts mit dem Süßungsmittel »Zucker« zu tun, sondern mit einer *Zuckerstatt* genannten Wohnstätte, und diese war in ihrer Vergangenheit alles andere als ein beschauliches Plätzchen. Ihr Name hängt vielmehr mit dem Verb »zücken« zusammen und damit, dass hier einst ein »Räuber« schnell seine Waffe »zückte«. Der Name der *Zuckerstatt* erinnert also an einen Raubüberfall und diene uns am Ende dieses Kapitels als Erinnerung daran, wie oft der Schein trügt. Gehen wir weiter.

# Eine Ostarrîchi genannte Region

## Aus Perspektive der Namenkunde: Österreich und seine Bundesländer

## Österreich

Woher stammen eigentlich die Namen Österreichs und seiner Bundesländer? Im Folgenden ein Überblick.

Am 1. November 1996 feierte Österreich seinen 1000. *Namenstag* oder, wie es landauf, landab in der Presse hieß, sein Millennium. Am selben Tag, tausend Jahre zuvor, wurde unser Land erstmals schriftlich erwähnt, und zwar in einer Urkunde Kaiser Ottos III., in welcher er dem Bistum Freising einen Hof in Neuhofen an der Ybbs samt dazugehörigen Ländereien vermacht. Die Nennung des Namens *Österreich* bzw. *Ostarrîchi* geschieht hier eher beiläufig, eigentlich nur, um die Lage des geschenkten Gutes geographisch genauer zu beschreiben.

Dennoch sei die entsprechende Textstelle, in deutscher Übersetzung, hier etwas ausführlicher zitiert, so dass Sie einen genaueren Eindruck des Zusammenhangs erhalten, in dem der Name *Ostarrîchi* aufgezeichnet wurde – als Namen einer »Gegend, die in der Volkssprache *Ostarrîchi* heißt« (ich zitiere sie nach dem Ausstellungskatalog der »Ostarrichi-Gedenkstätte« in Neuhofen):

»All unsere eifrigen Getreuen, gegenwärtige und auch künftige, mögen wissen, dass wir, den würdigen Bitten unseres geliebtesten Vetters Heinrich, des Herzogs der Bayern, Folge leistend, gewisse Besitzungen unseres Rechtsanspruches *in der Gegend, die in der Volkssprache Ostarrîchi heißt* (im lateinischen Original: *in regione vulgari vocabulo Ostarrichi*), in der Mark und Grafschaft des Grafen Heinrich, des Sohnes des Markgrafen Liutpald (Leopold), in dem Ort, der Niuuanhova (Neuhofen an der Ybbs) genannt wird, das heißt eben diesen Hof und 30 in seiner unmittelbaren Umgebung liegende königliche Hufen (zirka 1 000 Hektar) mit bebauten und unbebauten Ländereien, mit Wiesen, Weiden, Wäldern, Gebäuden, Gewässern, Wasserläufen, mit Jagden, Bienenweiden, Fischwässern und Mühlen, mit beweglichen und unbeweglichen Gütern, mit Wegen und unwegsamem Gebiet, mit geforderten und zu fordernden Einkünften und Erträgen und mit allem, was nach Recht und Gesetz zu diesen Hufen gehört, dem Schoße der Freisinger Kirche (...) zu eigenem und ewigen Gebrauch überlassen und durch unsere kaiserliche Macht fest übergeben haben (...).«

Man sieht: Es handelt sich um eine ziemlich großzügige kaiserliche Zuwendung. *Österreich* bzw. *Ostarrîchi* wurde meiner Ansicht nach nur erwähnt, um das Gebiet, in dem die Schenkung lag, genauer zu bestimmen.

Der Name *Ostarrîchi* bedeutet wörtlich übersetzt »Ostreich«. Das hierin enthaltene Wort »Reich« ist aber nicht im üblichen Sinne von »König- oder Kaiserreich« zu verstehen; gemeint ist vielmehr ein »Herrschaftsbereich«. Ein »Ostreich« ist also der östlich gelegenen Be*reich* eines Herrschaftsgebietes oder auch einer Landschaft.

Der zum Herzogtum Bayern gehörende Bereich, der damals *Ostreich* hieß, war relativ klein. Von Böhmen und Mähren aus gesehen, handelte es sich um »das Land bei der bzw. um die Burg *Raabs*«, auf Tschechisch *Rakousko* genannt (abgeleitet vom althochdeutschen Personennamen *Râtkôz*,also »Land des Râtkôz«). Hier lag nun der Hof, den Otto III. dem Bistum Freising zum Geschenk machte.

Nachdem wir so das frühe *Ostarrîchi* lokalisiert hätten, fragt sich, woher sein Name stammt. Diese Frage hat österreichische Namenkundler natürlich ausgiebig beschäftigt. Meiner Ansicht nach legt bereits der Inhalt der Urkunde nahe, dass *Ostarrîchi* ein geographischer Name sein muss, der die Lage eines Landstrichs benennt und als »Königsgut oder Reichsgut im Osten« zu verstehen ist.

Das deutsche Wort *rîche* für »Gebiet unmittelbarer königlicher Herrschaft, Königsland« wurde, wie es aussieht, bei Namensbildungen (wie *Ostarrîchi*) mit Vorliebe für slawisch besiedelte Länder und Landstriche verwendet, die als eroberte Gebiete dem König zufielen.

Slawische Besiedlung und, damit einhergehend, die Organisation des Gebietes in einem eigenen Macht- und Verwaltungsbezirk kann auch der Grund sein, warum statt *Ostarrîchi* nicht die Bezeichnung

*Namensgebung als Streitobjekt der Politik: Im Jahre 1919 propagierte die in Ödenburg erscheinende Zeitschrift »Vierburgenland« noch diesen Namen für jenes Gebiet, das nach der Volksabstimmung 1921 zu Österreich kommen sollte.*

*Ostergau* »Ostgau« gewählt wurde, ja, warum ein *Ostergau* im damaligen bairischen Stammesgebiet ganz fehlte. Es gab nämlich nur den *Nordgau* nördlich von Regensburg, den *Westgau* an der Isar und den *Sundergau* »Südgau« im Seengebiet, aber keinen »Ostgau«.
Der Name *Ostarrîchi* existierte schon einige Jahrzehnte vor 996. Allerdings diente er in althochdeutscher Zeit außerdem zur Bezeichnung des *Ostfrankenreichs*, war also mehrdeutig.
976, zwanzig Jahre vor der Schenkung Ottos III., waren das *Herzogtum Kärnten* errichtet sowie die *Babenberger* mit der *Ostarrîchi* genannten Mark belehnt worden. Doch es sollte noch bis zum Jahr 1156 dauern, bis Österreich selbst zum von Bayern losgelösten Herzogtum wurde.
Neben *Ostarrîchi* gab es auch die Bezeichnung *Osterlant* bzw. *Osterland* »Ostland«. Sie kommt allerdings in den Urkunden nicht vor und war vor allem in der Volksdichtung verbreitet, weniger in der höfischen Poesie; oft wurde sie gemeinsam mit *Osterriche* verwendet.
Hingegen stammt das Wort *Ostmark* aus dem 19. Jahrhundert; es ist eine junge Übersetzung der lateinischen, für das Mittelalter belegten Formulierung *marc(hi)a orientalis*. Eine Uminterpretation zur »Ostmark des Deutschen Reiches« erfolgte erst durch deutschnationale und konservative Parteigänger und Organisationen im 19. und 20. Jahrhundert. Wir kennen diese Bezeichnung vor allem aus dem Vokabular der NS-Machthaber nach der »Wiedervereinigung Österreichs mit dem Deutschen Reich«, wie diese den *Anschluss* von 1938 propagandistisch bezeichneten.
Darüber hinaus, dass die Umbenennung eines Landes mehr als jede andere eine Machtdemonstration ist, sollte im totalitären »Dritten Reich« mit der Auslöschung des Namens *Österreich* auch jede Erinnerung an Österreichs essentiellen Anteil an der deutschen Geschichte so weit wie möglich getilgt werden. Ein Land – bereits Herzogtum seit 1156 unter den Babenbergern –, das die »Hausmacht« der Habsburger war, die durch mehrere Jahrhunderte

deutsche Könige bzw. römische Kaiser stellten und zuletzt selbst »österreichische« Kaiser waren, im 20. Jahrhundert zur *Ostmark* zu degradieren, zeugt einmal mehr vom gestörten Geschichtsbild der Nationalsozialisten.
Im Jahre 1942 ging man überhaupt zur neutralen Bezeichnung »Alpen- und Donau-Reichsgaue« über; schon 1938 war der Name *Österreich* auch in den »Reichsgauen Ober- und Niederdonau« (für Ober- und Niederösterreich) eliminiert worden – bis 1945.

## Burgenland

Das jüngste österreichische Bundesland existiert seit 1921. Vormals war es ein Teil Deutsch-Westungarns, der dann 1919 im Friedensvertrag von Saint-Germain Österreich zugesprochen wurde. Der ab dem 8. Jänner 1920 amtliche Name *Burgenland* beruht auf den vier ungarischen Komitaten *Pressburg* (Pozsony), *Wieselburg* (Moson), *Ödenburg* (Sopron) und *Eisenburg* (Vas), auf deren Boden das Bundesland errichtet wurde, zuletzt jedoch ohne Pressburg, weshalb vorübergehend der Name *Dreiburgenland* vorgeschlagen wurde.
Auch die Bezeichnung *Heinzenland* hat sich nicht durchgesetzt; sie entstand nach der Eigenbezeichnung *Heinzen* – mundartlich *Hoanzen* – der deutschsprachigen Bewohner dieses Gebietes. Die ursprünglich vorgesehene Hauptstadt *Ödenburg*, ungarisch *Sopron*, verblieb nach einer Volksabstimmung im Jahr 1921 bei Ungarn. 1925 wurde *Eisenstadt* zur burgenländischen Hauptstadt bestimmt.

## Kärnten

Kärnten war seit dem Jahr 976 Herzogtum und damit das älteste Herzogtum auf dem Boden des heutigen Österreich sowie eines der ältesten im Römisch-Deutschen Reich.
Der Name des Bundeslandes Kärnten ist aufs engste mit dem des Haufendorfes *Karnburg* verbunden, das nördlich von *Klagenfurt* lag, am westlichen Rande des Zollfeldes und am Fuße des Ulrichsbergs. Hier befand sich im 7./8. Jahrhundert das Zentrum des slawischen

*Karantanien.* Im 9. Jahrhundert wurde an diesem Ort eine karolingische Pfalz errichtet; in ihrer Nähe stand auch der »Kärntner Fürstenstein«, der bei der Einsetzung der Kärntner Herzöge eine wichtige Rolle spielte. (Heute steht er im Wappensaal des Klagenfurter Landhauses).

Urkundlich ist diese Örtlichkeit seit dem Ende des 9. und Beginn des 10. Jahrhunderts bezeugt, z.B. im Jahr 888 in der lateinischen Formulierung *Carentano, curtem Coronatanam.* Wahrscheinlich wurde Kärnten in dieser Frühzeit *Charentariche* oder *Charintariche* genannt, wobei das zweite Namenglied *riche* wieder wie bei *Ostarrîchi* einen königlichen Herrschaftsbereich bezeichnet, der aber von Slawen besiedelt und selbst verwaltet wird.

Der Hauptteil des Namens geht auf das keltische Wort **karant-* für »Stein, Fels« zurück; *Charentariche* verweist demnach auf ein »felsiges bzw. steiniges« Gebiet.

Der 983 in einer Urkunde *Mons carentanus* genannte »Ulrichsberg« mit seinem markanten felsigen Gipfel ist also als »Steinberg« zu interpretieren und die auf einem kleinen felsigen Plateau zu seinen Füßen liegende »Kärntenburg«, die althochdeutsch **Charantapurch*, mittelhochdeutsch *Chaerenpurch* und heute *Karnburg* heißt, als »Steinburg«. (Im Slowenischen hat sie übrigens den mundartlichen Namen *Karempúrg* und den schriftsprachlichen *Krnski Grad*, alt *Koroški Grad.*)

Eine andere Deutung des Namens *Kärnten* vertrat übrigens mein Kollege Eberhard Kranzmayer, der ihn auf keltisch **karantāna* »Ort der Freunde« zurückführte.

## Niederösterreich und Oberösterreich

*Nieder-* und *Oberösterreich* sind die historischen Kernländer von Österreich. Vormals hießen sie *Österreich ob* bzw. *unter der Enns*; diese Bezeichnungen gab es seit etwa dem 13. Jahrhundert.

*Niederösterreich*: Nach der Niederlage der Magyaren auf dem Lechfeld bei Augsburg 955 wurde um 970 an der Donau eine Mark gegründet, mit der 976 das Geschlecht der Babenberger belehnt wurde. Um 991 reichte diese Mark bis zum Wienerwald, bis etwa 1050 markierten Leitha und March die Ostgrenze. Im Jahre 1156 wurde die Mark durch das »Privilegium minus« zum Herzogtum erhoben. Nach dem Aussterben der Babenberger 1246 folgte zunächst Ottokar II. Přemysl als Landesherr. Im Jahr 1278 wurde Ottokar von Rudolf von Habsburg besiegt; die Habsburger wurden 1282 mit dem Herzogtum Österreich belehnt und blieben Landesherren bis 1918. Ab dem 16. Jahrhundert wurde aufgrund des »Privilegium maius« der (schon vorhandene) Name *Erzherzogtum Österreich unter der Enns* üblich.

*Oberösterreich*: Seit der Mitte des 13. Jahrhunderts ist eine eigenständige adelige Gerichts- und Landesgemeinde etwa zwischen Ybbs und Hausruck unter dem Namen *Austria superior* »oberes Österreich« bezeugt. Der 1264 urkundlich erwähnte Landrichter von Oberösterreich, Konrad von Sumerau, gilt als erster oberösterreichischer Landeshauptmann. 1281 schuf der Habsburger Albrecht I. einen Gerichts- und Verwaltungssprengel *ob der Enns*. Dieser Verwaltungsbezirk bildete die Keimzelle des *Landes ob der Enns*.

## Salzburg

Das Land – es ist erst seit dem Wiener Kongress österreichisch – hat seinen Namen von der Stadt bezogen; im Mittelalter wurde es auch *Salzachgau* genannt (seit dem 8. Jahrhundert). Darum siehe Salzburg (Stadt) im nächsten Kapitel.

## Steiermark

Das Kernland der heutigen *Steiermark* war die im 10./11. Jahrhundert vom Herzogtum *Karantanien* losgelöste *Obere und Untere Karantanische Mark* mit den Zentren *Graz* und *Pettau*.

Ihren Namen verdankt die Steiermark der inzwischen oberösterreichischen Stadt *Steyr*. Von hier aus herrschte das Geschlecht der *Traungauer* bzw. der *Grafen* von *Steyr* über seine Besitzungen. Die

Traungauer waren es auch, die dem werdenden Land seinen bis heute gültigen Namen *Steiermark* gaben, der sich zunächst in der urkundlichen Form *Marchia Styriae* durchsetzte, während man mündlich noch lange *Steier* oder *Steirerland* sagte.
Vor allem der Traungauer Otakar III. gilt als Begründer des steirischen Landesfürstentums. Er erwarb durch Erbschaften riesige Ländereien und vergrößerte so sein Herrschaftsgebiet. Unter seiner Herrschaft wurde auch Graz zunehmend zur Residenzstadt. Als er 1164 starb, folgte ihm sein Sohn Otakar IV., der letzte Traungauer; er sollte im Jahr 1192 kinderlos sterben. Vorher aber, im Jahr 1180, wurde die Steiermark reichsrechtlich von Bayern getrennt und zum selbständigen Herzogtum erhoben. Otakar IV. wurde von seinem Onkel Friedrich Barbarossa zum Herzog der Steiermark ernannt. Sechs Jahre später, im August des Jahres 1186, schloss er mit dem Babenberger Leopold V., Herzog von Österreich, einen Erbvertrag: die sogenannte »Georgenberger Handfeste«. Mit Übernahme der Steiermark verpflichtete sich Leopold V., das Land mit Österreich zu verbinden. In jener Zeit reichte das Gebiet der Steiermark (bzw. des Herzogtums Steiermark) weit über ihr heutiges hinaus, umfasste Teile Ober- und Niederösterreichs sowie Sloweniens. Doch noch heute ist die »Grüne Mark« das zweitgrößte Bundesland Österreichs.
Der Name *Steiermark* setzt sich zusammen aus *Mark*, einem alten Wort für »Grenzgebiet«, sowie dem Namen der Stadt der Traungauer: *Steyr*. Aber damit ist unsere Deutung noch nicht zu Ende, denn *Steyr* ist vor allem ein alter Flussname, also ein Hydronym, das erst später auf die Stadt übertragen wurde. Das althochdeutsche *Stîra* »Steyr« beruht letztlich auf dem indogermanischen Wort **stīriā* »aufstauender Wasserlauf«.

## Tirol

Wer den Ort sucht, der namengebend für dieses Bundesland war, der begebe sich nach Südtirol, in die Nähe von Meran. Hier befin-

det sich das Dorf *Tirol* und darüber, auf einer Anhöhe, ein nach ihm benanntes Schloss, *Schloss Tirol*. Im Mittelalter war hier der Stammsitz derer, die sich nach der Region benannt hatten, über die sie herrschten: der Grafen von Tirol. – Der Grafen von Tirol?
Seit dem frühen Mittelalter hatten große Teile des heutigen Tiroler Gebiets zum Herzogtum Bayern gehört. Christianisiert und in der Folge beherrscht wurde das Land von den Bischöfen in Brixen und Trient und ihren Verwaltungsbeamten, den Vögten. Diese vergrößerten sukzessive ihre Macht wie ihr Land auf Kosten der Bischöfe und machten sich zunehmend unabhängig von Bayern. Aus ihnen gingen die Grafen von Tirol hervor, die fortan über das Land regierten und es auch durch vorteilhafte Heiraten zu vergrößern wussten. Als sie Mitte des 13. Jahrhunderts ausstarben, erbten die Grafen von Görz das Land, das im Jahr 1271 erstmals zwischen zweien von ihnen aufgeteilt wurde. Meinhard II. erhielt das verkleinerte Tirol. Die letzte in seiner Linie, Margarethe Maultasch, Gräfin von Tirol, vermachte nach dem Tod von Mann und Sohn ihr Land im Jahr 1363 dem Habsburger Rudolf IV. und übersiedelte nach Wien, wo sie sechs Jahre später starb. Seitdem gehört Tirol zu Österreich.
Als Bundesland besteht es heute aus Nord- und Osttirol. Bis zum Ende des Ersten Weltkriegs und der Habsburgermonarchie gehörten zu Tirol auch *Alto Adige* (Südtirol) und *Trentino* (Welschtirol); beide Regionen wurden 1919 im Friedensvertrag von Saint-Germain Italien zugesprochen, wo sich nun auch das Dorf *Tirol* befindet.
Was den Namen *Tirol* angeht, datieren die ersten Urkunden, die ihn erwähnen, aus der Zeit zwischen 1140 und 1147. Hier scheint er auf z.B. in den Schreibweisen *Tyroles*, *Tirol*, *Tirolo*, *Tyrol*. Seiner Herkunft nach stammt er sicher aus vorrömischer Zeit, wahrscheinlich aus dem Indogermanischen. Was er bedeutet und wer ihn als Namen verlieh, ist jedoch eine Frage, deren Antwort noch im Dunkel ferner Jahrhunderte liegt.

## Vorarlberg

Im äußersten Westen Österreichs liegt Vorarlberg. Das zweitkleinste Bundesland (das kleinste ist Wien) unterscheidet sich vor allem durch seine Mundart(en) vom restlichen Österreich; bis heute wird hier Alemannisch gesprochen, und das durchgängig, seit Jahrhunderten.

Die Alemannen, die seit Mitte des 3. Jahrhunderts immer wieder ins Land eingefallen waren, begannen zirka 200 Jahre später, um 450 nach Chr., es zu besiedeln. Im 7. Jahrhundert kamen die Mönche Gallus und Kolumban aus Irland und christianisierten es erfolgreich. Im Jahr 843 wurde das Land ins ostfränkische Reich eingegliedert.

In Karolingischer Zeit gehörte der südliche Landesteil zu Churrätien, der Norden aber zum Rheingau, aus dem später die Grafschaft Bregenz hervorging. Nach dem Aussterben der Grafen von Bregenz, im Jahre 1150, kamen die Grafen von Montfort. Die Habsburger erwarben seit dem 14. Jahrhundert, Schritt für Schritt, vorarlbergische Gebiete, unter anderem die Grafschaft Feldkirch (1375), die Herrschaft Bludenz und das Montafon (1394) sowie die halbe Grafschaft Bregenz (1451); am Ende der Reihe steht der ehemalige Reichshof Lustenau, im Jahr 1814.

Ginge es nach den Vorarlbergern, wären sie nicht immer österreichisches Bundesland geblieben. 1919, nach dem Ende der Habsburgermonarchie, entschieden sie sich in einer Volksabstimmung mit 80%iger Mehrheit für den Anschluss an die benachbarte Schweiz, was jedoch aus diversen Gründen scheiterte, unter anderem, weil die Schweiz durch einen zusätzlichen – und katholischen – Kanton innenpolitische Probleme befürchtete. In dieser Zeit entstand der Übername »Kanton Übrig« für Vorarlberg.

Der Name Vorarlberg ist leicht zu deuten: »vor (dem) Arlberg liegendes Gebiet«. Die Vorarlberger selbst sparen sich diesen Namen aber meistens für amtliche und offizielle Situationen auf und nennen ihre Heimat liebevoll »Ländle«, also verkleinernd und zu übersetzen mit »kleines Land« – was man als Koseform sehen kann.

## Wien

Das kleinste österreichische Bundesland hat seinen Namen von der Stadt Wien, die wiederum nicht nach dem antiken Vindobona heißt, sondern nach dem gleichnamigen Flüsschen *Wien*, das im *Wienerwald* entspringt (und dessen Name keltischen Ursprungs ist). Mehr dazu gleich, bei den Städtenamen.

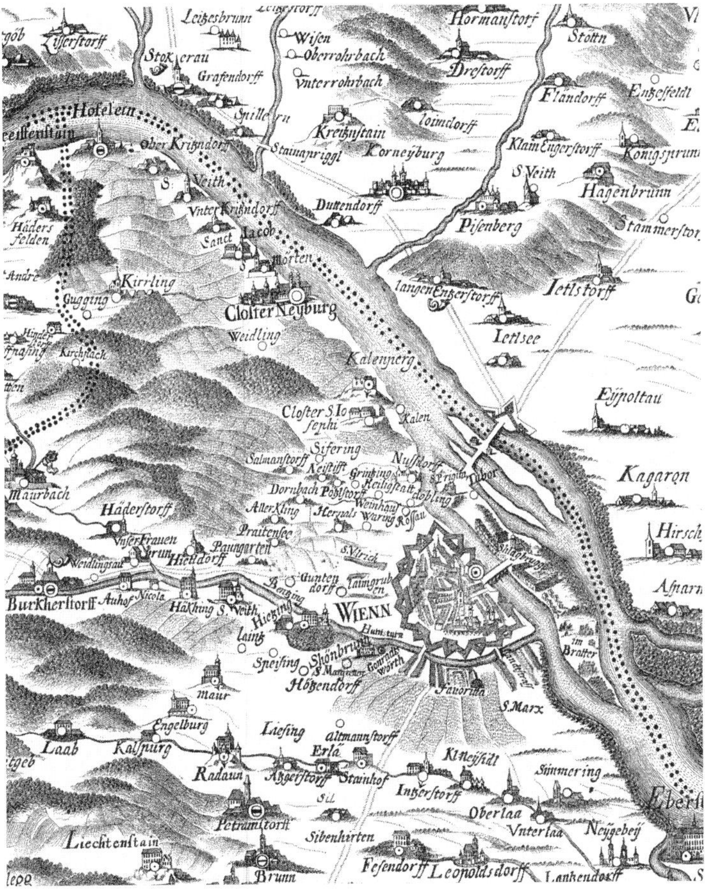


# Von Aussee bis Wien

## Die Namen bekannter Städte und Orte

## Aussee

*Aussee*, amtlich in *Bad Aussee* und *Altaussee* unterteilt, liegt im steirischen Teil des Salzkammergutes und ist Hauptort des so genannten *Ausseer Landes*. Trotz des benachbarten *Altausseer Sees* hat der Name nichts zu tun mit dem Wort »See«.

Vielmehr ist er urkundlich erstmals um das Jahr 1250 bezeugt als *Awse*, *Osse*, *Ovsse* sowie im Jahr 1310 als *Ûzsê*. Seiner Herkunft nach ist dieser Name slawisch, und es gibt zwei Möglichkeiten, ihn zu deuten. Er beruht entweder auf dem slawischen Wort *ovьsъ* für »Hafer« bzw. dem hiervon abgeleiteten Einwohnernamen **ovьsje* »Leute, die Hafer anbauen«; auch das slowenische *ovšjè* »Haferstoppelfeld« kommt noch als Kandidat in Frage.

Die zweite Deutungsmöglichkeit hängt nicht mit Getreide zusammen, sondern mit Wasser. Sie beruht auf dem slawischen oder dem sehr ähnlichen slowenische Wort für »Mündung«: slawisch **ustьje* bzw. slowenisch *ustje*. Tatsächlich münden die beiden Seeabflüsse *Altausseer Traun* und *Grundlseer Traun* bei Bad Aussee in die *Kainischtraun*. – In der Umgebung sind übrigens auch der Name des *Grundlsees* (»runder See«) und des *Toplitzsees* (»warme Quelle«) slawischen Ursprungs.

## Braunau

*Braunau am Inn* gehört, wie das Innviertel, seit 1779 zu Österreich. In der zweiten Hälfte des 13. Jahrhunderts erhielt *Braunau* sein Stadtrecht. Im 20. Jahrhundert gelangte es als Geburtstadt Adolf Hitlers zu aus heutiger Sicht zweifelhafter Berühmtheit. Der Name der heutigen Bezirkshauptstadt fußt auf dem mittelhochdeutschen *prûnouwe* »die braune, dunkelfarbige Au«. Urkundlich ist er seit dem 12. Jahrhundert belegt, als *Brunovve*, *Brůnowe*, *Pronowe* usw.

## Bregenz

Die Geschichte der Hauptstadt Vorarlbergs reicht mehrere Jahrtausende zurück: Bei Ausgrabungen in Bregenz fand man Siedlungsfunde aus der frühen Bronzezeit. Ein beachtliches Alter weist auch der Name der Stadt auf. Er lässt sich bis zu den Kelten zurückverfolgen, die seit etwa 500 vor Chr. in Vorarlberg siedelten. Genauer gesagt, war es der Stamm der Brigantiner (sie gehörten zu den Vindelikern), deren bestens befestigte Ansiedlung *Brigantion* sich hier befand; aus ihrem Namen ging der Name *Bregenz* hervor.

*Brigantion* lässt sich vom keltischen Wort **briganti* »die hoch Gelegene« ableiten. Es ist also ein Wohnstättenname. Die erste Silbe, das keltische **brig-* »Anhöhe«, liegt übrigens auch (erweitert mit »s«) dem Namen von *Brixen* zugrunde (**brig-s-inā*).

Als die Römer 15 vor Chr. das Gebiet besetzten, bauten sie die Siedlung *Brigantion* weiter aus, verliehen ihr im Jahr 50 nach Chr. Stadtrechte und latinisierten natürlich ihren Namen. Fortan hieß sie *Brigantium* und wird so auch in den Schriften antiker Autoren, etwa bei Strabo und Cäsar, genannt. Aus dem lateinischen *Brigantium* wurde über romanisch **Breγándzu* das deutsche *Bregenz*.

## Dornbirn

Der früheste Beleg für den Namen der Vorarlberger Bezirkshauptstadt *Dornbirn* findet sich in einer Urkunde aus dem Jahr 895. In dieser Urkunde geht es um einen Grundstückstausch zwischen dem Kloster St. Gallen (das in Vorarlberg Besitztümer hatte) und einem gewissen Hadamar. Die Grundstücke, die von Gutsherr zu Kloster und von Kloster zu Gutsherr die Besitzer wechselten, werden auf der Rückseite der Urkunde als *Schostinizinisvvilare* und *Torrinpuirron* angegeben.

Wo *Schostinizinisvvilare* lag, können wir nicht genau sagen; dafür sind wir sicher, dass mit *Torrinpuirron* nur *Dornbirn* gemeint sein kann. Auch in den folgenden Jahrhunderten taucht der Name immer wieder in Urkunden auf (ist also belegt), in unterschiedlichen Varianten. Hier eine kleine Auswahl: *Thornbiura* im Jahr 957; *Dorrenburron* im Jahr 1098; *Dorenbovren* im Jahr 1244.

Sept
Mer.
A. Die Statt.
B. Das Rahthauſe.
C. Ampt haus.
D. Cantzley.
E. Die Pfarzkirch.
F. Capuciner Closter.
G. Das Schloß.
H. S. Gallenſtein, und Cappel.

G
K
D
F
E
H
N
I
See.
ster. N. Schießhüten. R. Schifflende. V. Spalthüten.
O. Lucken hauße. S. Cappel. W. Newe Schantz.
P. Ziegel hüten. T. Brennofen.
Q. Kalck oder Brennofen

Was Herkunft und Bedeutung des Namens angeht, müssen wir natürlich vom ältesten Beleg ausgehen: *Torrinpuirron* ist eine Zusammensetzung aus den Wörtern *Torrin* und *puirron*. Bei *Torrin* handelt es sich um den Genitiv des Personennamens *Torro*, der uns auch aus alemannischen Schriften bekannt ist. Wir haben es also mit einem Besitznamen zu tun, der anzeigt, dass hier etwas (zu) einem Mann namens *Torro* gehört. Das hintere Glied des Namens *-puirron* lässt sich bis zum althochdeutschen *bûr* »stattliches Haus, Hof« zurückverfolgen. Es steht allerdings im Dativ Plural, weshalb der gesamte Name *Torrinpuirron* in etwa »bei den Höfen des Torro« bedeutet. Übrigens: das *-puirron* liegt auch den Endungen *-büren* bzw. *-beuren* zugrunde, die wir bei Ortsnamen finden (z.B. *Michelbeuren* in Wien).

## Eisenstadt

Der Name der burgenländischen Landeshauptstadt begegnet uns erstmals in Urkunden aus dem 14. und 15. Jahrhundert. Um das Jahr 1373 schreibt man ihn *Eisenstat* und *Eisneinstat* im Jahr 1434. Es ist ein Wunschname, mit dem man sich eine »eiserne (uneinnehmbare) befestigte Siedlung bzw. Stadt« erhofft hat. In kroatischer Übersetzung heißt er *Železno*.
Vorher wurde der Ort nach einer hier befindlichen Kapelle des heiligen Martin genannt (des Landespatrons des Burgenlands). In einer Urkunde aus dem Jahr 1264 wird er als *Capella S. Martini de minore Mortin* bezeichnet, also etwa »Klein-St. Martin«. Genau das bedeutete auch *Wenig Mertersdorf*, der seit 1373 bezeugte Name. »Klein-St. Martin« stand damals im Gegensatz zu dem ursprünglich bedeutenderen *Mattersburg*, dem Stammsitz der Grafen von Mattersdorf, das im Ungarischen *Nagymarton* »Groß-St. Martin« genannt wird.

## Friesach

Friesach ist die älteste Stadt im Bundesland Kärnten. Schon im Jahr

1265 wurde sie urkundlich als Stadt erwähnt. Ein hier befindlicher, an der Metnitz gelegener Gutshof ist sogar für das Jahr 860 bezeugt, ebenso im 11. Jahrhundert ein salzburgischer Markt namens *Friesah*.
Der Name kann auf zwei Weisen gedeutet werden. Erstens kann er auf dem slawischen Wort **brěž(an)e* fußen und »die bei den Birken wohnen« bedeuten, denn slawisch *brěza* heißt »Birke«. Zweitens kann er auch vom slawischen *brěgъ* »Rain, Ufer« herstammen und »die am Rain bzw. am Ufer wohnen« bedeuten.

## Gastein

*Badgastein*, *Hofgastein* sowie *Dorfgastein* liegen im Bundesland Salzburg. *Badgastein* und *Hofgastein* sind bekannte Kurorte im *Gasteiner Tal*, ja, *Badgastein* gilt sogar als bedeutendster Heilort Österreichs.
Der Name ist sehr alt; erstmals wird er in einer Urkunde aus dem Jahr 963 als *Castuna* erwähnt. Dieses keltisch-römische Wort wurde wohl über das Frühslawische tradiert. Die althochdeutsche Bezeichnung **Gastiune* hat dann zum heutigen *Gastein* geführt. Umstritten ist jedoch die Deutung dieses Namens. Die wahrscheinlichste Erklärung stammt von meinen Kollegen J. Udolph und T. Lindner. Ihnen zufolge liegt *Gastein* das indogermanische **kasdho-dhunā* »weiß schimmernder Fluss« zugrunde. So könnte einst die *Gasteiner Ache* geheißen haben.

## Graz

Die Landeshauptstadt der Steiermark wird erstmals um das Jahr 1128 in einer Urkunde als *Gracz* erwähnt, acht Jahre später als *de Greze*. Im 13. und 14. Jahrhundert wurde sie auch *Bairisch-Graz* bzw. *Bairisch-Gräz* genannt – im Unterschied zu *Windischgraz* bzw. *-gräz*, das slowenisch *Slovenj Gradec* heißt und heute in Slowenien liegt.
Der Name leitet sich vom ehemaligen Herrschaftssitz der Traungauer, der Burg auf dem *Schlossberg* her. Dieser Berg hieß auf Slawisch **gradьcь*, woraus das slowenische *gradec* wurde: »kleine

Burg«. Hieraus entstand dann die Form *Gräz*, im Dialekt wurde *Graz* daraus.

Bis ins 19. Jahrhundert war übrigens eher die Schreibung *Grätz* üblich. Dann setzte sich aber die mundartlich-umgangssprachliche Form *Graz* auch amtlich durch. Übrigens vertrat diese Schreibweise auch der 1774 in Graz geborene Orientalist Joseph Freiherr von Hammer-Purgstall.

## Hall, Hallein, Hallstatt

*Hall in Tirol*, *Hall bei Admont in der Steiermark*, *Bad Hall und Hallstatt in Oberösterreich*, *Hallein in Salzburg*: Alle diese Orte haben – wie auch *Reichenhall* in Bayern und *Halle an der Saale* in Sachsen-Anhalt – ihren Namen von der Salzgewinnung. Schon im Alt- und Mittelhochdeutschen finden wir das heute nur noch in Namen vorkommende Wort *Hall*. Im Althochdeutschen bedeutet *hal* »Verdampfen der Sole, Salzpfanne«, im Mittelhochdeutschen heißt es hingegen »Salzquelle, Salzwerk«.

Die ältesten urkundlichen Belege stammen aus dem Mittelalter. *Bad Hall* finden wir etwa im 10. Jahrhundert lateinisch als *salinam* bezeichnet, im 12. Jahrhundert als *Halle*. Das bei Admont gelegene *Hall* wird um 1100 als *Halle* erwähnt, und auch *Hall in Tirol* wird *Halle* genannt, im Jahr 1270.

Nur *Hallein* heißt schon damals ein wenig anders: *Haelle*, zu Beginn des 13. Jahrhunderts. *Hallein* bedeutet »das kleine Hall« – im Unterschied zum bayerischen Reichenhall, das *maius Halle* »das größere Hall« genannt wurde. Und *Hallstatt*, wo die Salzgewinnung am längsten (nämlich bis etwa 1200 vor Chr.) bezeugt ist, begegnet uns zu Beginn des 14. Jahrhunderts urkundlich als *Halstat*.

## Innsbruck

Die Hauptstadt von Tirol hat einen leicht verständlichen Namen: In *Innsbruck* erkennt man sofort erstens den Fluss *Inn* und zweitens die Brücke, oder wie es im Dialekt heißt, »Bruck«. Aus *Innsbruck* würde man heute wohl »Inn-Brücke« machen, denn so würden wir eine »über den Inn führende Brücke« bezeichnen. Die Brücke, die der Stadt ihren Namen gab, wurde im Jahr 1165 im Auftrag Berchtolds V. von Andechs errichtet; symbolisch ist sie auch ins Stadtwappen übernommen worden, als *Innsbruck* um den Beginn des 13. Jahrhunderts das Stadtrecht erhielt.

Erstmals schriftlich erwähnt wird der Name als *Inspruk* in einem Salzburger Traditionscodex des Domkapitels (1167-1183). Diese Form ist insoweit besonders, als sie nicht mit *-e* endet wie die anderen frühen Belege. Hier einige Beispiele, wie sie in den Urkunden des 13. Jahrhunderts zu finden sind: *Insprukke*, *Inspruccke*, *Ynspruke*, *Insbrucke*, *Inesprukke* usw. Häufig trifft man ab Ende des 13. Jahrhunderts auch auf die latinisierte Form des Namens, die dann auf -a endet: z.B. *Ynspruka*, *Insphrugga*, *Insprukka*, *Inspruka*, *Insprugka*. Bis 1500 wird der Ortsname fast immer nur mit einem einzigen »n« geschrieben.

## Kitzbühel

Kitzbühel, der bekannte Wintersportort in Tirol, besitzt seit 1271 Stadtrechte. Erstmals erwähnt wird der Name in einer Urkunde aus dem Jahr 1165. Diese erwähnt einen *Marquardus von Chizbuhel*, welcher als Zeuge bei einer Schenkung an das Kloster Herrenchiemsee zugegen war.

Bei dem Namen handelt es sich um eine Zusammensetzung aus den Wörtern *Kitz* und *Bühel* »Hügel« – er bedeutet also »Hügel des Kitz«. Und ein Kitz ist auch im Stadtwappen enthalten. So einfach? Nein, nicht ganz. Es ist sogar wenig wahrscheinlich, dass *Kitz-* hier »junges Reh« bedeutet. Eher liegt hier ein Personennamen zugrunde, etwa *Chizzo* oder *Kizzo*. Kitzbühel hieße dann etwa »der Kitz gehörende Hügel«, »der von Kitz bewohnte Hügel« oder Ähnliches.

## Klagenfurt

Der Name der östlich vom Wörthersee und an der Glan gelegenen Landeshauptstadt wird erstmals Ende des 12. Jahrhunderts in einer Urkunde als *Chlagenuurt* erwähnt. Die Stadt, auf deren Boden schon in der La-Tène-Zeit eine Siedlung war, lag an einer Furt über die Glan und das sich im Süden anschließende Sumpfgebiet zwischen Glan und Glanfurt. Diese Furt assoziierten viele mit dem zweiten Namensglied.

Der Schlüssel zur Erklärung des Namens liegt aber in seiner slowenischen Entsprechung *Celovec*. Hiervon gibt es zahlreiche mundartlichen Varianten, deren Analyse uns bis zum romanischen **l'aquiliu* führt, das »Ort bzw. Platz am oder mit Wasser« bedeutet. Summa summarum: Dieses romanische Wort wurde umgeformt und ins Slawische entlehnt, dann weiterentwickelt und zum altslowenischen Ortsnamen **Cviljovec* umgebildet, dessen ursprüngliche Bedeutung nicht mehr bekannt war. Nun gibt es zufällig ein anderes Wort, das diesem Namen ähnelt und mit ihm in Verbindung gebracht wird: das slowenische *cvilja* nämlich, das »(Weh-) Klage, Gejammer« bedeutet. So wurde der erste Teil des Namens **Cviljovec* ins Deutsche mit »Klage« übersetzt, und es entstand die (der Lage des Ortes entsprechende) deutsche Bezeichnung *Klagenfurt*. Für eine unfallträchtige Furt war das sicher ein Name, den viele als zutreffend erachteten.

## Krems

Die niederösterreichische Bezirksstadt *Krems an der Donau* hat seit 1130 das Stadtrecht. Urkundlich ist sie sogar seit dem Jahr 995 als *urbs Cremisa* belegt; in späteren Schreibweisen begegnet sie uns als *Chremisa* und *Chremese*. Auszugehen ist vom gleichnamigen Fluss, also von einem indogermanischen, voreinzelsprachlichen Gewässernamen, welcher sich in Österreich mehrmals findet, ebenso in Böhmen und Bayern. Im Tschechischen erscheint dieser Name zum Beispiel als *Křemže* und bedeutet »einschneidendes Gewässer, in die Berge eingeschnittener Fluss«. – Ähnlicher Herkunft ist übrigens der Ortsname *Kremsmünster* in Oberösterreich.

## Lienz

Der Name der Osttiroler Bezirkshauptstadt, die von den Grafen von Görz gegründet wurde und seit 1240 das Stadtrecht hat, begegnet uns erstmals in einer urkundlichen Formulierung aus dem 12. Jahrhundert: *predium ... in loco Luenzina dicto* »Gut ... an einem Ort namens Luenzina«; später schreibt man sie *Lüenz(e)* und ähnlich.
*Lienz* hat einen sehr alten Namen, er stammt wahrscheinlich noch aus voreinzelsprachlicher Zeit. Zugrunde liegen könnte ihm das indogermanische **lonk-*, das »biegen, krümmen« bedeutet.
Im Verbund mit der Endung *-īna* entstand zunächst das romanische **Loncīna* und im Lauf der Jahrhunderte – übers Slawische tradiert – das althochdeutsche **Luonzîna* »bogenförmig gekrümmte Gegend«.
Da *Lienz* an einer Krümmung der Drau liegt, westlich vor der Einmündung der von Norden heranfließenden Isel, wäre diese Deutung keineswegs unpassend.

## Linz

Der Name der oberösterreichischen Hauptstadt Linz ist uns aus römischer Zeit überliefert, und zwar als keltisch-römischer Name *Lentia*, etwa um das Jahr 400. Rund 400 Jahre später finden wir ihn in den »Traditionen«, den Urkundenabschriften des Hochstifts Passau, als *Linzę* und gegen Mitte des 9. Jahrhunderts als *Linza*.
Die Herkunft des Namens ist nicht eindeutig geklärt. Man geht von einem keltischen **Lentiā* aus, das auf dem indogermanischen **lent-* »biegsam, nachgebend« fußt. Hieraus könnte dann der Name *Lentia* entstanden sein. Er bedeutet »(Ort an der) Flussbiegung«.

## Mattighofen

Mattighofen im Bezirk Braunau kam erst 1779 zu Österreich. Urkundlich bezeugt ist der Name der im historischen Mattiggau gelegenen Stadt schon früh, im Jahr 748 als *in pago Matahgouue* »im Mattiggau«. Das Gebiet wurde im 6. Jahrhundert von Bajuwaren besiedelt und gehörte bis zum Ende des bayerischen Erbfolgekriegs auch zu Bayern. Im Jahr 757 entstand in Mattighofen eine königliche Pfalz. Auf diese bezieht sich auch der Ortsname; er ist eine Zusammensetzung von *Mattig* und *Hof* in der Bedeutung »(Königs-)Hof an der Mattig«. Der Flussname *Mattig* ist seiner Herkunft nach indogermanisch und voreinzelsprachlich; ursprünglich hieß er wohl **Maduca*, von indogermanisch **mad-*, das »nass« oder »triefen« bedeutet.

## Oberwart

Das burgenländische Oberwart wurde als ungarische Grenzwächtersiedlung gegründet. Im Jahr 1327 kommt es erstmals in einer Urkunde vor, nämlich in der halb lateinischen, halb ungarischen Bezeichnung *de Superiori Eör*. Dies entspricht dem ungarischen Wort *Felsőőr*, das aus *felső* »ober« und *őr* »Wachposten« besteht. Im Jahr 1455 finden wir den Namen (bzw. den ungarische Namensteil) erstmals eingedeutscht zu *Word superior*. 1707 ist er als *Große Warth* belegt und 1773 schließlich als *Ober Warth*. Die frühere Siedlung gehört zu den alten ungarischen Grenzsiedlungen, nach denen die Gegend entlang dem mittleren Pinkatal noch heute »die Wart« heißt.

## Salzburg

Der Name der Stadt *Salzburg* ist aus *Salzachburg* »Burg an bzw. über der Salzach« entstanden. Die Salzachburg war Sitz des Fürsterzbischofs, ihr Name wurde später auf seinen ganzen Herrschaftsbereich übertragen, wobei der deutsche Name seit dem 8. Jahrhundert bezeugt ist. Älter ist der lateinische *Iuvavum*, der mit dem Gewässernamen *Iuvarus* (oder *Ivarus*) zusammenhängt und letztlich bis in eine nichtkeltische, indogermanische Sprachschicht zurückreicht. Das Wort, auf dem er beruht, bedeutet »mit Sand oder Ähnlichem vermischtes Wasser«. *Iuvarus* war also der frühere Name für die *Salzach* *(s. S. 189f.)*.

## St. Pölten

*St. Pölten*, die Landeshauptstadt Niederösterreichs, hat ihren Namen vom heiligen Hippolytos. Der Märtyrer und Gelehrte des 3. nachchristlichen Jahrhunderts ist Stadt- und Diözesanpatron. Bereits im Jahr 790 wurde hier das Kloster St. Hippolyt begründet, als erstes karolingisches Reichskloster auf österreichischem Boden.

Vorher trug die Stadt (bzw. der Ort) einen anderen Namen, oder genauer: viele Namen. Denn St. Pölten liegt auf sehr altem Siedlungsboden; bereits in der Jungsteinzeit, um 4000 vor Chr., lebten hier Menschen, und das kontinuierlich bis heute.

Urkunden aus dem 10. Jahrhundert belegen, dass die Stadt ursprünglich den althochdeutschen Namen des Flusses *Traisen* trug, an dem sie liegt: *Treisma*. So wird sie zusammen mit dem Kloster als *Treisma* erwähnt: *Treisma ad monasterium sancti Ypoliti* »Treisma beim Kloster des heiligen Hyppolitos«. Der Stadtname sollte im Laufe der Zeit zugunsten des Klosters verblassen. Ende des 11. Jahrhunderts ist in vielen Urkunden nur noch von der »Stadt bei St. Hippolyt« die Rede. Bald wurde sie selbst St. Hippolyt genannt, dann St. Polyt und schließlich St. Pölten. (Und über den Namen der *Traisen* erfahren Sie mehr im Kapitel über Gewässernamen.)

## Spittal an der Drau

*Spittal an der Drau* liegt in Oberkärnten, an der Mündung der *Lieser* in die *Drau*. Der Name *Spittal* ist für uns noch gut verständlich, unterscheidet er sich doch kaum vom Wort »Spital« bzw. »Hospital«. Und genau das bezeichnet er. Er geht zurück auf ein hier im

Jahr 1191 errichtetes »Hospital«, das im gleichen Jahr auch urkundlich als *Hospitale* aufscheint. Allerdings war ein Hospital im Mittelalter nicht ein reines Krankenhaus, sondern vor allem ein »Pflegehaus für Alter, Armut und Gebrechlichkeit«, wie in »Grimms Wörterbuch« definiert.
Vom Beginn des 14. Jahrhunderts ist uns die deutsche Namensform *Spittel* überliefert. Sie richtet sich danach, dass »Spital« im damaligen Dialekt wie »Spittel« ausgesprochen wurde. Beide Wörter wurden in der Umgangssprache dem längeren »Hospital« vorgezogen.

## Steyr

Der Fluss *Steyr*, der sich mitten im Stadtzentrum, am Fuße der *Stirapurch* (983 zum Schutz gegen Magyareneinfälle gebaut) mit der *Enns* vereinigt, gab der Stadt ihren Namen. Dieser wurde um die Mitte des 12. Jahrhunderts noch *Stire* und *Styra*, rund hundert Jahre später aber schon *Steir* geschrieben.
Wie die meisten Flussnamen ist auch der der *Steyr* sehr alt und seiner Herkunft nach indogermanisch. Das zugrundeliegende Wort **stī-r-iā* wurde abgeleitet vom indogermanischen **stē-* »zusammendrängen, sich verdichten« und bedeutet »die Aufstauende«.

## Villach

*Villach* liegt an der Drau und ist die zweitgrößte Stadt Kärntens. Erstmals taucht ihr Name in einer Urkunde aus dem Jahr 878 auf; dort heißt es *ad pontem Uillah*, also »bei der Brücke in Villach«, und 979 wird in einer anderen Urkunde der Name *Fillac* erwähnt, in Verbindung mit einem Gutshof. 1240 finden wir Villach erstmals als Stadt bezeichnet.
Der Name ist ein Besitzname und stammt vom romanischen **Biliacum* (oder einem sehr ähnlichen Wort), das sich wiederum von einem keltischen Personennamen ableitet, der **Bilios* oder ganz ähnlich hieß. Villach bedeutete dann in etwa »Gut des *Bilios«.

Im Slowenischen heißt die Stadt *Beljak*, worin man das romanische **Biliacum* noch recht gut wiedererkennt.

## Vöcklabruck

Wie bei *Innsbruck* benennt auch der Name von *Vöcklabruck* eine Brücke. In diesem Fall führte sie über den Fluss *Vöckla*, der südlich des Hausruck – dort, wo sich die Stadt befindet – in die *Ager* einmündet. Der Flussname *Vöckla* kommt in schriftlichen Aufzeichnungen vom Ende des 9. Jahrhunderts als *Fecchilesaha* und etwas später als *Fechilaha* vor. Hier erkennt man noch sehr gut, dass es sich um eine Zusammensetzung aus dem althochdeutschen Personennamen *Feckil(i)* bzw. *Feckilo* und dem althochdeutschen *aha* »Ache, Bach, Fluss« handelt, also um einen Besitznamen, der etwa mit »Feckils bzw. Feckilos Fluss« übersetzt werden kann.
*Vöcklabruck* begegnet uns in Urkunden aus der Zeit von 1125-36 als *Uechla* (hier heißt der Ort vorerst nur wie der Fluss, im Mittelhochdeutschen) und 1143 als *Ueclabrukke*.

## Wels

Die Gegend in und um *Wels* in Oberösterreich war bereits im Neolithikum besiedelt. Um 1000 vor Chr. wanderten indogermanische Stämme ein, um 400 vor Chr. die Kelten. Durch die Römer schließlich ist uns sein alter Name *Ovilava* überliefert. In der spätrömischen Straßenkarte *Tabula Peutingeriana* begegnet er uns auch als *Oulia*. Letztlich stammt er aus dem Indogermanischen, vielleicht aus der gleichen Sprachschicht wie *Iuavavum*, der alte Name Salzburgs. Zumindest könnte das Element *-av-* in der Mitte beider Namen identisch sein.
Was *Ovilava* bedeutet, ist unklar. Der früheste mittelalterliche Beleg ist die Form *Uueles* im Jahr 776. Gegen Ende des 8. Jahrhunderts taucht auch die Schreibweise Wels bereits auf, die sich in den folgenden Jahrhunderten durchsetzt.

## Wien

Der Name der Bundeshauptstadt *Wien* hat, anders als oft vermutet, nichts mit dem antiken *Vindobona* zu tun. Vielmehr stammt auch er, wie die Namen so vieler Städte und Ortschaften, von einem Fluss, das heißt, einem Flüsschen, das im Wienerwald entspringt und uns heute als *Wienfluss* bekannt ist. Sein Name taucht im Mittelalter im Jahr 881 erstmals in einer Urkunde auf: *Wenia*. Wahrscheinlich ist er keltischer Herkunft. In romanischer Zeit hieß er **Vedinia*, woraus sich dann das althochdeutsche *Wienna* entwickelte, das übrigens nicht mit langem »ie« ausgesprochen wurde, sondern wie im englischen *Vienna* (wollten wir den Namen *Wien* unter Berücksichtigung seiner Geschichte aussprechen, müssten wir eigentlich »Wi-en« sagen). Und was bedeutet *Wienna* bzw. das hieraus entstandene *Wien*? Der Name hängt mit dem indogermanischen Wort für »Wald« zusammen und bedeutet etwa »Waldfluss«. Dasselbe bedeutet übrigens der Name der *Liesing* (die ebenfalls im Wienerwald entspringt und nach der ein Wiener Bezirk heißt), bloß ist er slawischer Herkunft (s. S. 73).

# Attersee, Donau, Ybbs

## Wovon Gewässernamen erzählen

## Unser ältestes Namengut

Die Reihenfolge war klar: Am Anfang war das Wasser – dann kamen die Menschen und blieben. Gewässernamen gehören, nicht nur bei uns, zum ältesten Namengut überhaupt. Wir sind ihnen schon oft begegnet, im Kapitel über die Namensschichten natürlich und dann bei den Ortsnamen. Denn auch beim Benennen gab es eine Reihenfolge: Als erstes wurde das Wasser benannt, die Quellen, Flüsse und Seen, die der Orientierung dienten.

Oft gab der Name auch Wissen über ein Gewässer weiter. So spiegeln Gewässernamen in erster Linie Eigenschaften des Wassers wider: Die *Wien* und die *Liesing* entspringen im Wald, der *Iuvarus* (heute *Salzach*) ist mit Sand vermischt, und das Wasser der *Steyr* staut sich ... Es gibt fließende und stehende Gewässer, sie können hell oder dunkel aussehen, also verschiedene Färbungen aufweisen und ebenso Unterschiede in Größe und Wasserqualität. Fließende Gewässer sind vielleicht reißend, sie führen zu Überschwemmungen oder trocknen oft nahezu aus – all dies schlug sich im Namen nieder. Zu Seen, Flüssen, Bächen und Weihern kommen noch die Quellen, die bis ins Christentum auch in den Religionen der frühen Bewohner Österreichs (ob Kelten, Germanen oder Römer) eine Rolle spielten, oft heilige Stätten oder Kultplätze waren. Zudem wurden mineralhaltige und warme Quellen schon früh von der Heilkunde entdeckt, was ihre Bedeutung natürlich vergrößerte.

Manche der Gewässernamen Österreichs stammen aus der ältesten Sprachschicht, dem Substrat. Meistens sind sie indogermanisch, aber noch keiner Einzelsprache zuzuordnen. Sie sind also Spuren unserer ältesten sprachlichen Vorfahren! Und diese hatten, wie sich im Kreis der indogermanischen Sprachen zeigt, ein typisches Namensystem, dessen Zentrum in Mittel- und Osteuropa lag. Von dort haben die Indogermanen ihr Schema zur Benennung von Gewässern bzw. Gewässereigenschaften »mitgenommen«, wohin immer sie weiterzogen.

So entstanden allein aus dem indogermanischen Wort **drowos* für »Fluss(lauf)« die Namen der zur Ostsee fließenden *Trave*, der oberösterreichischen *Traun*, der französischen *Dronne*, des Moselzuflusses *Drohne/Dron*, der *Draverna* in Litauen, der *Drewenz* in Ostpreußen usw.
Der indogermanische Wortstamm **eis-/*ois-/*is-* »sich heftig, schnell bewegen« wurde zur ursprünglichen Benennung bei der *Isel* in Osttirol herangezogen, ebenso bei der *Isar* in Bayern, beim *Isonzo* in Italien wie in Slowenien (wo er *Soča* heißt), bei der niederländischen *Ijssel* und der französischen *Isère* sowie in Kärnten bei der *Lieser*.
Das indogermanische **albh-* »weiß« erhielt im Laufe der Zeit zunächst die Bedeutung »weißer Fluss«, dann nur noch »Fluss«, und wurde so, ohne auf eine spezielle Eigenschaft zu verweisen, zur beliebten Universalbenennung. Zu den vielen Hydronymen, die hierauf beruhen, zählen die *Elbe* (die auf lateinisch *Albis*, auf slawisch *Laba* heißt), weiters die *Aube* in Frankreich, die *Alm* (urkundlich: *Albina*) in Salzburg und Oberösterreich, ebenso die *Alfenz* in Vorarlberg, die steiermärkische *Lafnitz* und die *Lavant* in Kärnten.
Die meisten deutschen Gewässernamen Österreichs sind heute Zusammensetzungen mit *-bach*, *-fluss*, *-see* sowie dem älteren *-ache* (gekürzt zu *-ach* bzw. seltener *-a*). Die Mehrheit der Namen erklärt sich von selbst: *Mühlbach*, *Schwarza(ch)* »schwarzer Fluss«, *Fischa* »fischreicher Fluss«. Nur größere fließende Gewässer haben in der Regel einen Namen ohne den Zusatz *-fluss*, wie z.B. *der Inn* oder *die Drau*.
Was Seen angeht, so heißen sie meistens nach ihrer Lage. Übrigens: Früher haben die Menschen einen See in ihrer nächsten Umgebung einfach »der See« genannt; bloß die entfernteren benannten sie mit konkreten Namen. Das war auch bei vielen Bächen der Fall, weshalb heute viele nur *Bach* heißen; ebenso gibt es nicht wenige Orte, die entsprechend *Bach* genannt wurden.
Im Folgenden einige bekannte österreichische Gewässernamen.

## Attersee

Der Atter- oder Kammersee ist der größte See des Salzkammerguts und seit dem 8. Jahrhundert namentlich bezeugt. Sein Name geht zurück auf das indogermanische **adro-* »Wasserlauf«. Aus diesem Wort(stamm) entstand auch der Landschaftsname *Attergau*, ebenso der Name des Ortes *Attersee*, der bereits im 9. Jahrhundert als *Atarnhova* bezeugt war.

## Bodensee

Der Name des *Bodensees* stammt vom Ort *Bodman*. Dort, am nordwestlichen Ende des Sees, befand sich einst die fränkische Königspfalz und Münzstätte *Bodoma*, die ihrerseits auf einer sehr alten Ansiedlung errichtet worden war. Bereits um das Jahr 700 ist der Name *Bodungo* bezeugt, bei dem es sich möglicherweise um ein falsch geschriebenes *Bodumo* handelt. Was er wirklich bedeutet, wissen wir nicht.

Im Jahr 833 finden wir in einer Schrift von *Walahfrid Strabo*, Abt des Klosters Reichenau (der Beiname *Strabo* bedeutet »der Schielende«), die lateinische Variante *lacus Potamicus*. Da der Bodensee eigentlich aus zwei Seen besteht, die der Rhein miteinander verbindet, deutete der Gelehrte den Namen *Potamicus* vom griechischen *potamós* »zum Fluss gehörig« her. Rund zweihundertfünzig Jahre später ist daraus *Bodinse* geworden, und nach weiteren zwei Jahrzehnten, um das Jahr 1200, schrieb der Dichter Wolfram von Eschenbach bereits *Bodemsê*. Das hieraus entstandene *Bodensee* hat sich im deutschsprachigen Raum als Bezeichnung durchgesetzt.

Darüber hinaus gab und gibt es für den drittgrößten See in Mitteleuropa natürlich noch andere Namen. Die Schwaben bezeichnen ihn gern als *Schwäbisches Meer*, und das französische *Lac de Constance*, zu dem es auch eine englische, italienische und spanische Entsprechung gibt, verweist auf die größte am See gelegene Stadt: Konstanz.

Wenn wir noch weiter in die Vergangenheit zurückblicken, hatten natürlich die Römer ebenfalls eigene Namen für das wichtige Gewässer. Bereits im ältesten geographischen Werk, das uns auf Lateinisch überliefert ist, der aus dem Jahr 44 n. Chr. stammenden »Kreuzfahrt durch die Alte Welt«, wird der See erwähnt, das heißt, seine Abschnitte, die man heute unterteilt in den östlich gelegenen, großen *Obersee*, den westlichen *Untersee* und den beide verbindenden *Rheinsee* (eigentlich der Rhein, also ein fließendes Gewässer). Autor *Pomponius Mela* jedenfalls benannte Ober- und Untersee mit *lacus Venetus* und *lacus Acronis*. Als Ganzes wird der Bodensee wieder bei *Plinius* in seiner »Naturgeschichte« beschrieben, hier aber trägt er den Namen *lacus Brigantiae* »Bregenzer See«.

## Donau

Die *Donau* ist nach der Wolga der zweitgrößte Strom Europas und fließt, was eine Besonderheit ist, von Westen nach Osten. Vom deutschen Schwarzwald (wo sie aus den Quellflüssen *Breg* und *Brigach* entspringt) bis zum Delta am Schwarzen Meer trägt sie verschiedene Namen, je nach dem Land, das sie gerade durchfließt: Ungarisch heißt sie *Duna*, kroatisch *Dunaj*, serbisch und bulgarisch *Dunav*, rumänisch *Dunarea*.

Alle diese Namen beruhen auf indogermanisch **déh$_2$-nu-* »Fluss bzw. Flüssigkeit«. Diese Herkunft und Bedeutung haben die Namen der *Donau* z.B. mit den russischen Flussnamen *Don* und *Dnjestr* gemeinsam oder mit dem englischen *Doon*, dem walisischen *Donwy* und anderen mehr. – Für Freunde und Freundinnen des Lateinischen sei noch bemerkt: Im Schrifttum der Antike erscheint der Name der Donau erstmals bei Cäsar im »Gallischen Krieg« als *Danubius* (von keltisch *Danuvius*). Damals nannte man aber nur den Ober- und Mittelabschnitt des Donaustromes so. Der Unterlauf, etwa ab dem Eisernen Tor, hieß im Altertum *Ister* bzw. *Hister* – von indogermanisch **eis-/*ois-/*is-* »sich heftig, schnell bewegen«, womit er sich u.a. als namentlicher Verwandter der Isel, der Isar und des Isonzo erweist, s. S. 181).

## Drau

Der Gewässername *Drau* ist in seiner lateinischen Form *Dravus* seit dem Ende des 8. Jahrhunderts bezeugt. Aus *Dravus* entwickelte sich im Humanismus (seit dem 15. Jahrhundert) auch die übliche deutsche Schreibform, die zunächst *Drave*, dann *Drau* hieß. Ins Slowenische gelangte der Name als *Drava*.

Seine Bedeutung ist einfach: Sie beruht auf dem indogermanischen **drowo-* »Fluss(lauf)«.

Ein wenig anders, nämlich mit »t«, wird die Drau in der Mundart ausgesprochen: *Tra* (wobei das »a« zum »o« hin tendiert, also wie »Trå«); manchmal hat sie hier auch noch eine zusätzliche Silbe und heißt *Trage*. Im Dialekt sind nämlich Spuren der mittelalterlichen Schreibweisen *Traa*, *Trâ*, *Traha*, *Traga* erhalten geblieben.

## Enns

Die *Enns* ist ein rechter Nebenfluss der Donau. Erstmals genannt wird ihr Name in schriftlichen Aufzeichnungen aus dem 8. und 9. Jahrhundert, in lateinischen Formulierungen wie *circa Anisam fluvium* »in der Nähe des Flusses Anisa« oder *Floriani … de ponte in fluvio Aniso missus est* »(der heilige) Florian wurde von der Brücke in die Enns gestoßen«. Auch die Schreibweise mit »E« taucht im Mittelalter auf, so dass uns neben der älteren Namensform *Anisa* auch *Enisa* begegnet.

Dem Namen liegt wahrscheinlich das indogermanische **pen-/*pon-* »Sumpf« zugrunde; aber es lässt sich nicht genau sagen, wie alt er ist, nur, dass er über das Romanische ins Deutsche gelangte. Wahrscheinlich stammt er aus dem Keltischen oder doch aus dem Substrat, der ältesten, voreinzelsprachlichen Namensschicht. Dann müsste man ihn vom indogermanischen **en-/*on-* »Wasser« plus der Endung *-isa* ableiten.

Nach dem Fluss wurde u.a. die Stadt *Enns* benannt, die an seiner Mündung in die Donau aus der ehemaligen Festung *Ennsburg* hervorging.

## Feistritz

Der deutsche Name der *Feistritz* ist abgeleitet aus dem slowenischen *Bistrica*; und dieses fußt auf dem häufig vorkommenden, slawischen Hydronym **bystrica* »schneller, klarer Bach«. In Österreich finden wir diesen Flussnamen über 30 Mal (davon allein in Kärnten über ein Dutzend Mal).

## Gail

Der Name der *Gail* stammt aus vorrömischer Zeit und bedeutet etwa »überschäumender Fluss«. Im Romanischen lautete er wahrscheinlich **Gelia*, beruhend auf dem indogermanischen **ghoilo-* »aufschäumend, heftig«.

Die althochdeutsche Namensform lautete *Gîla*; allerdings wird der südlichste Fluss Österreichs erst in mittelhochdeutscher Zeit schriftlich genannt. Im Slowenischen heißt er *Zilja*.

## Görtschitz

Der deutsche Name *Görtschitz* beruht auf dem slowenischen *Krčica*, das die Verkleinerungsform von *Krka* ist, dem slowenischen Namen der *Gurk*. *Görtschitz* heißt also »kleine Gurk«. Es ist ein beliebtes slawisches Muster, den Nebenfluss als »kleinen Fluss« vom Hauptfluss abzuleiten. So heißt in Österreich etwa auch die *Mürz* nach der *Mur*, also »kleine Mur« (slawisch **Murica* von *Mura)*; ein Beispiel aus Russland ist etwa der *Donec*, der »kleine Don«.

## Gurk

Auch der Name der *Gurk* stammt aus vorrömischer Zeit. Er beruht auf indogermanisch **kr-k-ā* »die Sumpfige«, woraus dann slowenisch *Krka* und althochdeutsch *Gurka* entstanden. Die ersten urkundlichen Nennungen dieses Nebenflusses der Drau finden wir im 9. Jahrhundert, wo sie u.a. als *Curca* oder *Gurca* bezeichnet wird.

## Inn

Der *Inn*, der Hauptfluss Tirols, wird schriftlich erstmals im 1. Jahrhundert erwähnt, vom römischen Geschichtsschreiber Tacitus. Sein damaliger Name war *Aenus*. Ab dem 4. Jahrhundert begegnen wir den verschiedensten, hieraus entstandenen Formen. Hier eine kleine Auswahl: *Enus* (4. Jh.), *Henus* (6. Jh.), *Oenus* und *Aenus*, *Igna* und *Ignus* (7. Jh.).
Soweit die schriftlichen Zeugnisse. Allein die Frage, was *Inn* bedeutet, ist nicht einfach zu beantworten. Für einen Namenkundler hängt sie an der diffizilen Frage, wie wir uns die Veränderungen des Anfangsvokals im Laufe der Geschichte, das heißt im Rahmen der Gesetzmäßigkeiten des sprachlichen bzw. lautlichen Wandels, vorstellen müssen. Die wahrscheinlichste Erklärung ist jedenfalls, dass es sich bei *Inn* um einen alteuropäischen Gewässernamen handelt, der sprachgeschichtlich mit dem gotischen *fani* »Schlamm« bzw. dem altpreußischen *pannean* »Moorbruch« zusammenhängt. Ursprünglich hieß er **penios*, wobei die Kelten daraus **enios* machten. Und in germanischer Zeit verwandelte sich unter anderem das »e« am Wortanfang in ein »i«. Zu übersetzen wäre der Name etwa mit »schlammiger Fluss«.

## Kamp

Der Name des *Kamp* stammt vom keltischen **kambos* »gewundener Flusslauf«. Erstmals im Jahr 791 als *Camp* erwähnt, hat er sich bis heute kaum verändert.

## Krems

Die *Krems* heißt nach einem indogermanischen, voreinzelsprachlichen Gewässernamen, der etwa »einschneidendes Gewässer, in die Berge eingeschnittener Fluss« bedeutet; mehr dazu s. S. 172f.

## Lavant

Die *Lavant*, ein Nebenfluss der *Drau* in Kärnten, hat ihren Namen vom indogermanischen **albanta* »die Weißglänzende«. Übers frühslowenische **labănta* gelangte er als *Lavant* ins Deutsche. Bereits im Jahr 860 wird die *Lavant* in einer Urkunde erwähnt, in der lateinischen Formulierung *ad Labanta* »bei der Labanta«. Im Slowenischen heißt sie heute *Labotnica*. Übrigens: Zwei Seitenbäche der Lavant heißen heute *Weißenbach*; so setzt sich in ihrem Namen gewissermaßen die alte Bedeutung der »Lavant« fort.

## Lech

Der *Lech* entspringt im österreichischen Bundesland Vorarlberg und fließt gen Bayern, wo er in die Donau mündet. Weniger klar ist die Herkunft seines Namens. Manche meiner Kollegen betrachten ihn als keltisch und verknüpfen ihn mit mittelirisch *lecc* »Steinplatte«; andere sehen in ihm ein alteuropäisches Hydronym und gehen vom aus dem Indogermanischen stammenden **lik-* »krümmen, biegen« aus; wieder andere vermuten einen Zusammenhang mit indogermanisch **wlik$^{w}$-* »feucht« (vgl. lateinisch *liquere* »flüssig sein«).
Schon im Jahre 8 vor Chr. findet sich der Stammesname *Licates*, was »Lech-Anwohner« bedeutet. Hieraus kann man auf den Flussnamen **Lica* schließen. Tatsächlich ist die sehr ähnliche Namensform *Licca* für das 6. Jahrhundert belegt; den heutigen Namen *Lech* findet man bereits im 8. Jahrhundert.

## Leitha

Der Name der *Leitha*, die durch Niederösterreich und das Burgenland nach Ungarn fließt, beruht auf indogermanisch **lei-/*loi-* »schleimig, glitschig«, ist also ein nicht gerade schmeichelhafter Hinweis auf ihre damalige Wasserqualität.
Er gelangte über das vulgärlateinische **Laedava* ins Gotische, wo das deutsche Gewässernamen-Grundwort *-aha* hinzutrat. Althoch-

deutsch hieß sie schließlich *Lîtaha*, woraus das heutige *Leitha* entstand. Ihr ungarische Name *Sárvíz* »Kotwasser« ist eine konsequente Übersetzung des deutschen.

## Lieser

Urkundlich erstmals 1072 als *Lisara* bezeugt, geht der Name der *Lieser* wahrscheinlich auf das indogermanische Hydronym *Isara* zurück, das man auch bei der *Isar* in Bayern und der *Isère* in Frankreich antrifft und das ungefähr »heftig und schnell fließendes Wasser« bedeutet.

Das zusätzliche »L« am Wortanfang beruht auf dem romanischen Artikel; die Lieser hieß im Romanischen also **l'Isara* (wie in Frankreich die *Lozère* und eine zweite *Lieser* im Moselgebiet).

## Möll

Der Name der *Möll* kommt vom vorkeltischen **mal-* »Berg«, bedeutet also »Bergfluss«. Das **mal-* ist in der frühslawischen Form des Namens **mălьna* noch deutlich zu erkennen, später wurde daraus **molьna* und schließlich das alt-und mittelhochdeutsche **Möln*, das zum heutigen *Möll* führte.

Aus dem frühslawischen **mălьna* entstand außerdem (durch Verkleinerung) der Name *Mallnitz* »die kleine Möll«, den ein Nebenfluss der *Möll* trägt.

## Mondsee

Schon in Aufzeichnungen aus der Mitte des 8. Jahrhunderts findet man den Namen *Mondsee* in seiner lateinischen Übersetzung *Lunelacus* . Ab 771 wird dann auch deutsch *Maninseo* notiert, eine Zusammensetzung aus den althochdeutschen Wörtern *mano* »Mond« und *sêo* »See«. (Übrigens: Die Ufer des Mondsees waren schon in der Jungsteinzeit besiedelt; aufgrund hiesiger archäologischer Funde erhielt die gesamte ostalpine Pfahlbaukultur den Namen *Mondseekultur*.)

## Mur

Die *Mur* ist der Hauptfluss der Steiermark. Ihr Name ist seit dem 10. Jh. urkundlich belegt als *Muora*. Zugrunde liegt ihm das Hydronym **Mōrā* »Gewässer, sumpfiger Wasserlauf«, das übrigens wie das lateinische *mare* und die deutschen Wörter *Meer* und *Moor* auf indogermanisch **mŏri-/mōri-* »stehendes Gewässer; Meer« zurückgeht. – Der Name des Nebenflusses *Mürz* stammt vom slawischen *Murica* und bedeutet »kleine Mur«.

## Neusiedler See

Der *Neusiedler See* heißt heute nach der am nördlichen Ufer gelegenen Stadt *Neusiedl am See* »neue Siedlung am See«. Sein ursprünglicher Name war jedoch ungarischer Herkunft; er ist uns durch eine Urkunde aus dem 11. Jahrhundert als *Vertowe* überliefert, wobei es sich um die Eindeutschung eines ungarischen Wortes handelt, das aus *fertő* »Sumpf« plus *tó* »See« besteht. Demnach bedeutete *Vertowe* etwa »sumpfiger See«.

## Rhein

Der *Rhein* fließt u.a. entlang der österreichisch-schweizerischen Grenze und, bevor er in den Bodensee mündet, durch Vorarlberg. Sein Name ist sehr alt und stammt aus der voreinzelsprachlichen, indogermanischen Namensschicht. Wir finden ihn bei den antiken Autoren als lateinisch *Rhēnus*, griechisch *Rhēnos*. Die deutsche Namensform beruht auf dem althochdeutschen *Rīn*, das auf ein indogermanisches **reinos* zurückgeht und »Fluss, Strom« bedeutet.

## Salzach

Die *Salzach*, von der bereits im Zusammenhang mit *Salzburg* die Rede war, hat zunächst einen leicht verständlichen Namen: das Wort »Salz«, verbunden mit der typischen Gewässernamen-Endung *-ach* (s. S. 45). Ein Name, der darauf verweist, dass der Fluss

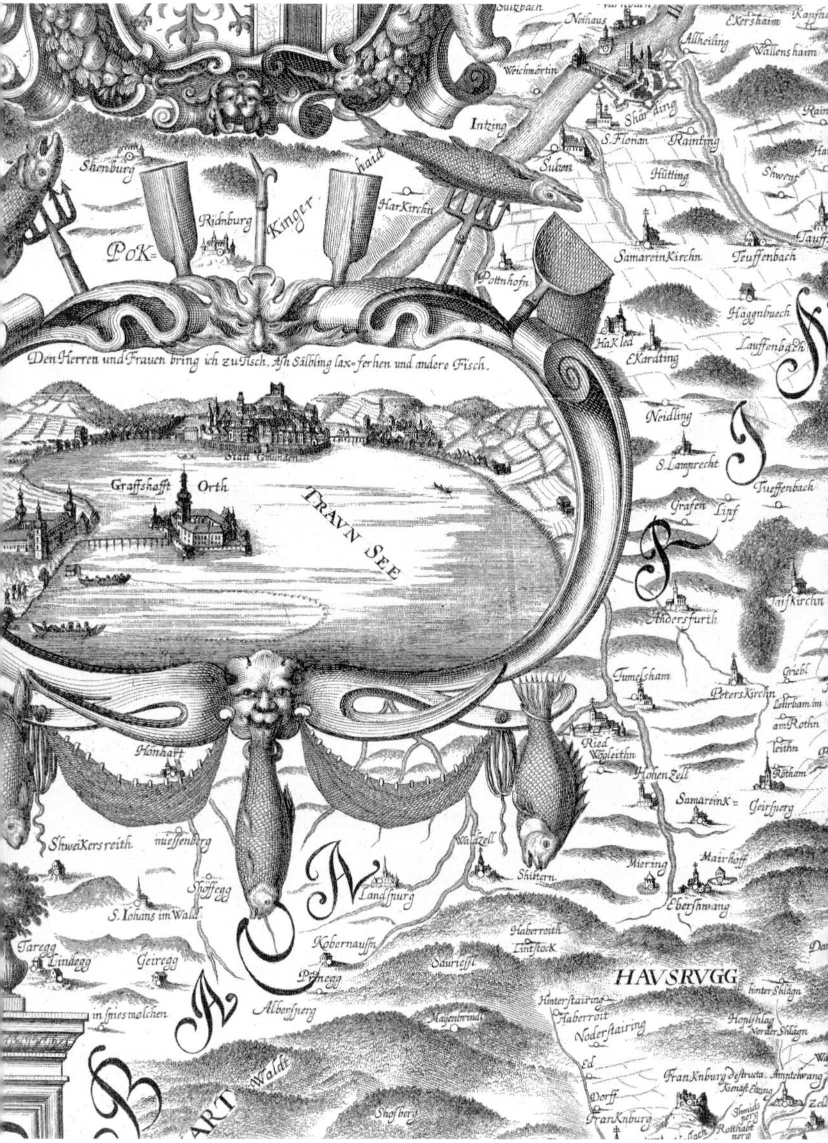
Den Herren und Frauen bring ich zu Tisch, Asch Sälbling lax=ferhen und andere Fisch.
TRAVN SEE
Graffshafft Orth
Statt Gmunden
Shenburg
Ridnburg
POK=
Kinger
haid
HarKirchn
Pottnhofn
Intzing
Weichmörtin
Neihaus
Shärding
Allheiling
Wallenshaim
S.Florian
Rainting
Suben
Hütting
Samarein Kirchn
Teuffenbach
Häggnbuech
Lauffenbach
HaKled
EKardting
Neidling
S.Lamprecht
Tueffenbach
Grafen
Lipf
Andersfurth
Taifkirchn
Tumelsham
Peters Kirchn
Griebl
Ried
Wögleithn
Hohen Zell
Samareink=
Geirspery
Rötham
Hönhart
Shweikersreith
nüessenberg
Shöffegg
S.Iohans im Wald
Waldzell
Shiltern
Landsperg
Miering
Mairhoff
Ebershwang
Kobernaussn
Haberroith
Lintstock
Sauriessl
Taregg
Lindegg
Geiregg
Prenegg
Albersperg
in snies molchen
Maisenbrunn
HAVSRVGG
Hinterstairing
Haberroit
Noderstairing
hinter Shlägn
Hopshlag
Norder Shlägn
Ed
Frankburg destructa
Amptelwang
Dorff
Frankburg
Shosberg
Waldt
ART

zur Salzschifffahrt genutzt wurde und der bereits, in der damaligen Form *Salzaha*, im 8. Jahrhundert in einer Urkunde aufscheint. Der ältere, lateinische Name des Flusses ist *Iuvarus* oder *Ivarus*; er geht letztlich auf das indogermanische **jew- bzw.* **ju-* »vermischen« zurück und ist daher als »mit Sand vermischtes Wasser« zu verstehen.

## Schwechat

Der Name der *Schwechat* ist deutschen Ursprungs und bezieht sich auf übel riechende Schwefelquellen im Badener Raum. In der ersten Hälfte des 11. Jahrhunderts erstmals bezeugt als *Svechant*, handelt es sich bei ihm um das Partizip des althochdeutschen Verbs *swëhhan* »stinken, riechen«.

## Traisen

Die *Traisen* mündet nordöstlich vom niederösterreichischen *Traismauer* in die Donau. Ihr Name ist keltischen Ursprungs und bedeutet »schnell fließendes Wasser«. Die Kelten nannten den Fluss wahrscheinlich **Tragisama*, und aus dieser Form entwickelte sich das romanische **Traisma*, schließlich das althochdeutsche *Treisma*.

## Traun, Traunsee

Der oberösterreichische *Traunsee* heißt nach der *Traun*, die ihn durchfließt, und

deren Name beruht auf dem indogermanischen **dreu-/*drū-* »laufen, eilen«, ist also im Sinne eines schnell dahineilenden Flusses zu verstehen.
Der Traunsee wird bereits 909 in einer Urkunde Kaiser Ludwigs des Kindes erwähnt als *Trunseo.*

## Wörthersee

Der größte See Kärntens, der *Wörthersee* – so die richtige Schreibung statt *Wörther See* – ist urkundlich erstmals 1072 als *Wertse* bezeugt. Seinen Namen hat er von der Ortschaft *Maria Wörth*, die am südlichen Seeufer auf einer Halbinsel liegt. Und nichts anderes als »Insel, Halbinsel, Uferland« bedeutet der Namensteil *Wörth*, der sich von althochdeutsch *weride* herleitet und im Dialekt zu *Wert* oder *Wört* wurde.
Der Name *Wörthersee* verweist somit auf die am See gelegene Insel bzw. Halbinsel mit der Pfarrkirche Maria Wörth; das tut er übrigens auch auf Slowenisch: *Otoško jezero* beruht auf slowenisch *otok* »Insel«.

## Ybbs

Auch der Name der *Ybbs* stammt aus voreinzelsprachlicher Zeit. Das ihm zugrundeliegende indogermanische Wort **Iwosā* bedeutet »schnell fließendes Gewässer«. Diese frühe Bezeichnung ist übers vulgärlateinische **Ivusa* ins Althochdeutsche gelangt, wo sie zu **Ibusa* bzw. *Ipusa* wurde. Als *Ipusa* wird die Ybbs auch erstmals schriftlich erwähnt: im 9. Jahrhundert.

# Die Namen der Berge

## Ein Ausnahmefall

## Österreichische Bergnamen: ein Überblick

Waren die Gewässernamen die ältesten, so sind die Namen der Berge die jüngsten unter den geographischen Namen Österreichs. Die meisten von ihnen wurden uns zudem erst sehr spät überliefert, was natürlich ihre Deutung erschwert. Woran kann das liegen? Waren etwa die Berge nicht wichtig für die frühen Bewohner Österreichs? Oft waren sie sogar heilig – aber: Ein heiliger Berg trug vielleicht einen geheimen Namen, oder man scheute davor zurück, ihn zu benennen. In vielen Mythen wurden die zum Himmel aufsteigenden Berge mit ihrer Unwirtlichkeit, ihren oft in Wolken gehüllten Gipfeln, ihren gefährlichen Abgründen zum Sitz der Götter oder der Dämonen. Wie das Meer waren sie für den Menschen früherer Epochen zudem unheimlich und furchterregend, wovon auch in christlicher Zeit entstandene Namen noch künden: Oronyme wie *Wilder Jäger* oder *Hexenkopf* sind keine Seltenheit.

Aber was ist mit allen, die bis ins 18. Jahrhundert etwa über die Alpen zogen oder reisten? Brauchten sie keine Karten? Natürlich, aber kaum Bergnamen. Einzelne Berge wurden auf Karten namentlich nur angegeben, wenn sie wichtige Orientierungspunkte waren oder von militärischer Bedeutung. Das traf bloß auf einige zu. Ansonsten genügte es, die Gebirge und besonders die wichtigen Gebirgspässe einzuzeichnen.

Kurz: Die Deutung von Bergnamen – als Fachbegriff *Oronyme* genannt – ist oft eine schwierige Aufgabe für den Namenkundler. Aufgrund ihrer besonderen Situation behandeln wir die *Oronyme* fast wie eine eigene Gattung. Offiziell festzulegen, das heißt auch auf Landkarten einzutragen, begann man die Bergnamen erst im Zuge der wirtschaftlichen Erschließung der Berge: zunächst für Bergweiden, dann für den Bergbau, später als Jagdgebiete und seit dem 19. Jahrhundert für den Fremdenverkehr.

Aus der Zeit davor besteht unser Material vor allem aus Grenzbeschreibungen, Almen betreffenden Urkunden sowie Protokollen von Streitigkeiten über Weiderechte. Auf alten Karten sind Bergnamen in nur sehr beschränktem Umfang notiert. (Mit Ausnahme der alten Tiroler Landkarten, die schon im 18. Jahrhundert eine erkleckliche Anzahl an Bergnamen aufweisen.)

## Die sprachlichen Schichten

Obwohl die Bergnamen zum größten Teil recht jung sind – die meisten der älteren stammen aus dem Hoch- und Spätmittelalter –, treffen wir bei ihnen auf die gleichen Sprachschichten wie im restlichen Namengut Österreichs. Das deutsche Sprachgut ist also meistens bairisch und nur im Westen, vor allem in Vorarlberg, alemannisch; typisch bairisch ist z.B. das uns bereits von den Orts- wie Personennamen bekannte *Bichl* »Bühel, Hügel«, typisch alemannisch *Fluh* »Fels bzw. Felsabhang, Felsplatte«. Auch dem Alpenslawischen und Slowenischen verdanken wir zahlreiche Bergnamen und Wörter, mithilfe derer sie oft gebildet wurden, wie z.B. das Wort *Kulm* – es stammt von slowenisch *holm* »Hügel, Kogel«. Dort, wo sich zwei Sprachschichten überlappen – wie die romanische und die slawische –, ist das Bergnamengut nicht immer eindeutig zuzuordnen. (Für den Namenkundler eine Herausforderung, spiegelt diese Situation doch den Tatbestand wider, dass, wo zwei Sprachen nebeneinander existieren, sie einander auch beeinflussen.) So könnte der *Gollspitz* in Kals seinen Namen sowohl vom slawischen *golъ* »kahl« bezogen haben als auch vom romanischen *col*, das *collis* »Hügel, Anhöhe« oder *collum* »Hals; Bergpass, Übergang« bedeuten kann. Ob die eine oder die andere Sprache dem *Gollspitz* den Namen verlieh, können wir nicht mit Sicherheit feststellen; beides ist in diesem slawisch-romanischen Mischgebiet möglich.

## Nach Bedeutung geordnet

Um in einem »Land der Berge« einen Überblick über die inzwischen beträchtliche Anzahl der *Oronyme* zu erhalten, verlässt man sich am besten auf einen Spezialisten: Der Altmeister der Bergnamenforschung in Österreich heißt Eberhard Kranzmayer (1897–1975). Von ihm stammt folgende bewährte Unterteilung der Bergnamen in »semantische Gruppen«, das heißt ihrer Bedeutung nach:

· *Lagenamen* (im weitesten Sinn); sie beschreiben die Form eines Berges, die dortige Witterung (bzw. andere allgemeine Naturerscheinungen), Flora und Fauna oder die Nachbarschaft.

· *Kulturnamen*; sie beziehen sich auf die wirtschaftliche Nutzung eines Berges.

· *Besitznamen*.

· *Kultisch-mythische* bzw. *religiöse Namen.*

· *Künstliche* bzw. *gelehrte Namen*, die von Geographen und Bergsteigern oder auch durch den Fremdenverkehr geprägt wurden.

Viele Berge haben verschieden Namen, je nachdem, von wo aus und von wem sie benannt worden sind. Oft existiert auch ein bodenständig-volkstümlicher Name neben einem touristischen »offiziellen«, zum Beispiel in den Karawanken, wo der *Harlouz* offiziell *Ferlacher Horn* genannt wird.

Nun möchte ich Ihnen für jede der Gruppen noch einige Beispiele nennen.

## Lagenamen nach der Form

Der einfachste und oft genutzte Name für einen Berg lautet: *Berg*. Solange es sich dabei um den einzigen Berg in der Nähe handelt, brauchen dort Wohnende keine genauere Bezeichnung. Er bezeichnet die einzige bemerkenswerte landschaftliche Erhebung und kann nicht verwechselt werden. Namen wie dieser funktionieren nur in einer kleinen Welt. Aus diesem Grund sind auch die Oronyme, die die Form eines Berges beschreiben, oft zusammengesetzte Wörter. Eine zusätzliches Wort ist ein weiterer Hinweis und dient der besseren Unterscheidung, dient dazu, das Benannte stets genau erkennbar, identifizierbar zu machen.

An dieser Stelle sollten wir uns allerdings zunächst einmal mehr für gemeinsame als für individuelle Merkmale interessieren (letztlich zeigt sich bei Betrachtung des einen ohnehin stets das andere mit), nämlich für die Appellative, die in einem Bergnamen seine Form beschreiben. Hier eine Auswahl.

Zunächst einmal gibt es die *Bergwörter*: Wörter, die darauf hinweisen, dass es sich um den Namen eines Berges handelt. Zu ihnen gehört natürlich auch das Appellativ *Berg*, das wir etwa beim *Kahlenberg* in Wien oder beim niederösterreichischen *Schneeberg* finden. Auch das bereits mehrmals vorkommende *Bichl* »Bühel, Hügel« gehört in diese Kategorie: Der niederösterreichische *Hirschbichl* und der *Pfaffenbichl* in Tirol bezeugen's. Weitere Appellative dieser Art sind etwa: *Kofel* »felsiger Gipfel«, *Kogel* »rundlicher Gipfel«, *Spitz* (der auf Karten oft zur *Spitze* wird), *Kar* »Gebirgskessel«, *Nock* »hohe, abgeflachte bzw. rundliche Kuppe« (mehrere Berge dieses Aussehens finden Sie im Kärntner *Nockgebiet*), *Gupf* »Bergkuppe, rundlicher Gipfel«.

Eine andere Perspektive (vielleicht, könnte man mutmaßen, eine nähere, dramatischere, aus der kein Gipfel mehr sichtbar ist) kommt in *Fluh* »jäher Felsabhang, Felswand« zum Ausdruck. Es ist eher ein Vorarlberger Wort, weshalb auch die *Mittagsfluh* und die *Weiße Fluh* im Bregenzer Wald gelegen sind. Ähnlich sind auch die Namen *Hohe Wand* in Niederösterreich und *Haller Mauern* in Oberösterreich und der Steiermark.

Neben diesen direkten *Bergwörtern* gibt es solche, die eine übertragene Bedeutung haben (vielleicht erinnern Sie sich ja noch an die Übernamen, denen ein bildlicher Ausdruck, eine Metapher zugrunde lag; hier ist es ähnlich). Da kann ein Berg *Kopf* genannt werden, weil er vielleicht die höchste Erhebung in der Gegend ist und/oder aussieht wie ein Kopf, der über den Rest des Körpers »erhaben« ist; in den Karnischen Alpen in Kärnten finden wir zum Beispiel den *Seekopf*, als »Bergkopf über dem See«. Auch das Wort *Ruck* »Rücken« kann die Form eines Berges beschreiben, vor allem, wenn noch ein Wort hinzukommt wie beim *Bocksruck* in den *Niederen Tauern*, den man als Namen andernorts als *Bosruck* und *Poßruck* kennt. Es kommt auch vor, dass die Form eines Berges einem *Horn* ähnelt, wovon dann sein Name erzählt, wie etwa der des *Ferlacher Horns* in den Karawanken. Ebenso dienen zur Beschreibung der Form von Bergen in ihren Namen die Wörter *Sattel*, *Joch* bzw. *Jöchl*, *Tor* bzw. *Törl*, *Kamm* (altmundartlich *Kamp*), *Eck*, *Schober* und andere mehr. Einzelfälle sind dagegen der *Glockner* oder der *Dachstein*.

## Lagenamen nach der Witterung

Der Einfluss der Berge auf das Klima, die hier herrschenden Temperaturschwankungen, scheinbar plötzlich aufkommenden Winde, scheinbar abrupten Wetterwechsel usw. trugen zu folgenden, in der Regel für sich sprechenden Namen bei, die wir in Österreich finden: *Wetterwinkel* und *Wetterkreuz* (bei Kitzbühel), *Donnerkogel* (u. a. am Dachstein und in Oberösterreich), *Nebelstein* (Niederösterreich), *Schauerkogel* (Mürzsteger Alpen).

Auch Namen wie *Böses Weibl* oder *Weibele*, die man mehrmals in Tirol antrifft, beziehen sich auf das Wetter; ihnen entspricht im slowenischsprachigen Gebiet Kärntens der häufig anzutreffende Bergname *Baba* »altes Weib, Großmutter«. Nach dem Stand der Sonne heißen zum Beispiel der *Mittagskogel* in den Karawanken oder der *Sonnblick* und die *Zwölferspitz(e)*, die Sie beide in Kärnten und Salzburg finden. Und auch der *Polinik* in den Karnischen Alpen, dessen Name slowenisch ist, heißt ins Deutsche übersetzt »Mittagsberg«. Auf Schnee verweisen direkt *Schneeberg* und *Schneekogel* (in den

Ybbstaler Alpen), während Vergletscherung in der österreichischen Bergwelt durch drei verschiedene Wörter zum Ausdruck kommt: erstens das allgemein bekannte *Gletscher* – es begegnet uns allerdings nur im alemannischen Bereich, vor allem in Vorarlberg (z.B. *Klostertaler Gletscher*); zweitens bairisch *Ferner*, der mit *Firn* »alter, gefrorener Schnee« verwandt ist – ihm begegnen wir in Tirol (z.B. *Ötztaler* bzw. *Gurgler Ferner*); drittens *Kees*, ein altes Wort für »Eis«, das man vor allem östlich der Grenze zwischen Nordtirol und Salzburg antrifft (z.B. *Krimmler Kees*).

## Lagenamen nach der Flora

Ein Berg, auf dem für die, die ihn benannten, die Flora nicht bemerkenswert erschien, ist der Wiener *Kahlenberg*, und er hat natürlich zahlreiche Namensvettern, da ein Berg ab einer gewissen Höhe in der Regel keine üppige Flora aufweist. Umso bemerkenswerter die vorhandene: Den *Grasberg* finden Sie in der Steiermark (Hochschwabgruppe), den *Zirmkogel* »Zirbenkogel« in den Kitzbüheler Alpen. In den oberösterreichischen Voralpen liegt der *Feichtenberg* »Fichtenberg«.

Auf eine besondere Pflanze verweisen die mit *Speik*- beginnenden Oronyme. *Speik* ist der Name einer in den Alpen wachsenden Lavendelart; ihr Vorhandensein kündigen etwa die Namen von *Speikkofel* oder *Speikberg* an, der erste in den Norischen Alpen, der zweite im Dachsteingebirge. »Nieswurzgegend« müsste man hingegen den Namen des *Semmering* übersetzen, der sehr alt ist und aus dem Slawischen stammt; verwandt ist er mit slowenisch *čemerika* »weiße Nieswurz, weißer Germer«.

## Lagenamen nach der Fauna

Gämse, Hirsch, Auerhahn und -huhn gehören zu den Tieren, die im alpinen Raum leben. Berge, denen sie ihren Namen gegeben haben, sind z.B. der *Gamskogel* im Toten Gebirge und der *Gamsstein* in Tirol; der *Hirschenkogel* u.a. in Niederösterreich und das *Hirzeck* in den Niederen Tauern (Hirz ist ein altes mundartliches Wort für »Hirsch«); der *Hühnerkogel* in den Norischen Alpen. Auch der *Petelin* in den Karawanken gehört zu ihnen, denn er beruht auf dem slowenischen Wort für »Hahn«. Viele dieser Namen hängen auch mit der Jagd zusammen, wie z.B. *Jagerkogel* oder *Gjaidalm* und *-stein* (zu altmundartlich *Gjaid* »Jagd« in Oberösterreich).

## Lagenamen nach der Nachbarschaft

Auf viele Gebirgsgruppen wurden einfach die Namen ihrer nächsten Umgebung übertragen; das konnten Landschaftsnamen sein wie z.B. bei den *Allgäuer Alpen*, Ortsnamen wie bei den *Kitzbüheler Alpen* und manchmal auch historische Namen wie bei den *Norischen Alpen*. Einzelne Berge und Gipfel trugen oft die Namen von Höfen wie der *Koschutnikturm* in den Karawanken (nach dem Gehöft *Koschutnik* am Fuße des Berges) und Almen und Fluren der nächsten Umgebung wie der *Wolayerkopf* in den Karnischen Alpen (nach dem Flurnamen *Wolaye*). Auch der *Bielschitza* in den Karawanken heißt nach einem Flurnamen: Das slowenische *Belščica*, das seinem Namen zugrunde liegt, bedeutet »Vellacher Alm«, nach dem Ort Karner Vellach/Koroška Bela in Slowenien.

Wer in den Bergen unterwegs ist, muss auch wissen, wo das nächste Obdach zu finden ist. Vielleicht heißen darum manche Berge nach Schutzhütten wie, nach der *Klagenfurter Hütte*, die *Klagenfurter Spitze* in den Karawanken.

Auch Alpenvereinssektionen sowie mancher verdiente Alpinist wurden in Bergnamen »verewigt«; ersteres etwa bei der *Austriascharte* im Dachsteingebirge u.a. (nach der AV-Sektion *Austria*) und zweiteres z.B. bei den *Simonyspitzen* und dem *Simonykees* in Tirol.

## Kulturnamen

In den *Kulturnamen* spiegelt sich, auf welche Art ein Berg genutzt wird. Der häufigste Name in dieser Gruppe ist sicher das Wort für »Bergweide«: *Alpe* bzw. bairisch *Alm*, alemannisch *Alp* und *Alb*. Wir finden es in Namen wie *Hochalm*. Auch Kuh-, Ochsen- oder Rossalmen inspirierten zu Bergnamen wie *Kuhberg*, *Ochsenkogel* oder *Rosshorn*.
Einen Hinweis auf den – heute oft schon historischen – *Bergbau* und darauf, was im Innern eines Berges abgebaut wurde, geben Namen wie *Erzberg*, *Goldeck*, *Eisenhut* oder *Salzberg*. Und auf die »Bergknappen«, also die im Bergbau Arbeitenden, verweist der *Knappenböden* in Tirol.

## Besitznamen

Die Bergnamen dieser Gruppe beruhen oft auf Orts- oder Hofnamen und spiegeln Weiderechte von Bauern wider, wie z.B. *Villacher Alpe* (hier hatten eben die Villacher Bauern das Recht, ihr Vieh weiden zu lassen). Weitere Beispiele sind der *Hochschwab*, der nach dem Bauern *Schwab* heißt, oder der *Karwendel*, eine ganze Gebirgsgruppe (urkundlich seit dem 13. Jhdt. als *Gerwendel*, *Gerwentil* belegt, seit etwa 1500 als *Garwendel*), deren Name auf dem alten Personennamen *Gerwendelaur* beruht.

## Kultisch-mythische und religiöse Namen

Viele Bergnamen beruhen auf Legenden, Sagen oder Mythen; hierzu gehören etwa *Hochkönig*, *Kaiserburg*, *König(s)stuhl* und *Hochstuhl*, deren Namen alle im Volksglauben begründet sind. Sagengebunden ist z.B. auch der Name *Übergossene Alm*, den man in Salzburg findet. Allerdings können wir manchmal nicht eindeutig sagen, ob ein Bergname sich wirklich auf eine Sage oder mythische Figur bezieht:

Der *Venediger* könnte seinen Namen sowohl von den sagenhaften »Venediger Männlein« haben als auch ganz profan nach der Stadt oder einem auf ihr beruhenden Personennamen heißen. Auch der Name *Totes Gebirge* könnte zwar von einer Sage inspiriert worden sein, ebenso aber von der dortigen, durch Wassermangel pflanzenlosen und öden Landschaft.

Zahlreiche Berge sind auch nach Heiligen oder den ihnen geweihten Kirchen und Kapellen benannt. Ein bekanntes Beispiel hierfür sind etwa die vier Berge des »Kärntner Vierbergelaufes« *Magdalens-*, *Ulrichs-*, *Veits-* und *Lorenziberg*.

## Künstliche und gelehrte Namen

Die *künstlichen* Bergnamen wurden nicht von den lokalen An- oder Bewohnern geprägt, sondern entstanden etwa aus bergsteigerisch-touristischen Bedürfnissen wie z.B. die *Klagenfurter Spitze*. Auch geographische Bedürfnisse, wie das nach genauer Zuordnung zu einem Gebiet, konnten hier ausschlaggebend gewesen sein; der Name der *Lienzer Dolomiten* entstand so.

Auch die meisten mit *Hoch-* und *Groß-* zusammengesetzten Bergnamen sind »sekundär«, also »künstlich« benannt, um die höchste Erhebung eines Bergstockes anzuzeigen, wobei oft die ursprüngliche, volkstümliche Bezeichnung diese Bedeutung schon beinhaltet, wie z.B. beim *König* in Salzburg, der offiziell zum *Hochkönig* umbenannt wurde.

Bei der *gelehrten* Namengebung wurden oft ganze Gebirgsgruppen nach *einem* Berg benannt (was sonst nie vorkommt) wie z.B. die *Granatspitzgruppe* oder auch nach historischen Vorbildern wie die *Norischen Alpen*. Auch die Bezeichungen *Alpen* und *Tauern* sind – als Sammelbegriffe – »gelehrten« Ursprungs; volkstümlich waren *Alpe* und *Tauern* Bezeichnungen für Berge schlechthin.

Zu den *künstlichen Namen* zählen auch diejenigen, die aus einer falschen Schreibung entstanden, wie z.B. *Birnlücke*, die noch 1888 richtig *Pyrlücke* hieß (nach *Pirra* bzw. *Birlbach*, dem alten Namen des Wasserlaufes im Südtiroler Ahrntal).

Im Folgenden lesen Sie eine Auswahl der Wörter bzw. Appellative, die am häufigsten in österreichischen Bergnamen vorkommen. Anschließend daran finden Sie eine Liste bekannter Bergnamen und ihrer Bedeutungen.

## Häufige Appellative in Bergnamen

**Aibel** stammt von der Verkleinerungsform *Älpl* (*Alpl*, *Älpele* usw.) für *Alpe*, die in manchen (mittelbairischen) Mundarten etwa wie »Eibl« bzw. »Eiwl« ausgesprochen und demgemäß *Aibel* bzw. *Eibel* geschrieben wird.

**Alpe**, Verkleinerung u.a. **Älpl, Alpl, Älpele** »Bergweide«; das Wort wird von alters her im Plural zur Bezeichnung der *Alpen* gebraucht und kommt auch außerhalb des »alpinen« Bereichs vor (z.B. *Schwäbische Alb*). Es handelt sich um ein Wort aus der ältesten Sprachschicht, dem Substrat, das ursprünglich wahrscheinlich sowohl »Berg« als auch »Pass« bedeutete. Vom lateinischen *alpis* »hochgelegenes Weidegebiet« (Plural *alpes*) gelangte es über das Romanische ins Deutsche. Im Alemannischen heißt es *Alb*, im Bairischen *Alm*, in manchen Tiroler Mundarten auch *Albe* (wobei in den bairisch-österreichischen Mundarten das »a« eher wie »o«, also »å« ausgesprochen wird).

**Asten** »Weideplatz«, besonders als »Zwischenstation auf dem Weg zur Hochalm«, von althochdeutsch *ouwist* »Schafstall«.

**B...** s.a. **P...**

**Balfen, Palfen** bzw. **Balm, Palm** »Felsen; Felszacken, -stufe, -vorsprung, -höhle; überhängender Fels«; gelangte über das Romanische ins Deutsche und ist ein Wort sehr alten Ursprungs (beruhend auf dem vorrömischen **péllawo-* »Fels«). Wird vor

Seauer Alben
Diernberg
Pranck
Kraubath
Kaisersberg
S. Michel
Leoben
Mässenburg
Göss
S. Marta
S. Stephan
DIEBSWEG
Feistritz
in der Lobming
S. Lorenzen
Cobentz
FLVS
Räsnitz
S. Benedicten
MVEHR
GLEINALBN
S. Margreth
in der Glein
Zum Grafen
RACKALBN
Hanstein
Klein Lobming
in der Kainach
Wegschaid
Heilig Geist
Zum Stubler
im Salath
im Graden
im Geistal
der Feistritz
STVBALBEN
Grossing
Mons praealt.
Afling
Bundschuch
Biber
AltKainach
Grueb
S. Iohans
Voitsberg
Stallhofen
LancKowitz
Köfla
Reittereck
Greissenek
S. Iohans
Crems
Hohenburg
Rollau
S. Hema
Edlschrott
Hirscheck
Leonrott
Möskirchn
Ströhebruck
Ligist
Gilgenbihel
Deiggitsch Fluss
Winterhof
Kainach
die PacKh
S. Stephan
Modriack
Staintz
DEIGGITSCH
ALBEN
Freiland
S. Oswald
Gambs
DornecK
Wildbach
Schröfl See
S. Florian
Landsperg
Osterwitz
Frauental

Bereneck
Rettlstein Mons in quo caverna duorum Milliarium longa è qua Ossa Draconum deportantur
Ostium Cavernae
Gaasen
Drafoss
Rettlstein
Pirchfeld
MVEHR FL
Weyer
Fronsperg
Fons Raabae Raab Fluss Vrsprung
Fronleiten
S. Iorgen
Pfannberg
Wäzeneckh
Anger
Flänitz
Päsäl
S. Moritz im Padl
Rabenstein
Kilbl
Sturmberg
Stubeckh
der Sattl
Pöckhach
Schöckl Mons altissimus
Weitz
Weitzberg
Waldstein
Feistritz
Stibing
Semerich
Guetenberg
S. Radigund
Gradwein
Kainberg
Stadl
Strassengl
S. Veit
S. Gotthard
Kumberg
Dornhofen
S. Ruprecht
Gösting
Freyberg
Geydorf
am Lech
Eckhardsdorf
Algerstorf
Gleystorff
S. Leonhard
Ober Eggnberg
Vnterthal
Hart
Carlau
GRAZ
Sparberspach
Kolgrueb
Mihlhausen
Steinberg
Pairdorf
S. Peter
Harmanstorf
Hintenegg
Mössendorf
Nostlbach
Johan v. Paul
S. Morten
Liebenau
Buckl am Eckh
Reintal
FeldKirchen
S. Margreth
Fasoltsberg
Pirchwisen
Strassgang
Toblpad
Sumarein
Haustotten
GRAZERFELD
H. Creütz
Sigerstorf
Premstotten
Taberhof
Kalstorf
Wuntschuech
Fernitz
Wasen
MVEHR FLVSS
ACH BODEN
Liebental
Weissenekh
Neyschloss
Pölls
Herberstorf
Kirchbach
Horeneck
Schwartzhof
Neydorf
Waldeck
Hengstberg
Finckeneck
Wildon
S. Iorgen
Pröding
Freynpihel
S. Stephan
S. Margreth
Rohr
Frauheim

allem in Westösterreich verwendet; lokal heißt es mitunter *die Palfe* oder ähnlich.

**Beil** bzw. **Peil, Bäul** s. Bergnamen.

**Berg**, Verkleinerung **Bergl** »Erhebung im Gelände«.

**Bichl** »Bühel, Hügel«.

**Blaser** bzw. **Blasen** - von *blasen*; bezogen auf den (heftig wehenden) Wind.

**Blass** bzw. **Plass, Bless** »blass, bleich, kahl« im Sinne von »heller Fleck, wo der Untergrund sichtbar ist; wo der Wald abgeholzt wurde usw.«.

**D...** s.a. **T...**

**Dirndl** »Türmchen«, eigentlich *Türnl*, zum alten, mundartlichen *Turn* »Turm« (s.u.).

**Egel** s. *Spitzegel* bei den Bergnamen.

**Eck**, auch **Egg** »Spitze; vorspringende Höhe, Berg- oder Hügelkante«; kommt sehr häufig vor, in Österreich findet man allein den Bergnamen *Hocheck* bzw. *-egg* über 12 Mal.

**Eibel** s. *Aibel*.

**Etz** bzw. **Ötz** bedeutet etwa »Viehweide«; von mittelhochdeutsch *ëzzen* »essen, essen lassen«, hier im Sinne von »äsen lassen«.

**Fels** »kompakte Gesteinmasse«, dafür mundartlich meist *Stein*.

**Ferner** s. *Gletscher*.

**Fluh** bzw. **Flüh** »jäher, steiler Felsabhang; Felswand« (alemannisch).

**Flucht** »Ebene« (verwandt mit *Fluh*).

**Furka** bzw. **Furke, Furkla, Fürggele** »hoher Jochübergang«; ursprünglich bedeutete *Furka* usw. »Gabelung«, gemäß seiner Herkunft vom romanischen *furca* »Gabel« (*Furkla* und *Fürggele* beruhen auf der Verkleinerungsform *furcula* bzw. *furcilla*).

**Gabel, Gaberl** wie *Furka*. (*Gaberl* kann allerdings auch der Personenname Gabriel sein).

**Gerlitzen** s. *Sonnwendstein* bei den Bergnamen.

**Gletscher** stammt vom romanischen *glacies* »Eis« und der Endung

*-ariu*; volkstümlich nur im alemannischen Bereich, d.h. in Vorarlberg. In Osttirol, Salzburg und Kärnten verwendet man in Bergnamen hierfür (das) *Kees*, ein altes Wort für »Eis«, und in Nordtirol das bairische (der) *Ferner*; dieses Wort ist verwandt mit *Firn* »alter, teils gefrorener Schnee«. Treffen Sie – außer in Vorarlberg – hierzulande auf einen Bergnamen mit *Gletscher*, handelt es sich um eine Neu- und Umbenennung (wie z.B. beim *Mölltaler Gletscher* in Kärnten, der vorher *Wurtenkees* hieß).

**Grieß** bedeutet in Flurnamen »Sand, Schutt; Schotter(bank)« und entspricht etymologisch dem Nahrungsmittel Grieß; ist dann »aufgewandert« zu Bergnamen wie *Grießkopf*, *Grieskogel* usw. Es gibt auch zahlreiche Ortschaften namens *Gries*.

**Groß-** Hauptsächlich in der Kartographie verwendet, um die höchste Erhebung eines Bergstockes zu bezeichnen. Der kleinere Gipfel ist dann meist mit *Klein-* bezeichnet (z.B. *Groß-* und *Kleinglockner*).

**Gupf** »Bergkopf, Bergkuppe; rundlicher Gipfel«, von romanisch *cuppa* »rundlicher Gipfel« (ursprünglich »Becher, Schale«); besonders häufig in Unterkärnten und um Bad Ischl im Salzkammergut (wo man allerdings spitze Gipfel als »Gupf« bezeichnet, nach der spitzen Form des *Hutgupfes* der dortigen Volkstracht). – In Unterkärnten entspricht dem Wort »Gupf« in Bergnamen meistens das slowenische *vrh* »Anhöhe«. So heißt z.B. der *Matschacher Gupf* auf slowenisch *Mačenski vrh*.

**Hoch-** ist ein sehr häufiges Vorderglied in Bergnamen; es wird meistens für die höchste Erhebung eines Bergstockes oder eine Gebirgsgruppe verwendet.

**Hoppe, Oppe** »Erhöhung, Anschwellung« ist ein seltenes, in Westkärnten und Tirol vorkommendes Appellativ; es tritt nicht nur in Bergnamen auf, sondern ist auch der Name einer Krankheit.

**Kamm** bzw. **Kamp** »Grat eines Bergrückens«.

**Kanzel** »Berg, Felsvorsprung«.

**Kar**, Verkleinerungformen **Karl**, **Kärl** »Gebirgskessel, Bergmulde, meist mit Geröll gefüllt«, eigentlich altes Wort für »Schüssel«.

**Kaser** »Sennhütte«; stammt vom romanischen **casearia* »Käsehürde«, also dem Wort für ein aus Reisig oder Rohr geflochtenes Behältnis für Käse, das aber im Lauf der Zeit die Bedeutung »Almhütte« erhielt (volksetymologisch wurde es mit *casa* »Haus, Hütte« verbunden).

**Kasten** bestimmte Bergform; stammt zum Teil von deutsch *Kasten* »u.a. Getreidespeicher«, zum Teil von romanisch *costa* »Felsrippe, Rippe«.

**Kees** s. *Gletscher.*

**Klapf** »Felsen, Felsstufe im Gelände; felsiger Absatz an Wegen«, von vorrömisch **klappo-*; vor allem in Tirol zu finden.

**Knopf** ist ein altes mundartliches Wort für »Fels(turm), Felsstück«.

**Knote(n)** »Felsbuckel, großer Stein; klobiger Fels«; vor allem im Westen Österreichs zu finden.

**Kofel** »felsiger Gipfel, Bergspitze; Felsstück«, stammt vom romanischen **cubulum* »Höhle«; wird vor allem in den bäuerlichen Mundarten in Tirol und Kärnten von *Kogel* klar unterschieden.

**Kogel** »Bergkuppe, Berg mit rundlichem Gipfel«, stammt vom romanischen *cucullus* »Kapuze«; in fast ganz Österreich verbreitet und sehr produktiv.

**Kuppe** »Bergkopf, Bergkuppe; rundlicher Gipfel«; wie *Gupf* kommt auch *Kuppe* vom romanischen *cuppa* »rundlicher Gipfel« (ursprünglich »Becher, Schale«); kein volkstümliches Wort.

**Oppe** s. *Hoppe.*

**P...** s.a. **B...**

**Petsch** bzw. **Pötsch** s. *Ofen* bei den Bergnamen.

**Piz** »Bergspitz«, kommt von rätoromanisch bzw. ladinisch *piz* »Spitze«.

**Plan** »ebener, freier Platz«; von mittelhochdeutsch *plān* (das wiederum aus dem Altfranzösischen entlehnt wurde).

**Plank** bzw. **Plangg** »steil abfallende Grasfläche oder Weide, in Waldungen oder zwischen Felsen«, vom gleichbedeutenden romanischen *planca*.

**Pleis** bzw. **Bleis** »Steilhang«.

**rau(ch)** »rau« im Sinne von »mit Gestrüpp bewachsen, steinig«.

**Riegel** »vorstehende Rippe am Berghang; Anhöhe, Felsabsatz; Grat«.

**Riffel** »Kamm, Felszacke«.

**Schober** »Haufen«; mundartlich auch für »Heuhaufen«.

**Schrof(f)e(n)** »rauher Felsen, zerklüfteter Fels«, vom deutschen *schroff*.

**Spitz** »Bergspitze; Spitze«.

**Staff, Stauf(en)** entspricht dem mittelhochdeutschen *stouf* »Trinkbecher, Kelch«, für Bergformen, die einem umgestülpten Trinkbecher ähneln. – Das Wort lässt sich nicht immer eindeutig unterscheiden von:

**Staff(el), Stapf** »Geländestufe«.

**Stein** »Fels bzw. Felsen; felsiger, emporragender Gipfel«. In der Mundart ist *Stein* das normale Wort für »Fels«.

**T...** s.a. **D...**

**Tauern** s. bei den Bergnamen.

**Tor**, Verkleinerungsform **Törl**; in mundartlich entstandenen Bergnamen bedeutet *Tor* »Pass bzw. Übergang«; *Törl* heißt entsprechend »kleiner Engpass, schmaler Gebirgsübergang«, z.B. *Hochtor, Törle, Törlkopf, Klippitztörl.*

**Trieb** »Viehtrieb, Weideplatz« (zu *treiben*).

**Triste(n)** bzw. **Driste(n)** mundartlich für »Heuhaufen, Schober«.

**Turn** alt für *Turm* (so als Lehnwort heute noch im slowenischen *turn*), Verkleinerung **Türnl**, geschrieben meist *Dirndl* (s.o.).

**Wart** bedeutet nicht unbedingt *Warte* »Aussichtspunkt«, sondern kann auch auf ein verfehlt geschriebenes mundartliches *Weide* (gesprochen »Woade« bzw. »Wade«) zurückgehen.

**Wipfel, Wiftel** stammt von »Baumwipfel« und wurde auf Berge übertragen.

## Die Namen einiger bekannter Berge

**Ankogel:** eigentlich *Arnkogel* »Berg, wo der Aar (Adler) sich aufhält«. Dieser Berg wird mundartlich auch *Horn* genannt, denn im engeren Sinn ist der Arnkogel gar kein »Kogel«, da sein Gipfel nicht rund ist.

**Arlberg:** Der Name *Arlberg* leitet sich von einem Pflanzennamen ab. Unter *Arle* versteht man in der Mundart Westtirols und Vorarlbergs die »Bergkiefer, Legföhre, Latsche« (alias *Pinus Mugo*). Es handelt sich hierbei um ein Wort aus vorrömischer Zeit, dessen ursprüngliche Form etwa **aru(l)ā* gelautet haben muss.

**Bergisel:** Diese Erhebung im Süden Innsbrucks hat ihren Namen von einem volksetymologisch (miss)verstandenen *Burgusinus*, einem Wort aus vorrömischer Zeit, das wahrscheinlich von den Breonen herrührt und etwa »erhöhte Stelle« bedeutet.

**Brenner(pass):** Man hat bei diesem Namen, der italianisiert *Brennero* lautet, oft an den antiken Volksstamm der *Breonen* gedacht, doch die Erklärung ist trivial: Er ist nach einem Hofnamen so benannt, der sich auf Brandrodung bezieht. *Brenner* bedeutet also »der durch Brand rodet«.

**Dachstein:** Aus frühen urkundlichen Nennungen geht hervor, dass der ursprüngliche Name des Hohen Dachstein »Torstein« war: 1233 ist der *lapis Torstein* erwähnt, 1854 der *Dach- oder Thorstein*. – Es gibt westlich vom Dachstein einen Berg namens *Torstein*, der nach seiner Lage auf der Scharte, d.h. dem Übergang benannt wurde und seinen Namen bis heute beibehalten hat. Das war beim *Dachstein* nicht der Fall aus einem einzigen Grund: Die schriftliche Form des mundartlich *tåchstõã* ausgesprochenen »Torstein« wurde irgendwann als »Dachstein« interpretiert.

**Demut**, italienisch **La Mutta:** Hier zeigt die italienische Namensform, dass dem Namen eigentlich der Ausdruck *die Mut*, von romanisch *motta* »Erdhaufen, Bergkuppe usw.« zugrunde liegt; es handelt sich hierbei um ein sehr altes Wort, das bis in vorrömische Zeit zurückverfolgt werden kann (s. *Mut*).

**Dobratsch** oder **Villacher Alpe**, slowenisch *Dobrač* oder *Beljaščica* (von *Beljak* »Villach«): *Villacher Alpe* ist die alte, vom Drautal aus erfolgte Benennung des Berges und bezieht sich auf die überlieferten Weiderechte der Villacher Bauern. *Dobratsch* könnte eventuell von slowenisch *dober* »gut« stammen, dann wäre der *Dobrasch* ein »Gutenberg«, oder aber – und eher wahrscheinlich – vom slowenischen *deber* »Schlucht«; der Name des Dobratsch würde dann auf eine Schlucht hinweisen. Aber auch ein Zusammenhang mit slowenisch *dobrava* »Wald« wäre möglich.

**Galzigg:** von romanisch *col siccu* »trockener Hügel«.

**Gippel:** bedeutet *Giebel*.

**Göller:** »Kahlenberg«, von slawisch **golъ* »kahl«.

**Granatspitz(e)** und **Granatspitzgruppe:** Der Name stammt aus dem Romanischen und bedeutet etwa »Horn«; es gibt drei eng verwandte, romanische Wörter, auf denen er beruhen könnte: *cornotum* »großes Horn«, *cornatu* »gehörnt« oder *cornellu* »kleines Horn«.

**Grebenzen:** stammt entweder aus dem Slowenischen und bedeutet »Kuhalm« (zu *krava* »Kuh«) oder beruht auf dem slawischen *grebenь* »Höhenrücken, Bergkamm«.

**Grimming:** heißt wahrscheinlich nach dem *Grimmingbach*, dessen Name »donnernder, tosender Bach« bedeutet, beruhend auf dem slawischen **grъměti* »donnern, dröhnen, erschallen«.

**Großglockner:** von »Glocke«; der höchste Berg Österreichs erhielt seinen Namen entweder aufgrund seiner Ähnlichkeit mit einem Glockenturm romanischen Stils oder aufgrund seiner glockenähnlichen Form, die früher, zur Zeit des Höhepunktes der Vergletscherung, wohl ausgeprägter war.

**Gstoder** s. *Stoder*.

**Hafner (Großer, Kleiner Hafner):** hängt mit dem alten Wort *Hafen* für »Topf«, umgangssprachlich *Häfen*, zusammen. Das Wort *Hafner* war später aber auch ein Wasserflurname (»mit Auswaschungen«), der in unserem Fall »aufgestiegen« ist, also auf den Berg übertragen wurde.

**Hahnenkamm:** beruht auf dem bildlichen Vergleich der gezackten Gipfellinie des Berges mit einem »Hahnenkamm«, der übrigens schon Ende des 16. Jahrhunderts angestellt wurde; man nannte den Berg damals *Handlkamp*.

**Hausruck:** stammt von den mittelhochdeutschen Wörtern *hūs* »Haus« und *rukke* »Rücken, Bergrücken«. Der Name wurde wahrscheinlich von einem einzelnen Berg dieses Höhenzuges auf das ganze Gebiet übertragen.

**Hochgolling:** einer der zahlreichen »Kahlenberge«, von slawisch **golъ* »kahl«.

**Hochschwab:** kommt vom Namen eines Hofes, dessen Besitzer, ein Bauer namens *Schwab*, hier Almgründe hatte; *Hochschwab* ist der offizielle Name, mundartlich sagt man kurz *der Schwab*.

**Hochstuhl**, slowenisch **Stol:** gesprochen *Stou* (daher »Stouhütte«); die Namengebung ist in Volkssagen begründet.

**Hochtor:** »Pass, Übergang«.

**Karawanken**, slowenisch **Karavanke:** »mit Felsen, Steinen versehen«; der Name stammt noch aus einer vorkeltischen Sprachschicht, in der es wahrscheinlich das Wort **kar-* »Stein, Fels« gab. Die Kelten haben den Namen der Karawanken später umgedeutet und seine Herkunft mit keltisch *karvos* »Hirsch« verknüpft; für sie waren es also die »Hirschberge«. (Hiermit hängt auch die slowenische Benennung eines Teiles der Karawanken zusammen: *Koschuta* bzw. *Košuta* »Hirschkuh«.)

**Karnische Alpen:** ist ein *gelehrter Bergname*; er beruht auf *Carnia*, der alten Bezeichnung für das nördliche Friaul; die *Karnischen Alpen* werden in der Mundart *welsche (walische) Berge* bzw. *(die walischen) Krainberge* genannt.

**Karwendel** bzw. **Alpenpark Karwendel:** stammt vom Namen des 1280 schriftlich erwähnten *Perchtoldus Gerwendelaur* »Perchtoldus von der Gerwendelau«, dem wahrscheinlich das Gebiet gehörte. Bereits im Spätmittelalter ist der Bergname *Gerwendel* bezeugt. Ab 1500 bürgerte sich *Garwendel* ein (das an das Wort *Kar* »Gebirgskessel« erinnert).

**Koralpe:** entstand als Name im 19. Jahrhundert in Bezug auf das *Große Kar* (im Zentrum des Höhenrückens), bedeutet also »Alpe im oder beim Kar«.

**Koschuta** s. *Karawanken*.

**Margaritze** s. **Pasterze**

**Mittagskogel:** bezieht sich auf den Stand der Mittagssonne und ist ein weit verbreiteter Bergname.

**Muntanitz:** heißt so nach dem gleichnamigen *Muntanitzbach*; der Name ist entweder slowenischer oder romanischer Herkunft. Im ersten Fall stammte er vom slawischen **mo(n)tьnica* »Trübenbach«, im zweiten Fall vom romanischen *montanus* »Berg-, Alm-« plus der slawischen Endung *-ica* (oder einer Vorform hierzu) und hieße »Almgebiet«.

**Mut (die Hohe Mut):** stammt von mundartlich *die Mut*, einem alten Wort für Rückfallkuppen und gerundete Bergrücken, das sich vom romanischen *motta* »Erdhaufen, Bergkuppe« herleitet.

**Mutt** s.o. und s. *Demut*

**Nockberge:** von **Nock**, bezeichnet eine »Bergkuppe oder -kopf«, die oder der relativ hoch und abgeflacht ist. Besonders häufig findet man das Wort im Oberkärntner *Nockgebiet*, sporadisch aber in ganz Österreich. Die weite Verbreitung von *Nock* im Kärntner Nockgebiet scheint jung zu sein; so hieß z.B. der heutige *Rosen(n)ock* im 19. Jahrhundert noch *Rosenik*, nach der *Alpenrose*, mundartlich *Almrausch*.

**Obir:** enthält das slowenische Wort *ober* »Riese«, ursprünglich »Aware« (ähnlich wie *Hunne* zu deutsch *Hüne* wurde).

**Ofen:** bedeutet mundartlich und in Bergnamen »Felsenhöhle, durchklüftetes Felsstück«, verweist also auf eine bestimmte Felsformation.

**O(i)sternig:** »spitzer Berg«; der Name stammt von slowenisch *oster* (mundartlich *ojster*) »scharf, spitz« und der Endung *-nik*.

**Oistra:** »spitzer Berg«; eingedeutsche Schreibung des slowenischen Namens *Ojstra*.

**Ötscher:** von slawisch *očan* »Gevatter«; der Name ist kultisch-mythischer Herkunft.

**Ötztaler Alpen** s. *Etz*.

**Packalpe** bzw. **-sattel:** stammt wahrscheinlich von slowenisch *paka* »Hügel, Anhöhe«.

**Pasterze** bzw. **Pasterzenkees:** Der Name des Gletschers geht entweder auf slawisch **pastyrica* »Weidegebiet« oder auf das romanische *pastura* »Weide« zurück, vgl. auch das (Oberkärntner) Mundartwort *Pasteier* »kleine Almhütte«. Interessant ist, dass der Name der *Pasterze* mit dem der anschließenden Talwanne *Margaritze* bzw. dem heute dort befindlichen *Margaritze*-Stausee zusammenhängt, der das Gletscherwasser auffängt und zum Kraftwerk *Kaprun* gehört. Wie *Pasterze* weist auch *Margaritze* auf einstiges Weidegebiet hin, allerdings auf eine »magere Etze«, also einen »mageren Weidegrund«. So kann der Name *Margaritze* als Reaktion auf die Erinnerung an einen einst benachbarten, fruchtbaren Almboden entstanden sein; schließlich ist urkundlich 1554 von einer *wise … in der Pasterze* die Rede. Anderseits kann auch der Volksglaube eine Rolle gespielt haben, die *Pasterze* sei die verlorene »übergossene Alm« (s.o.), die *Margaritze* das verbliebene, nicht gerade üppige Weidegebiet.

**Patscherkofel:** bedeutet wörtlich »Kofel von Patsch«, wobei Patsch der Name einer südlich von Innsbruck gelegenen Gemeinde ist, die am Fuße des besagten Kofels liegt. Der Ortsname selbst stammt aus vorrömischer Zeit und bedeutet »ausgebreitete Fläche«.

**Petzeck:** Das Vorderglied *Petz-* ist wahrscheinlich romanischer Herkunft und mit den vielen Bergnamen in Westösterreich, Südtirol und der Schweiz verwandt, die mit *Piz* beginnen. Das zugrunde liegende rätoromanische oder ladinische *piz* heißt »Spitze«. Angefügt ist das deutsche Wort *Eck*, hier im Sinn einer »hervorspingen-den Erhebung«. – Es gäbe noch eine zweite, angesichts des markanten Berges aber weniger wahrscheinlicher Deutung vom slowenischen *peč* »Fels, Ofen« her, das dem folgenden *Petzen* zugrunde liegt:

**Petzen:** slowenisch *Peca* »kleiner Fels bzw. Ofen (Felshöhle u.a.)«, beruhend auf der Verkleinerungsform *pečca* von slowenisch *peč*.

**Peilstein, Beil:** Die mit *Beil/Peil* benannten Berge heißen nach ihrer Form; das mundartliche *Peil* heißt hier »hervorspingender, steil aufsteigender Stein« und ist aus dem Romanischen entlehnt. Spielt auch in der Jägersprache eine Rolle, weil dort das Wild gestellt werden kann.

**Piz Buin:** stammt aus dem Romanischen; der erste Teil beruht auf dem Wort *piz* »Bergspitze«, der zweite auf dem Flurnamen *Albuin*; dieser geht über die Form *Valbuin* zurück auf *valle bovina* »Ochsental«.

**Pleschberg u.ä.:** Der Namensbeginn *Plesch-* heißt »kahl, nackt«, von slawisch *plěšь* »kahle Stelle, Glatze«.

**Plöcken(pass):** stammt wahrscheinlich vom Flurnamen *Plöcken* (auch *Plecken*, *Blecken*), den es unterhalb des Passes gibt, und bedeutet »Blöße, kahle Stelle« (von mundartlich *plecken* »zum Vorschein kommen, entblößt sein«). Bis zum 18. Jahrhundert trug der Plöckenpass den Namen *Kreuzberg*. Im Italienischen heißt er heute noch *Passo di Monte Croce* »Kreuzberg-Pass«. (An den Passhöhen und Übergängen hat man von alters her religiöse Symbole angebracht, im christlichen Europa Kreuze.)

**Polinik:** stammt vom slowenischen *poldenik* und bedeutet ebenso »Mittagsberg«.

**Poludnig:** ist die deutsche Schreibweise des slowenischen Berg–

namens *Poludnik* »Sumpfberg« (beruhend auf furlanisch *palud* »Sumpf« und der slowenischen Endung *-nik*).

**Pyhrn(pass)**, auch **Pass Pyhrn:** Der Name ist slawischer Herkunft und bedeutet »Berg, Anhöhe«. In mittelalterlichen Urkunden ist er als *Pirdine*, *mons Pirn* oder *mons Pyrdo* belegt. (Das zugrunde liegende slawische Wort *bьrdo*, slowenisch *brdo*, bedeutete in der Mundart nicht nur »Berg«, sondern auch »Eck«; auf ihm beruhen mehrere österreichische Bergnamen, z.B. *Birnig* in Osttirol.)

**Pyhrgas:** bedeutet »Übergang« und stammt vom gleichbedeutenden slawischen *prěgazъ*; in Urkunden erscheint der *Pyhrgas* erstmals 1650 als *Pürgas*.

**Rax(alpe):** heißt nach dem *Raxental* im Süden; der Name stammt von mundartlich *Raksn* »steiniges, ertragloses Land« (von mittelhochdeutsch *rahse* »rau«).

**Salve, Hohe:** Der Name ist vom tiefer liegenden *Salvenmoos* »hinaufgewandert«, d.h. auf den Berg übertragen worden; er stammt noch aus vorrömischer Zeit, wahrscheinlich vom breonischen **salwā* »schmutziggraues Gebiet«.

**Saualpe:** ist keine »Alpe für Schweine«, sondern hat ihren Namen aufgrund einer ungenauen Übersetzung aus dem Slowenischen. Eigentlich müsste man »Rückübersetzung« sagen: Sie hieß erst »Ebersteiner Alm«, was slowenisch *Svinščica* oder *Svinška* (bzw. *Svinjska planina* oder einfach *Svinja*) »Alm von *Svinec* (*Eberstein*)« lautete. Später deutete man den Namen nach dem gleichlautenden *svinja* »Sau, Schwein« und übersetzte ihn mit »Saualpe«.

**Schöckl:** ist ein slawischer Name und lässt sich auf zwei Weisen deuten: erstens von slawisch **scěglъ* u.a. »einzig, allein«, dann verwiese er auf einen »einzelnen, hervorstechenden, besonderen Berg«; zweitens von altslowenisch **Čekalo* u.a. als »Wachtberg, Warte« (ähnlich wie der *Tschöggl*).

**Semmering:** stammt vom slawischen Pflanzennamen *čemerica* bzw. *-ika o. ä.* »Nieswurz, weißer Germer« (alias *Veratrum Album*).

**Silvretta(gruppe):** Der Name bedeutet etwa »gutes, das Gedeihen förderndes Almland« und ist romanischen Ursprungs; er geht zurück auf das Wort *saluber* »gesund, vorteilhaft« plus die Erweiterung *-etta*.

**Similaun:** Der durch die Entdeckung der Gletschermumie »Ötzi« weltbekannte Berg trägt einen schwer deutbaren Namen. Er könnte romanischen Ursprungs sein, wofür u.a. das *-aun* am Ende spricht, dem die romanische Vergrößerungsform **-ōne* zugrunde liegen könnte. Der Name *Similaun* könnte nach dieser Deutung auf romanisch **summ-il-ōne* fußen und »Höchster, Oberster« bedeuten (wie das lateinische *summus*, von dem er stammen dürfte).

**Sonnblick (Hoher Sonnblick):** stammt vom mittelhochdeutschen *sun(nen)blic* und bedeutet »Sonnenschein, Sonnenglanz« oder »sonnenbeschienen, sonnenglänzend«.

**Sinabell:** stammt vom mittelhochdeutschen *sin(e)wël*, *sinbël* und heißt »rund«.

**Sonnwendstein:** Hier trägt der frühere Name des Berges *Göstritz* zur genaueren Deutung bei, der auf das slawische *kostrъ* »Scheiterhaufen« zurückgeht: ein Berg, auf dem man zur Sonnwendzeit weithin sichtbare Feuer entzündete.

**Spitzegel:** beruht auf dem Appellativ *Egel*, das »spitzer Berg« bedeutet und nur in den östlichen Gailtaler Alpen vorkommt. Es ist wahrscheinlich romanischen Ursprungs und stammt von lateinisch *aculeus* »Stachel«.

**Stoder** in **Stadurz** und **Gstoder:** beruht wie das *Stodertal* (Oberösterreich, als Siedlungsname 1467 im *Stoder* belegt, heute: *Vorder-/Hinterstoder)* auf slawisch *stodorь* »Felsgrund, (dürftiger und seichter) Ackerboden auf felsigem Grund; steil aufragender, felsiger Berg«.

**Stoderzinken:** wie vorher; *Stoder* ist hier zudem mit dem deutschen Wort *Zinken* »Zacke« verknüpft, das auf die Gipfelform anspielt.

**Student, Hoher** u. **Studentalm:** hat nichts mit »Studenten« zu tun, sondern bedeutet »Kaltwasseralm«, wie das slawische **studena*, das hier volksetymologisch umgeformt wurde.

**Tauern** (Einzahl: **der Tauern**)**:** beruht auf der alten Form *tûr-* und ist die volkstümliche Bezeichnung für »Passübergang; für den Viehtrieb geeigneter Gebirgsübergang«. In diesem Sinn ist er zum geographischen Sammelbegriff für einen Teil der Zentralalpen geworden (*Hohe Tauern*, *Niedere Tauern*).

Ursprünglich aber hatte der Name *Tauern*, der sehr alt ist und auf dem vorrömischen **taur-* beruht, einfach die Bedeutung »Berg«. Erst später erhielt er den etwas spezielleren Namen »Pass«. Der Name *Tauern* ist in den Ostalpen sehr häufig; darüber hinaus ist er aber auch im gesamten mediterranenen Gebiet bis nach Kleinasien verbreitet.

Auch im Slowenischen gibt es den Namen; er kann hier aber eine andere Bedeutung annehmen. Die Alpenslawen haben seine frühe Form *tûr-* ins Altslowenische übernommen und mit einem anderen, völlig gleichlautenden Wort identifiziert. Dieses, das alpenslawische *tur-*, hieß nämlich »Bodenschwellung, ableitiger Hügel«. *Ture*, den slowenischen Namen des *Ossiacher Tauern*, müssen wir in diesem Sinn verstehen, ebenso etwa den Namen des *Turia-Waldes* (slowenisch *Turje*) in Kärnten.

**Tauplitz(alm):** stammt vom Siedlungsnamen *Tauplitz*; dieser ist slawischer Herkunft und bedeutet »Loch, Höhle usw.«; hiermit verwandt ist auch das slowenische *duplo* »Höhle oder Höhle in einem Baumstamm« bzw. *dupljica* »(Natur-)Höhle, Erdkluft, Versteck des Wildes«.

**Totes Gebirge:** wurde früher *Freigehege* genannt, weil man dort uneingeschränkt jagen durfte. Der heutige Name ist jung und weist auf die leb- und pflanzenlose Landschaft infolge von Wassermangel hin; vielleicht beruht er aber auch auf mythischen Vorstellungen oder einer Sage.

**Übergossene Alm:** ist als Name im Volksglauben begründet. Über diesen im Hochköniggebiet gelegenen Gletscher gibt es eine Sage, nach der dort lebende Sennerinnen, die es sich zu gut gehen ließen, für ihren Übermut mit einem Unwetter »bestraft« wurden, das sie unter Schnee und Eis begrub – die Strafe durch Unwetter ist in den alpinen Regionen ein häufiges Sagenmotiv.

**Ulrichsberg:** nach dem im Mittelalter hierzulande sehr populären heiligen Ulrich (890–973) benannt, einst Augsburger Bischof. Der Berg heißt seit 1485 so; sein früherer Name lautete *Mons Carentanus* bzw. *Karnberg*, wie die gleichnamige Ortschaft an seinem Fuße, im Norden (im Süden liegt *Karnburg*). Der Name *Karnberg* ist vorrömischer Herkunft, von *karant-* »Stein«, also etwa »Steinberg«. (s. S. 157 zu Kärnten).

Der Ulrichsberg ist einer der »Vier Berge«, die im traditionellen *Vierbergelauf* berührt werden, und der einzige von ihnen mit einem alten Namen. Die anderen Berge sind der **Magdalensberg** (früher *Helenenberg*), wo die Wallfahrt beginnt, weiters der **Veitsberg** oder **Göseberg** (zu slowenisch *koza* »Ziege«, also »Ziegenberg«, wie der *Kosiak/Kozjak* in den Karawanken) und schließlich der **Lorenziberg**, wo sie endet.

**Vierbergelauf** s. *Ulrichsberg*.

**Villacher Alpe** s. *Dobratsch*.

**Venediger** bzw. **Großvenediger:** wurde 1797 erstmals so genannt; die Benennung muss von Norden her (Salzburg) erfolgt sein, da sie im Süden (Osttirol) vor dem Beginn der alpinen Touristik unbekannt war. Der Name *Venedig* kommt zwar in Österreich mehrmals vor, sogar in Hofnamen, doch im Salzburger Pinzgau, am Fuße des Venedigers, ist er historisch nicht nachweisbar. Wahrscheinlich beruht er auf der Umdeutung einer früheren Bezeichnung wie »Windische Berge«, die in gelehrt lateinischer Übersetzung *montes Veneti* heißt (also dem italienischen *Venetia* »Venedig« sehr ähnlich). Vielleicht hat auch die Sage von den *Venediger* (oder *walschen*) *Mandln* – eine Art Zwergmännchen mit spitzen Hüten, die im Gebirge nach Gold suchen und es dann fortschleppen – bei der Namengebung mitgespielt.

**Wilder Sender:** *Sender* steht mundartlich für »Senner«; im Volksglauben sind der *Wilde Sender* bzw. *Senn(er)* und die *Wilde Sendin* sagenhafte Gestalten, die auf den Almen ihr Unwesen treiben. Wahrscheinlicher ist eine andere Erklärung. Mitte des 19. Jahrhunderts findet sich die Namensvariante *Wilder Santerkopf*, die auf das Wort *Sänder*, mundartlich die Mehrzahl von *Sand*, hinweist, das hier, in Osttirol, auch »Moränenschutt« bedeutet.

**Wildspitze:** ist ein *künstlicher* Name, wobei sich zur hochdeutschen *Spitze* das Adjektiv *Wild-* gesellte, das hier »unbewohnte, wilde, auch dämonische Gegend« bedeuten kann. Doch der höchste Berg der Ötztaler Alpen hatte einst einen anderen Namen. Zu Beginn des 17. Jahrhunderts erscheint dieser in Grenzbeschreibungen als *Umbkhündt* und *Umbkindt*; es handelt sich dabei um das mittelhochdeutsche *unkünde*, das »fremde Gegend« (bzw. adjektivisch »fremd, unbekannt«) bedeutet.

**Zimaross:** Der Name des Osttiroler Berges wurde früher auch »Zimmerroß« geschrieben; er stammt von romanisch *cima rossa* »Rotspitz«.

*Bild rechts: Diffamierung von Menschen und Sprachen: mit rechtsradikalen Parolen beschmiertes »Kolaric«-Plakat, Anfang der Siebzigerjahre. Fotoarchiv »profil«.*

# Piefke, Mostschädel, Tschusch

## Schimpf- oder Scherzwörter?

## Namen der Abgrenzung

Kennen Sie das Wort *Ethnophaulismus*? Es ist natürlich ein Fremdwort, ein Fachbegriff nicht nur der Namenkunde, sondern auch der Rhetorik, und er enthält die griechischen Wörter *ethnos* »Volk« und *phaulos* »schlecht, untauglich, gemein, schlimm«. Ein Ethnophaulismus ist also ein Schimpfwort oder -name für Angehörige eines anderen Volkes oder Landes. Ethnophaulismen findet man zu allen Zeiten, in allen Sprachen und Dialekten. Sie können bis zu einem gewissen Grad historisch oder politisch begründet sein; in der Regel aber spiegeln sie mehr oder weniger die kollektiven Vorurteile einer ethnisch, staatlich oder weltanschaulich definierten Gesellschaft (oder Gemeinschaft) gegenüber »Anderen« wider.

Wie kollektive Vorurteile werden Ethnophaulismen unseligerweise oft weitertradiert, von Generation zu Generation, obwohl der Anlass ihrer Entstehung zunehmend verblasst und vergessen wird.

So gibt es im österreichischen Deutsch den *Piefke* – einen Ethnophaulismus, der zunächst auf die Preußen gemünzt war, dann aber einfach übertragen wurde, erst auf die »Reichsdeutschen«, dann auf die Bundesdeutschen, die heute noch immer so genannt werden. Auch woher das Wort *Katzelmacher* kommt oder was es heißt, dürfte z.B. Anfang der 1960er Jahre kaum einer von denen gewusst haben, die italienische »Gastarbeiter« damit beschimpften; heute ist *Katzelmacher* ein Auslaufmodell unter den österreichischen Ethnophaulismen.

Weiterhin verbreitet sind dagegen etwa *Böhm'* für »Tscheche«, *Polák* für »Pole«, *Krawótt* für »Kroate«. Auch das pauschal gegen Südosteuropäer gebrauchte *Tschusch* ist jedem Österreicher geläufig.

Da Vorurteile nicht auf Staatsgrenzen und ethnische Unterschiede angewiesen sind, gibt es auch innerhalb Österreichs genug der Ethnophaulismen, mit denen z.B. die Bewohner verschiedener Bundesländer einander bedenken. Der Oberösterreicher wird da

als *Mostschädel* verunglimpft, der Wiener als geschniegelter *Weaner Bazi*, welcher wiederum, artikulatorisch wehrhaft, die aus anderen Bundesländern, bevorzugt »vom Land« Zugereisten als *G'scherte* bezeichnet. Aber es trifft nicht alle, nicht jede benachbarte Nation, nicht die Einwohner jedes Bundeslands; ethnophaulistisch kommen z.B. die *Ungarn* oder die *Tiroler* unbedacht davon. Für sie gibt es kein Stichwort in der Liste typisch österreichischer Ethnophaulismen, die ich Ihnen im Folgenden notiert habe. Manche von ihnen werden Sie an hässliche Augenblicke der österreichischen Geschichte und Politik erinnern, an Feindseligkeiten, Nationalismus, Fremdenhass, Demagogie und Schlimmeres, hieraus resultierend. Dennoch, oder gerade deswegen, sind sie hier angeführt. Erstens, weil auch sie einen Teil Österreichs widerspiegeln; zweitens, weil Aufklärung und Wissen zu den besten Waffen gegen Vorurteile und Ungerechtigkeit gehören.
Vorweg sei allerdings angemerkt: Schimpfwörter und -namen haben es an sich, dass manchmal der »Ton(fall) die Musik macht«. Mitunter ist nämlich die Grenze zwischen Schimpf- und Scherzwort fließend, und dann hängt die Wirkung vom Kontext ab, also davon, wie, wo und wann etwas gesagt wird. Verächtlich genug im Tonfall, können Sie andere selbst mithilfe alltäglicher Wörter provozieren: »Du Apfel!« klingt dann wie »Du Trottel!« oder »Du Tisch!« wie »Sturkopf!« – das Prinzip ist aus unzähligen Komödien bekannt.

Mit Ethnophaulismen, also Schimpfnamen, die sich auf die ethnische oder nationale Herkunft eines Menschen beziehen, verhält es sich von Haus aus etwas anders; sie sind oft historisch oder politisch »belastet« und signalisieren dann in jedem Fall Xenophobie und/oder den Vorsatz zu diffamieren; manche – wie z.B. *Tschusch*, auf das ich noch näher eingehe – sind aufgrund ihrer Geschichte nicht mehr anders zu verstehen. Andere, wie z.B. *Böhm'*, werden auch scherzhaft gebraucht. Aber sehen Sie selbst.

## Glossar der Ethnophaulismen

**Böhm'** (gesprochen »Behm«) ist die Bezeichnung für »Tscheche«; eigentlich ist es aber die mundartliche Form von *Böhme* »Einwohner von Böhmen« und dann auf alle tschechischen Einwohner der Länder der böhmischen Krone übertragen. Für die seit den 1920er Jahren so genannten Sudetendeutschen gab es gemäß ihrer geographischen Randlage folglich die Bezeichnung *Randlböhm'* »Rand-Böhmen«, insbesondere seit dem »Anschluss« an Hitlerdeutschland. – Sehr oft wird eine mundartliche Form einer Bezeichnung in der Umgangssprache scherzhaft oder abwertend verwendet (auch mundartlich *Weaner* für »Wiener« kann in den Bundesländern als Spitz- oder Schimpfname gemeint sein). Davon leitet sich ab:

**böhmakeln:** »mit einem starken tschechischen Akzent sprechen« (auch scherzhaft). In Mähren, insbesondere Brünn/Brno, »böhmakelten« zur Zeit der Monarchie und danach auch viele Deutsche, weil das tschechische Dienstpersonal so sprach und dies nicht ohne Folgen blieb. Hingegen sprach man in der Hauptstadt Prag das »reinste Deutsch«, wie man damals meinte. Auf die besonders in Wien zahlreichen Familiennamen tschechischer Herkunft hat der Kabarettist Georg Kreisler seine »Telefonbuchpolka« gemünzt; hier ein Auszug:

»Alle meine Freund' stehn drin,
und zwar auf Seite V:
Vondrak, Vortel, Vyplaschil,
Vojtek, Vozek, Vymlatil,
Viora, Vrabl, Vrtilek,
Vikolasch,Vrazek, Vyhnalek,
Vreca, Vrba, Vykotil,
Vrablicz, Vuzem, Vyskocil,
Vocheletschka, Vukelic,
Vratschko, Vukasinowitsch ...«

**Fahrradlberg** ist eine auf den bekannten österreichischen Dichter H.C. Artmann zurückgehende Scherzform für Vorarlberg. Die amtliche Aussprache dieses Bundeslandes ist etwa »Forárlberk«, die (im Osten Österreichs) mundartnahe etwa »Fóra(d)lperk«, und letzteres kann man dann eben *Fahrradlberg* schreiben. Was H. C. Artmann, wie Sie gleich sehen, getan hat – in folgendem heiteren Gedicht:

**H. C. Artmann**
**Mein Vaterland Österreich**
Österreich bestand ehedem
aus den folgenden Ländern:
dem Erzherzogtume Österreich
dem Herzogtume Steyermark,
der gfürchteten Grafschaft Tyrol
nebst Vorarlberg,
dem Königreiche Böhmen,
der Markgrafschaft Mähren,
dem österreichischen Anteil an Schlesien,
dem Königreiche Illyrien,
dem Königreiche Galizien und Lodomerien,
dem Lombardisch-venezianischen Königreiche,
dem Königreiche Ungarn mit seinen Nebenländern
Slawonien, Kroatien und Dalmatien
und dem Großfürstentume Siebenbürgen.
Heute besteht Österreich
aus den Ländlein:
Wien
Niederösterreich
Oberösterreich,
Salzburg,
Tirol,
Fahrradlberg,

Kärnten,
Steiermark
und dem Burgenland.
Tu, felix Austria, juble und jodle!

**G'scherte** (*der/die*): So heißen in Wien alle Nicht-Wiener, insbesondere die Landbevölkerung. Das Wort stammt vom bairisch-österreichischen *geschert* »bäuerisch, tölpelhaft, naiv, unkultiviert«. Auch in Bayern wird es im Sinne von »Provinzler« verwendet, außerdem aber oft ganz allgemein abwertend gebraucht. Im Süden Österreichs werden im Gegenzug auch die Wiener mitunter *G'scherte* genannt.

**Gsiberger** ist eine scherzhafte Bezeichnung für die Vorarlberger. Es ist eine Zusammensetzung aus mundartlich-alemannisch *gsī* »gewesen« und *Berg* vom Grenzberg *Arlberg*.

**Jugo** war als Kurzform für »Jugoslawe« in Gebrauch und wurde mitunter auch abfällig verwendet, ist aber mit dem Verschwinden des Staates Jugoslawien kaum noch üblich.

**Katzelmacher, Itaker:** Beide Namen sind abwertende Bezeichnungen für die Italiener. *Katzelmacher* (auch *Katzinger*) ist das ältere Wort. Es stammt vom italienischen *cazza* »Kelle«, das in deutsche Mundarten als *Gåtze(n)*, *Gatzl* »Schöpfkelle, -löffel« entlehnt wurde; diese Gegenstände sind u.a. von aus Italien kommenden Hausierern vertrieben worden. – *Itaker* ist eine jüngere abwertende Kurzform zu *Italiener*.

**Krawótt** ist die mundartliche Form für »Kroate«, ähnlich wie bei *Böhm'* und *Polák*. Die Eigenbezeichnung ist *Hrvat*, die ungarische *Horvat*.

**Mostschädel** ist ein eher scherzhaft gemeinter Name für aus dem *Mostviertel* stammende Oberösterreicher, denen man eine Vorliebe für Most, eine Art Apfelwein (oft mit Birnenzusatz), zuschreibt. Übrigens: *Mostviertel* werden die mostreichen Landschaften im Inn-, Hausruck- und Traunviertel in Oberösterreich genannt. (Ursprünglich diente die Bezeichnung für die Gegend um den Ennswald, bei Amstetten und Seitenstetten, im Westen Niederösterreichs.)

**Piefke:** Hiermit meinte man in der zweiten Hälfte des 19. Jahrhunderts in Österreich zunächst die Preußen, und als es kein Preußen mehr gab, wurde die Bezeichnung übertragen, erst auf die »Reichs-« und dann auf die Bundesdeutschen. Und nun zur Herkunft: *Piefke* ist eigentlich die von deutschen Ostsiedlern eingedeutschte Form eines polnischen Familiennamens, der ungefähr *Piwka* gelautet hat, von slawisch *pivo* »Bier«. Bekannt unter dem Namen *Piefke* waren eine Berliner Witzfigur sowie zwei preußische Militärmusiker. – Eine weitere spöttelnde Bezeichnung für die Deutschen lautete hierzulande »Marmeladinger«. So wurden die deutschen Soldaten im Ersten Weltkrieg genannt, da diese auf Butter und Schmalz verzichten und sich mit billigem Fruchtmus als Brotaufstrich begnügen mussten. Sie trugen dies mit grimmigem Humor und nannten die Marmelade »Hindenburgfett« und »Heldenbutter«. Ein »einrückend gemachter« Münchner Kabarettist verfasste das Spottlied »*Marmelade, Marmelade / Ist der beste Fraß / Im deutschen Staate ...*«. Die Österreicher verspotteten ihre Verbündeten als »Marmeladinger« oder »Marmeladebrüder«, entweder weil sie sich gleichfalls über die Marmelade als Fettersatz lustig machten oder weil sie glaubten, die Reichsdeutschen seien begeisterte Marmeladeverzehrer.

**Polák** ist zugleich das polnische Wort für »Pole«; wir haben es also mit der Eigenbezeichnung der Polen zu tun, die im Deutschen zum Ethnophaulismus wurde.

**pracken** ist ein derber wienerischer Ausdruck für »schlagen, klopfen«. Im Alt-Wiener Dialekt konnte das Wort aber auch bedeuten: »mit einem starken tschechischen Akzent bzw. tschechisch sprechen«.

**Slowener** ist eine nur in Teilen von Kärnten übliche, mundartliche Form für *Slowene*, die sowohl für die Ein- als auch die Mehrzahl verwendet wird (also: »der bzw. die Slowener«). Heute wird das Wort fast nur noch abfällig gebraucht; es ist ein gutes Beispiel dafür, wie mundartliche Bezeichnungen zu Schimpfwörtern absinken.

**Stierwascher** ist eine scherzhafte Bezeichnung für die Salzburger. Es gibt eine alte Legende zur Erklärung dieses Namens. Zur Zeit der Bauernkriege wurde die Stadt belagert, doch die Salzburger retteten sich listig; sie holten ihren letzten Stier auf die Festungsmauer und führten ihn den Belagerern vor. Indem sie das Tier abwechselnd schwarz, weiß, braun färbten und immer wieder präsentierten, täuschten sie ihre Belagerer, die bald glaubten, angesichts von so viel Vieh würden die Salzburger noch lange nicht hungers kapitulieren, und zogen ab. Und die erleichterten Städter gingen mit dem Stier zur Salzach und wuschen ihm endlich die Farbe ab.

Nach anderen Überlieferungen beruht *Stierwascher* auf einem Beinamen für die Salzburger Metzger, die früher öffentlich schlachten mussten und ihre Läden an der Salzach hatten. Außerdem gibt es die Erklärung, dass der Name mit dem *Salzburger Stier* zusammenhängt, der Bezeichnung des Hornwerks auf der Feste Hohensalzburg. Dieses besteht aus 200 zinnernen Pfeifen und ist die einzige erhaltene alte Freiorgel in Österreich (errichtet 1502).

**Stoasteirer** ist eine scherzhafte Bezeichnung für jene Steirer, die den typisch oststeirischen Dialekt sprechen, in dem z.B. das Wort »Stein« wie »Stoa« ausgesprochen wird.

**welsch** ist eigentlich eine alte Bezeichnung für »romanisch«. In Österreich und Südtirol meinte man dann später mit diesem Wort »italienisch«, in der Schweiz aber »französisch«. So hieß hierzulande das *Trentino* auch *Welschtirol*, und in der Schweiz wurde der französische Landesteil auch *Welschschweiz* oder *Welschland* genannt.

Im Dialekt existiert außerdem noch die ältere Bezeichnung

**walisch**, die besonders in Kärnten abfällig für »italienisch« verwendet wird. Es handelt sich dabei um ein von *Walch* »Romane« abgeleitetes Wort (das übrigens auch der Eigenbezeichnung *Wallonen* für die französisch sprechenden Belgier zugrunde liegt).

**Weaner Bazi** ist eine wenig schmeichelhafte Bezeichnung für einen Wiener. Während mit der Aussprache *Weaner* die Wiener Mundart nachgeahmt wird, bedeutet das bairisch-österreichische *Bazi* »Kerl, Schlingel, Lump, Taugenichts«.

**windisch** war zunächst die alte deutsche, mundartliche Bezeichnung für »slawisch«, später »slowenisch«. Die in Kärnten und der Steiermark lebenden Slowenen wurden von den Deutschen »Windische« genannt, wobei das Wort im 19. Jahrhundert noch keine abfällige Bedeutung hatte. In der Zwischenkriegszeit erhielt *windisch* in Kärnten einen speziellen, politischen Sinn; nun kennzeichnete es die »heimattreuen, slowenisch sprechenden Kärntner«, die im Gegensatz zu den »Nationalslowenen« bei der Volksabstimmung 1920 für einen Verbleib Kärntens bei Österreich gestimmt hatten. Im Slowenischen heißt der so genannte »Windische« demgemäß *nemčur* oder *nemškutar* »Deutschtümler«.

Das Wort *windisch*, das auch von den Nazis zur Bezeichnung der Slowenen benutzt wurde, kann heute abwertend die Bedeutung »schlechtes bzw. fehlerhaftes Deutsch sprechend« annehmen, oder es wird zur Verstärkung anderer Schimpfwörter eingesetzt. Was die Kärntner Nationalslowenen angeht, so wurden sie eher als *Tito*- oder *Jugo-Freunde* verunglimpft und nur selten – wie die anderen Ex-Jugoslawen – als *Tschuschen* beschimpft.

**Tschusch** ist das bekannteste Schimpfwort, ja der österreichische Ethnophaulismus schlechthin. Es wird auf die Bewohner Südosteuropas und des Vorderen Orients angewendet und ist grundsätzlich pejorativ, also abwertend und nicht scherzhaft. Es bedeutet, vornehm ausgedrückt, etwa: »Fremder aus einem (angeblich) wenig kultivierten Land« (zitiert nach dem »Duden-Wörterbuch österreichischer Besonderheiten).

Die weibliche Form ist *Tschuschin*; auch die Form *Tschuschien* kommt manchmal vor, als Bezeichnung für den Balkan bzw. die Länder Ex-Jugoslawiens.

In Kärnten wurde es in der Zeit des so genannten Abwehrkampfes (1918/1920) hauptsächlich für die Truppen des damaligen Jugoslawien und für »jugoslawisch« gesinnte Slowenen verwendet. Bis heute ist *Tschusch* daher in Kärnten vor allem ein abwertendes Wort für »Südslawe«.

In Wien wurde es zunächst für Jugoslawen bzw. pauschal für Einwohner der Balkan-Halbinsel verwendet; ab den 1960er Jahren übertrug man es hier zunehmend auch auf Gastarbeiter aus der Türkei.

Hören können Sie das Wort *Tschusch* heute hauptsächlich im Osten und Süden Österreichs. Im Westen des Bundesgebietes ist es nur durch Rundfunk und Fernsehen bekannt geworden, gehört aber nicht zum aktiven Wortschatz. In Deutschland ersetzt *Kanake*, eine zum Ethnophaulismus gewordene ursprüngliche Bezeichnung für die Südeeinsulaner (vom polynesischen *kanaka* Mensch), unseren *Tschuschen*.

Entstanden ist *Tschusch* wahrscheinlich in den Jahren der österreichischen Okkupation Bosniens, also nach 1878. In der Soldatensprache der k.k.-Armee wurde das Schimpfwort für die Einwohner Bosniens, später für südslawische Militärpersonen verwendet, daher eben auch für die jugoslawischen Besatzungstruppen in Kärnten 1919/20. Mit der Ableitung *Tschuschack* bezeichnete man die Einwohner Galiziens.

Die Herkunft des Wortes ist bis heute nicht zur Gänze geklärt, und es gibt eine Reihe von Vorschlägen zu seiner Deutung. Etwa, dass es sich vom serbischen und kroatischen *čuješ?* »Hörst du?« ableitet (im Sinne von »Verstehst du bzw. verstehen Sie mich?«). Oder dass es sich, wie meine Kollegin Maria Hornung vermutet, um ein orientalisches Wort für »Dummkopf« handelt, dass auch in andere Sprachen gelangte. Odcr dass man vom serbischen *čauš* auszugehen habe, das aus dem Türkischen entlehnt wurde und etwa »(türkischer) Leibgardist, Unteroffizier, Amtsvogt oder Spaßmacher« bedeute ... All diese und weitere Deutungen sind natürlich, jede auf ihre Weise, mit entsprechenden Beispielen belegt und galten daher als mehr oder weniger wahrscheinlich. Was auch heißt: Keine von ihnen konnte bisher ganz überzeugen.

Anfang 2006 tauchte plötzlich ein neuer Vorschlag auf und schlug meiner Ansicht nach die anderen an Plausibilität. Das Besondere daran: Er stammte von keinem Sprachwissenschaftler, sondern von einem interessierten Leser der »Wiener Zeitung«. Dieser – er heißt Herbert Michner – hatte den Journalisten Robert Sedlaczek (Verfasser des populärwissenschaftlichen Buches »Das österreichische Deutsch«) auf das kroatische, serbische und bosnische *ćuš* aufmerksam gemacht. Das Wort ist eigentlich ein Ruf, mit dem man ein Last- oder Zugtier, wie einen Esel oder Maulesel, antreibt. Ähnlich unserem *gsch*! wird er aber auch verwendet, um ein Tier zu verscheuchen. In den Nachfolgestaaten Jugoslawiens kann man diesen Ruf noch immer hören.

Außerdem bezeichnet *ćuš* den, der ruft, also – wenn es um Lasttiere geht – etwa den Treiber eines Esels. Und in dieser Bedeutung, die anfangs wertneutral, also keineswegs abfällig war, findet man das Wort *Tschusch* auch in zahlreichen Texten, die das besetzte Bosnien schildern.

Ich vermute, dass das Wort *Tschusch* spontan gebildet wurde, vielleicht als Nachahmung des Rufes *ćuš*. Psychologisch hat für die Soldaten der österreichisch-ungarischen Armee wohl auch der Klang des Wortes (zwei Zischlaute, die volkstümlich den slawischen Sprachen als besondere Eigentümlichkeit zugeschrieben werden) mitgespielt. Und nicht nur für sie: Im Laufe der Ver-

breitung und mit der zunehmenden verächtlichen Bedeutung von *Tschusch* mochte die Tatsache, dass man hier mit einem Wort nicht nur einen Menschen, sondern zugleich seine Muttersprache diffamieren konnte, von unrühmlicher Bedeutung gewesen sein.
Aber schließen wir diesen für Österreich wenig schmeichelhaften Abschnitt mit einem Lichtblick; er stammt nicht von mir, sondern von Robert Sedlaczek (möge seine Beobachtung zutreffen): »Das ausländerfeindliche Potenzial von *Tschusch* ist übrigens rückläufig. Vor allem in Österreich geborene und aufgewachsene Nachkommen der Einwanderungsgeneration haben die Bezeichnung inzwischen umgemünzt, sie weisen damit stolz auf ihre Herkunft hin. Im Internet findet man bereits die Grußformel: ‚Seavas – dein Tschusch!'« (zitiert nach »Wiener Zeitung«, 15. 2. 2006). Auf jeden Fall gehört die Ethno-Band *Wiener Tschuschenkapelle* mittlerweile zu den renommiertesten und beliebtesten Musikgruppen Österreichs.

Ein anderes, nach 1878 aus dem Bosnischen entlehntes Wort ist übrigens *Hadschiloja* – von *Hadži Loja*, dem Anführer der bosnischen Moslems im Freiheitskampf gegen die österreichischen Besetzer. Ein *Hadschiloja* war die Bezeichnung für ein kleines Kümmelweckerl aus Roggenmehl. Heute gibt es beim Bäcker kein *Hadschiloja* mehr, aber ein dunkles Kümmelweckerl bekommen Sie trotzdem – es heißt jetzt nur *Bosniak*, nach der früheren Bezeichnung für einen »Einwohner Bosniens« (von serbisch und kroatisch *bošnjak*). Es ist länglich, manchmal mit Salz bestreut und leitet uns zum nächsten Kapitel.

*Bild rechts: Ortsnamen in zwei Sprachen sind ein erstrangiges und unteilbares Kulturgut. Foto: Gert Eggenberger/APA/picturedesk.com.*

# Abschließend

## Namen – ein wichtiger Teil unserer Kultur

Der am Ende des vorigen Kapitels erwähnte *Bosniak* ist weder ein Ethnophaulismus noch ein Eigenname. Trotzdem kommt ihm in einem Buch über österreichische Namen ein bescheidenes Plätzchen zu, als »Quasi-Name« typisch österreichischer Art. Mit anderen Worten: Er ist eine hiesige Besonderheit, ein *Austriazismus* par excellence – und damit, wie es im »Fremdwörter-Duden« heißt, »eine innerhalb der deutschen Sprache nur in Österreich übliche Ausdrucksweise«. Austriazismen sind etwa *Paradeiser*, *Erdäpfel*, *Beiried*, *Melanzani* und *Faschiertes*.

Weniger streng betrachtet, können wir auch die Namen vieler Speisen zu ihnen zählen: Wiener Schnitzel, Gulasch, Tafelspitz, Palatschinken und viele andere mehr. Sie sind in Österreich entstanden wie das Wiener Schnitzel oder wie die Palatschinke importiert worden. Heute sind sie im ganzen deutschsprachigen Raum verbreitet, ebenso wie die beliebten Speisen. Nicht anders ist ein Teil von ihnen ja auch in unser Land gekommen: als Name einer importierten Speise, im Rahmen der Monarchie. Denn die Besonderheiten der deutschen Sprache in Österreich (die man eben nicht nur als »süddeutsch«, sondern als eigene Ausprägung des Süddeutschen sehen muss) beruhen auch auf der Eigenstaatlichkeit unseres Landes. Darum treffen wir außer in der österreichischen Küchensprache auch in der Verwaltungssprache auf die meisten Austriazismen. Aber mit diesen möchte ich Sie jetzt doch verschonen.

Nur so viel: Dreiundzwanzig Austriazismen wurden vor wenigen Jahren auf einer EU-Liste als ausschließlich österreichisch anerkannt, das heißt auch, als geschützte Begriffe. (Ein Zeichen vielleicht, die vielen anderen nicht aussterben zu lassen.)

Und was ist mit den Namen? Innerhalb unseres Landes? Die, von denen bisher die Rede war und deren Herkunft mitunter dreitausend Jahre weit zurück in die Vergangenheit reichte? Sind sie nicht ebenfalls schützenwert?

Jede Region hat ihre landschaftlichen und kulturhistorischen Besonderheiten. Während in unserem Bewusstsein antike Ausgrabungen, mittelalterliche Burgen oder neuzeitliche Kunstdenkmäler als kulturelles Erbe den ersten Platz einnehmen, wird in der Regel vergessen, dass das älteste Erbe unsere Sprache ist und in der Sprache selbst das Namengut, das ich als »immaterielles Kulturerbe« bezeichnen möchte.

Dieses immaterielle Kulturerbe ist, wie wir gesehen haben, im alpinen Raum auf Schritt und Tritt feststellbar. Bergnamen wie *Spitzegel* (in Kärnten) und *Zimaross* (in Osttirol; von *cima rossa* »Rotspitz«) reichen bis in die romanische Zeit zurück, andere wie *Koschuta* (Kärnten) stellen eine semantische Verbindung zum keltoromanischen Substrat her; Gewässernamen wie *Drau* und *Lavant* stammen sogar noch aus vorkeltischer Vergangenheit und sind Zeugen der Indogermanisierung des alpinen Raumes; der Städtenamen *Hallein* erinnert etwa an den frühen Salzabbau und *Bregenz* an den keltischen Stamm der Brigantiner. Jeder dieser Namen symbolisiert einen Teil der Geschichte Österreichs bzw. des Landes, ja, der Königreiche, Herzogtümer, Länder, die sich früher auf österreichischem Territorium befanden, sowie der Sprachen, die hier gesprochen wurden, und der Menschen, die hier lebten.

Ein konkretes Beispiel: Wenn man in Kärnten einen Namen wie *Achomitz* hört, denkt man sofort an einen der zahlreichen Ortsnamen slawischer Herkunft, die den Süden und Osten Österreichs prägen. Bei *Žihpolje* hingegen, der slowenischen Bezeichnung für *Maria Rain* südlich von Klagenfurt, lehrt uns ein Blick in alte Urkunden, dass dieser Ort noch im 16. Jahrhundert *Seichbichl* »feuchter Bühel, Bichl« hieß; die slowenische Namensform ist also aus dem Deutschen entlehnt. Beide Namen, *Achomitz* und *Žihpolje*, legen somit Zeugnis ab von der sprachlichen Durchmischung der Kärntner Ortsnamen. Im deutschen Sprachgut Kärntens findet sich viel Slowenisches, im slowenischen Sprachgut viel Deutsches. Die jahrhundertelange Koexistenz beider Sprachen und ihrer Sprecher im Lande ist an ihnen nicht spurlos vorübergegangen, und beide, mitsamt ihren gegenseitig entlehnten Wörtern, gehören zum

»immateriellen Kulturerbe« Kärntens. Einmal waren bei der Namengebung Deutsche, ein anderes Mal Slowenen aktiv; die Namen gingen von Mund zu Mund, d.h. von einer Sprache zur anderen. Manchmal wurden Objekte auch unabhängig voneinander verschieden benannt und vieles mehr.

Jedenfalls haben wir in den deutschen wie in den slowenischen Namen traditionelles Erbe vor uns; sie sind ein wesentlicher Teil unserer Geschichte, den zu vergessen einen schweren Verlust bedeuten würde. Beide Namensformen, die deutsche und die slowenische, sind historisch eng miteinander verbunden. Dies klar und deutlich darzulegen, sollte eine der zentralen Aufgaben der Namenforschung sein, ohne sich dabei in politische Interessen verwickeln zu lassen.

Der Anteil der Slowenisch sprechenden Kärntner ist von fast einem Drittel der Gesamtbevölkerung des Bundeslandes im 19. Jahrhundert auf heute nur mehr wenige Prozent zurückgegangen, wobei die slowenischen Namen dennoch weiterleben: Sie sind es wert, künftigen Generationen weitergegeben zu werden. Darüber hinaus sind die Namen in *beiden* Sprachen als erstrangiges und auch unteilbares Kulturgut unseres Bundeslandes zu betrachten, das Zeugnis von der gegenseitigen Durchdringung beider Sprachen ablegt, was durch die Namenforschung bestens dokumentiert ist.

Eine ähnliche Situation ist auch typisch für das Burgenland, trotz anderer historischer Voraussetzungen. Denn dieses Bundesland kennt ebenso wie Kärnten bodenständige Namen einer sprachlichen Minderheit, hier kroatischen Ursprungs. Ein Teil der kroatischen Namen sind alter slawischer Herkunft; die meisten von ihnen sind aber aus dem Deutschen übernommen, wie z.B. *Voristan* von *Hornstein* oder *Štikapron* von *Stinkenbrunn* (heute: *Steinbrunn*); hinzu kommen kroatische Benennungen bzw. Übersetzungen aus dem Deutschen.

Hier, wie auch bei dem Kärntner Beispiel, besteht das »immaterielle Kulturerbe« aus dem regionalen Namengut in seinen jeweiligen, sprachlichen Formen. Sprachwissenschaftlich spricht man bei Namen, die in verschiedenen Sprachen oder Dialekten auftreten, von *Endonymen* und *Exonymen*. *Endonyme* sind die Namen, die in der Sprache bzw. im Dialekt der jeweiligen Region gebräuchlich sind, *Exonyme* hingegen diejenigen, die in anderen Sprachen für die entsprechenden »Objekte« gebraucht werden. So ist z.B. *Wien* das Endonym für Österreichs Bundeshauptstadt (der Name, mit dem die Österreicher selbst ihre Hauptstadt benennen); das englische wie italienische *Vienna* wären zwei ihrer Exonyme. Und das deutsche *Laibach* sowie das italienische *Lubiana* sind Exonyme für *Ljubljana*.

In gemischtsprachigen Gebieten gibt es in der Regel für alle geographischen Objekte sowohl Endo- als auch Exonyme, z.B. in Kärnten *Zell/Sele*, *Ludmannsdorf/Bilčovs*, während man in Gebieten mit einer dominanten Sprache fast nur Endonyme findet.

Zusammenfassend lässt sich sagen: Jede Kulturlandschaft – nicht nur die österreichische, uns vertraute – spiegelt in ihrem Namengut Geschichte und Gegenwart wider: Gegenwart insoweit, als das Namengut in der/den jeweiligen dominanten Sprache/n festgehalten ist, und Geschichte insoweit, als das Namengut ältere sprachliche Zustände konserviert. Dies trifft in gleicher Weise für einsprachige wie für zwei- bzw. mehrsprachige Gesellschaften zu. In beiden sollte das Namengut angemessen (im zweiten Fall im Sinne der Mehrsprachigkeit) gepflegt werden. Wie bei Denkmälern sollte diese Pflege zur kulturpolitischen Aufgabe werden und weniger, wie im Kärntner Ortstafelstreit, zur »volkstumspolitischen«.

Erinnern Sie sich noch an das berühmte Sprichwort zu Anfang des Buches: Nomen est omen? Am Ende unseres Weges hat es sich jedenfalls einmal als wahr, ein andermal als falsch erwiesen. Diesmal soll es, gleich in der Mehrzahl, heißen: Namen sind Zeichen unserer Herkunft. Sie zu vergessen oder zu verfälschen hieße, sich eines Stückes Identität zu berauben, die, wie wir nun wissen, in

Hinblick auf Österreich und seine Bewohner von staunenswerter Vielfalt ist – und zugleich eine Landkarte voller weißer Flecken, die noch ihrer Erkundung harren.

## Nachbemerkung

Vielleicht haben Sie, geschätzte Leserinnen und Leser, sich bereits gefragt, wie das gehen möge: ein »Ich« im Text, aber zwei Autorennamen auf dem Buchumschlag. Es verhält sich so: Das »Ich« in diesem Buch ist eine Art stilistisch bedingter Schauspieler, der Ihnen in der ersten Person Singular das Lesen erleichtern möchte und im Namen von Heinz-Dieter Pohl (mit seiner Erlaubnis und von ihm korrigiert) dessen Thema »Österreichische Namen« vorträgt, welches, minutiöser verästelt als hier nur annähernd darstellbar, Gegenstand seiner jahrelangen Forschungstätigkeit ist.
Ein Manuskript von Heinz-Dieter Pohl liegt diesem Buch zugrunde; ich habe versucht, es für Sie in eine angenehm zu lesende Form zu bringen. Das Material hätte, wie so oft, für mindestens ein weiteres Buch dieses Umfangs gereicht. Wegfallen musste darum leider auch ein Kapitel zu österreichischen Landschaftsnamen – aber, wer weiß, vielleicht begeben Sie sich, ausgerüstet mit dem einen oder anderen Exemplar aus der anschließenden Literaturliste, noch einmal auf die namenkundliche Spur.

Birgit Schwaner
*Wien, im September 2007*

P.S.: Schauen Sie doch einmal auf der Internetseite von Professor Pohl vorbei:
*http://members.chello.at/heinz.pohl/index.htm*

## Literatur in Auswahl

ALTDEUTSCHES NAMENBUCH, bearbeitet von Isolde Hausner und Elisabeth Schuster. Die Überlieferung der Ortsnamen in Österreich und Südtirol von den Anfängen bis 1200, hg. vom Institut für österreichische Dialekt- und Namenlexika der Österreichischen Akademie der Wissenschaften. Wien 1989ff.
Im Internet unter: *http://www.oeaw.ac.at/dinamlex/*

ANREITER, Peter: Zur Methodik der Namendeutung. Mit Beispielen aus dem Tiroler Raum. Innsbruck 1997 (Innsbrucker Beiträge zur Kulturwissenschaft, Sonderheft 101).

ANREITER, Peter: Breonen, Genaunen und Fokunaten. Vorrömisches Namengut in den Tiroler Alpen. Budapest 1997.

BREU, Josef: Geographisches Namenbuch Österreichs. Wien 1975.

DICTIONARY of European Place-Names (Teil Österreich bearbeitet von Peter Anreiter, Isolde Hausner und Heinz-Dieter Pohl). Torino 2008 (im Druck).*

DUDEN – Familiennamen. Herkunft und Bedeutung. Bearbeitet von Rosa und Volker Kohlheim. Mannheim-Leipzig-Wien-Zürich 2000.

FEINIG, Anton; FEINIG, Tatjana: Familiennamen in Kärnten und den benachbarten Regionen. Klagenfurt/Celovec 2004/2005 (Studia carinthiaca XXVI).

FINSTERWALDER, Karl: Tiroler Ortsnamenkunde. Gesammelte Aufsätze und Arbeiten, Bd. I–III. Innsbruck 1990–1995.

GEOGRAPHISCHE NAMENDATENBANK ÖSTERREICH, hg. von der Arbeitsgemeinschaft für Kartographische Ortsnamenkunde der Österreichischen Akademie der Wissenschaften. Wien 2000.

HÖRBURGER, Franz: Salzburger Ortsnamenbuch. Salzburg 1982.

HORNUNG, Maria: Lexikon österreichischer Familiennamen. Wien 2002.

HUBSCHMID, Johannes: Alpenwörter romanischen und vorromanischen Ursprungs. Bern 1951.

KRANZMAYER, Eberhard: Die Bergnamen Österreichs. Wien 1968.

KRANZMAYER, Eberhard: Ortsnamenbuch von Kärnten, Bd. I–II. Klagenfurt 1954–1956.

KRANZMAYER, Eberhard: Kleine namenkundlichen Schriften (1929–1972), anläßlich seines 100. Geburtstages am 15. Mai 1997 gesammelt u. hg. v. M. Hornung. Wien 1997.

KUNZE, Konrad: dtv-Atlas Namenkunde. Vor- und Familiennamen im deutschen Sprachgebiet. München 1998 (2. Auflage 1999).

LOCHNER von HÜTTENBACH, Fritz: Bergnamen in der Steiermark. Eine Übersicht. Graz 1985.

NAUMANN, Horst: Das große Buch der Familiennamen. Alter, Herkunft, Bedeutung. Augsburg 1994.

ÖSTERREICHISCHE NAMENFORSCHUNG. Wien 1973 ff. (Namenkundliche Zeitschrift, im Internet unter *http://members.chello.at/heinz.pohl/oenf-kbs.htm.)*

POHL, Heinz-Dieter: Österreichische Bergnamen. In: Onoma 33 (1997), S. 131–151.

POHL, Heinz-Dieter: Kärnten – deutsche und slowenische Namen. Koroška – slovenska in nemška imena. Kommentiertes zweisprachiges Verzeichnis der Siedlungs-, Berg- und Gewässernamen. In: Österreichische Namenforschung 28 (2000), Heft 2–3. Lizenzausgabe in der Reihe Studia Carinthiaca, Bd. XIX. Klagenfurt 2000.
POHL, Heinz-Dieter: Slowenisches Erbe in Kärnten und Österreich: ein Überblick. In: Kärntner Jahrbuch für Politik 2005, S. 127–160.
SCHORTA, Andrea: Wie der Berg zu seinem Namen kam. Chur ²1991.
SCHUSTER, Elisabeth: Die Etymologie der niederösterreichischen Ortsnamen, Bd. I–III. Wien 1989–1994.
UDOLPH, Jürgen; FITZEK, Sebastian: Professor Udolphs Buch der Namen. Woher sie kommen. Was sie bedeuten. München 2005.
WIESINGER, Peter: Ortsnamenbuch des Landes Oberösterreich, hg. von der Österreichischen Akademie der Wissenschaften. Wien 1989 ff.
WIESINGER, Peter: Die Ortsnamen Österreichs in makrotoponymischer Sicht (mit 15 Karten). In: F. Debus (Hg.): Zu Ergebnissen und Perspektiven der Namenforschung in Österreich. Heidelberg 1994, S. 51–169.
WÖRTERBUCH DER BAIRISCHEN MUNDARTEN IN ÖSTERREICH, hg. vom Institut für österreichische Dialekt- und Namenlexika der Österreichischen Akademie der Wissenschaften. Wien 1963 ff.
Im Internet unter: *http://www.oeaw.ac.at/dinamlex/*

*) Ich danke meiner Kollegin Isolde Hausner und meinem Kollegen Peter Anreiter, dass sie mir für das vorliegende Buch Einsicht in ihre Artikel gewährt haben.

## Bild- und Quellennachweis

Stiche und Texte aus dem *Ständebuch* des Jost Amman & Hans Sachs (Frankfurt am Main 1568): 46, 112, 114, 117, 121, 145
Matthäus Merian, *Topographia Sueviae* (Frankfurt am Main 1643): 27, 166/167
Georg Matthäus Vischer, *Topographia archiducatus Austriae inferioris modernae* (1672): 163
G. M. Vischer, *Topographia archiducatus Austriae Superioris Geographica Descriptio facto Anno* 1667: 179, 190
G. M. Vischer, *Stjriae Ducatus Fertilissim i Nova Geographica Descriptio* (1678): 204/05
Franciscus Dückher, *Saltzburgische Chronica* (Salzburg 1666): 193
Sammlung Hänsel (Stich von Emanuel Eichel): 77
Wolfgang Krüger, *Onomasticon oder Deutsches Nahmen Büchlein* (Erfurt 1611): 90
Sammlung Karl Lukan: 154
Archiv Pichler Verlag: 151